COR RUP ÇÃO

SISTEMAS JURÍDICOS DE COMBATE

CIP-BRASIL. CATALOGAÇÃO NA PUBLICAÇÃO
SINDICATO NACIONAL DOS EDITORES DE LIVROS, RJ

C85

Corrupção : sistemas jurídicos de combate / organização José Antônio Gomes Ignário Júnior, Vagner Bertoli ; autores André Luiz de Mattos Silva ... [et al.]. - 1. ed. - São Paulo : Letras Jurídicas, 2021.
248 p. ; 23 cm.

Inclui bibliografia e índice
"Prefácio Claudio Mansur Salomão, presidente da Associação Educacional do Vale da Jurumirim, entidade mantenedora da Faculdade Eduvale de Avaré"
ISBN 9786589565017

1. Corrupção - Legislação - Brasil. 2. Organização judiciária - Brasil. 3. Corrupção administrativa - Brasil. I. Ignário Júnior, José Antônio Gomes. II. Bertoli, Vagner. III. Silva, André Luiz de Mattos.

21-68751

CDU: 342.9(81)

Meri Gleice Rodrigues de Souza - Bibliotecária - CRB-7/6439

18/01/2021 19/01/2021

CORRUPÇÃO

JOSÉ ANTONIO GOMES IGNÁCIO JUNIOR
VAGNER BERTOLI
(ORGANIZADORES)

SISTEMAS JURÍDICOS DE COMBATE

(AUTORES)
ANDRÉ LUIS MATTOS SILVA
CAIO EDUARDO FELÍCIO CASTRO
CAROLINA MENCK DE OLIVEIRA CEGARRA
FABIANO JOSÉ DE OLIVEIRA SILVA
JOÃO LUCAS MARTINS
JOSÉ ANTONIO GOMES IGNÁCIO JUNIOR
RAQUEL MARRAFON NICOLOSI
TIONY BARROS
VAGNER BERTOLI

PREFÁCIO: CLAUDIO MANSUR SALOMÃO

1ª edição – 2021 – São Paulo – SP

LETRAS Jurídicas

Projeto gráfico, diagramação e capa
Rita Motta e Ryan Dias - www.editoratribo.blogspot.com

Revisão
Paulo Maretti

Editor
Claudio P. Freire

1ª Edição - 2021 - São Paulo-SP

LETRAS Jurídicas

LETRAS JURÍDICAS
Rua Eduardo Prado, 28, Vila Bocaina.
CEP: 09310-500 - Mauá/SP.
Telefone: (11) 3107-6501 | (11) 9-9352-5354
Site: www.letrasjuridicas.com.br
E-mail: vendas@letrasjuridicas.com.br

Impressão no Brasil

APRESENTAÇÃO

CORRUPÇÃO: sistemas jurídicos de combate
é uma iniciativa dos professores e egressos do curso de Direito da Faculdade EDUVALE e visa informar acerca da interface entre as ciências jurídicas e os atos corruptivos

O fato de as instâncias políticas e jurídicas mostrarem-se crescentemente envolvidas em temas focados na corrupção desperta interesse e consciência da população, muito embora o assunto não se revele inédito na história.

Dessa maneira, atentos às ocorrências mais relevantes que permeiam a sociedade, os autores discutem, via artigos científicos, a temática central da corrupção. Por meio de estudos na área do Direito Público e do Direito Privado, a obra destina-se aos operadores do Direito que desejam informar-se e se aprofundar acerca da corrupção, sua definição jurídica e filosófica, suas peculiaridades e, por derradeiro, seus mecanismos de combate.

Os docentes André Luís Mattos Silva, Caio Eduardo Felício, Carolina Menck de Oliveira Cegarra, Fabiano José de Oliveira Silva, José Antonio Gomes Ignácio Junior, Tiony Barros e Vagner Bertoli, juntamente com os egressos do curso de Direito João Lucas Martins e Raquel Marrafon Nicolosi, são os responsáveis pela obra.

As reflexões abordam, por exemplo, a eventual necessidade de um princípio explícito de combate à corrupção, a presença da corrupção nos atos licitatórios, o manejo da Ação Popular para conter o problema e a Lei Rouanet, entre outros temas, todos apresentando uma interface com o eixo temático.

O livro convoca à reflexão sobre o conteúdo de destaque, que merece ser amplamente conhecido, divulgado e debatido por todos.

Os Organizadores

PREFÁCIO

É uma honra ter sido convidado pelos ilustres colegas da Faculdade Eduvale de Avaré, mais exatamente do curso de Direito, para prefaciar esta que eu considero uma nova obra literária do Direito atual.

Este livro é de grande importância para a exata e devida compreensão da matéria nele enfocada. Como podemos notar, nove são os autores e cada um deles apresentou sua contribuição intelectual no sentido de tornar a produção mais efetiva e aplicável às situações concretas.

Tenho dedicado minha vida profissional à ampliação e solidificação dos conhecimentos a partir dos bancos acadêmicos. Daí o orgulho em estar prefaciando uma obra cujo nascedouro aflora de uma reunião de intelectos acadêmicos. A educação, na educação, para a educação: essa é a base, verdadeiramente, e também a essência do surgimento.

Não bastasse o orgulho declinado, não tenho como deixar de expressar esse mesmo sentimento no que se refere ao título escolhido: CORRUPÇÃO: SISTEMAS JURÍDICOS DE COMBATE.

Ora, em tempos nos quais a liberdade de ação e expressão ensejam inúmeras ações investigativas contra a denominada "corrupção institucionalizada", acredito não existir tema mais apropriado.

Sabe-se da existência de duas correntes distintas que buscam fixar doutrinas absolutistas acerca da matéria. Sabe-se, também, da existência de duas correntes políticas igualmente distintas que buscam impor caminhos que atendam aos seus respectivos interesses. Sabe-se, finalmente, da existência de diversos grupos econômicos que buscam estabelecer punições brandas e amenas aos desvios de condutas socioeconômicas e morais.

Daí também meu orgulho em destacar a ousadia, a responsabilidade e acima de tudo a ética profissional de cada um dos coautores, sem qualquer receio e absolutamente conscientes das suas devidas incumbências perante a comunidade acadêmica a que estão vinculados, assim como perante a sociedade civil onde estão inseridos. Externo suas compreensões e sentimentos de ordem jurídica e social quanto a tema tão espinhoso.

Carinhosamente conhecidos como professores Drs. André Luis Mattos Silva, Caio Eduardo Felício Castro, Carolina Menck de Oliveira Cegarra, Fabiano José de Oliveira Silva, José Antonio Gomes Ignácio Junior (Org.), Tiony Barros, Vagner Bertoli (Org.) e os egressos João Lucas Martins e Raquel Marrafon Nicolosi, eles demonstram e consolidam suas verdadeiras posições vocacionais voltadas para a transmissão do conhecimento jurídico de modo a fortalecer e valorizar a profissão do "operador" do Direito.

Sinto-me ainda mais realizado nesta minha caminhada profissional, pois tenho a certeza de que muitas das sementes plantadas em "nossa casa de educação" estão florescendo na plenitude por serem cultivadas por mãos tão competentes e compromissadas não apenas no âmbito do conhecimento jurídico (suporte de uma sociedade moderna), mas ainda com o respeito às garantias fundamentais cidadãs preceituadas e asseguradas pela nossa Carta Magna Brasileira, brilhantemente demonstrada nesta obra.

Claudio Mansur Salomão

Presidente da Associação Educacional do Vale da Jurumirim
Entidade mantenedora da Faculdade Eduvale de Avaré

*"Com a corrupção morre o corpo,
com a impiedade morre a alma".*

Santo Agostinho

*"Acabar com a corrupção é o objetivo
supremo de quem ainda não chegou ao poder".*

Millôr Fernandes

*Não existe democracia onde impera a
corrupção, a injustiça, a mentira e a hipocrisia.*

Mauro Roberto

*Se a corrupção no país virou moda,
eu vou embora antes que honestidade vire crime!*

Nicanor Bessa da Silva

SUMÁRIO

COMBATE À CORRUPÇÃO
constitucionalização de um princípio - axiologia e possibilidades

José Antonio Gomes Ignácio Junior[1]

"A corrupção dos governantes quase sempre começa com a corrupção de seus princípios."

Montesquieu (1689-1755).

Resumo: O problema da corrupção remonta à história da civilização, o que pode ser observado nos relatos gregos, egípcios, romanos etc.; porém, atualmente atinge um nível elevado qualitativa e quantitativamente. Inobstante, a civilização do século XXI é mais humanista que as antecessoras, ao menos em boa parte do globo. Essa preocupação com as garantias voltadas ao ser humano, como os direitos fundamentais, faz com que a corrupção seja um grande entrave à plena satisfação de tais garantias. Os ordenamentos jurídicos atuais têm ferramentas de combate aos efeitos dessa nefasta prática, tanto penal como civilmente, porém, esses instrumentos, lastreados em princípios constitucionais, como moralidade, legalidade, eficiência, impessoalidade e

[1] Advogado, Professor de Direito da Faculdade Eduvale de Avaré, Mestre em Teoria do Direito e do Estado, Especialista em Direito Tributário, Eleitoral e Público (*lato sensu*), Doutorando em Ciências Jurídicas pela Universidade Autônoma de Lisboa Luiz de Camões (Portugal). gomes@gomesignacio.adv.br

sobretudo dignidade da pessoa humana, não inibem a prática incisiva da postura ilícita. Há necessidade de uma estratégia jurídica nacional e internacional. Nessa toada, organismos internacionais como a ONU, o Banco Mundial, a Comunidade Europeia e a Transparência Internacional convergem na busca de um modelo de sociedade civil forte, com um governo ético e comprometido com as reformas necessárias, no intuito de criar uma cruzada contra a corrupção, pois só assim haverá esperança de melhora no desenvolvimento das nações ainda afligidas pela fome e pela miséria. Mostra-se necessário pensar em um princípio diretamente ligado ao combate à corrupção que seja estruturante e atuante desde a criação do ordenamento jurídico até sua aplicação. Um dos cruzados que assumem essa bandeira é o jurista lusitano Jónatas E. M. Machado, defendendo com veemência a constitucionalização desse princípio otimizador, que, segundo ele, terá entre outras as seguintes atribuições: função teleológica; função agregadora; função normativa; função de irradiação; função hermenêutica; função de ponderação; e função simbólica. Sem dúvida, há necessidade de ser pensada uma norma dessa estatura, pois regras existem várias que combatem os efeitos desse mal. O direito sancionatório não se mostrou suficiente para a contenção da demanda, talvez seja necessário dispositivo de maior envergadura. Esse o objetivo da presente reflexão.

1 INTRODUÇÃO

A corrupção é um fenômeno social complexo, ligado psicologicamente ao egoísmo e à ambição. Sua análise passa por raízes sociais, antropológicas e psicológicas, e o Direito tenta, por meio de diversas ferramentas, inibir sua ocorrência e punir aqueles que se deixaram levar pela sedução.

Segundo alguns, a corrupção, como a violência e a avareza, é condição humana, razão pela qual é circunstância integradora da natureza do ser humano, podendo aflorar e manifestar-se em qualquer pessoa, com consequências imprevisíveis.[2]

[2] BATISTA, Antenor. Corrupção: fator de progresso? Violento, avaro, corrupto e compulsivo sexual, eis, em tese, a natureza do homem – Repensando a ética. 6. ed. atualizada. São Paulo: Juarez de Oliveira, 2005, p. 3-7. **Apud** MILLESKI, Helio Saul. **O estado contemporâneo e a corrupção.** Belo Horizonte: Editora Fórum, 2015, p. 345.

Uma definição objetiva e geral de corrupção não se mostra de fácil construção, pois existem variantes de espaço e tempo que não podem ser desconsideradas, como valores de época, costumes sociais e religiosos etc.

O que se apresenta de forma latente são os efeitos danosos dessa nefasta prática, que sangra o erário e corrompe valores tão importantes a qualquer nação, como a moralidade. Um povo sem princípios morais tem dificuldade em separar o público do privado, em entender que viver no sistema republicano significa respeitar mais os bens comuns a todos do que os próprios, porque aqueles atendem a uma demanda enorme de cidadãos, e estes à individualidade.

O desrespeito ao patrimônio público e às regras do direito privado da boa-fé – objetiva e subjetiva – fatalmente leva a nação a desaguar no caos político, social e econômico, como é de se observar em diversos países.

O economista Robert Klitgard, especialista e estudioso da corrupção pelo mundo, assinala que a falta de transparência é a maior causa do fenômeno no setor público, sugerindo inclusive uma fórmula: Corrupção = Monopólio + Discricionariedade – Responsabilização.[3]

Esses hábitos indesejáveis iniciam-se no cotidiano das pessoas. Como exemplo: furar fila; estacionar na vaga de deficiente; sonegar tributo; furtar no peso ou medida em atividade comercial; atuar mediante propinas; comprar votos cooptando eleitores a fim de obter mandato eletivo; formar cartel em determinada área do comércio ou indústria; em períodos eleitorais, efetuar acordos partidários espúrios; praticar medicina sem os mínimos princípios éticos; outorgar diplomas, de todos os níveis, sem observância da mínima condição intelectual do beneficiado, anulando qualquer indício de princípio moral, rebaixando e mediocrizando o nível básico e universitário, entre outros.

Como indicam Clóvis de Barros Filho e Sergio Praça, o que vemos nos jornais sobre corrupção é quase sempre ilusório, pois a narrativa jor-

[3] NINIO, Marcelo. Americano especialista em corrupção chama Lava Jato de "sucesso notável". **Folha de S. Paulo**, 25 ago. 2015. Disponível em: https://www1.folha.uol.com.br/poder/2015/08/1673366-americano-especialista-em-corrupcao-chama-lava-jato--de-sucesso-notavel.shtml. Acesso em: 5 jun. 2020.

nalística em regra é simplista, rasa, longe da complexa estrutura atroz do ato noticiado.[4]

O mesmo assinala Luiz Flavio Gomes:

> O desvio das verbas públicas por um seleto grupo de delinquentes do colarinho branco assume o caráter perverso quando se sabe que o dinheiro surrupiado poderia permitir que o Estado brasileiro cumprisse seu papel de forma integral e com qualidade nas áreas da educação, saúde, justiça, segurança, tão essenciais para a melhoria da qualidade de vida de todos, incluindo, evidentemente, as futuras gerações.[5]

Falar em corrupção é mais do que tratar do desvio de recursos públicos, é abordar a questão sob a ótica principiológica, como valor social; por exemplo, a dignidade da pessoa humana, a cidadania, os valores sociais etc.

Como advertiu James Madison, "se os homens fossem anjos, não haveria necessidade de governo; e se anjos governassem os homens, não haveria necessidade de meio algum externo ou interno para regular a marcha do governo".[6]

A reflexão visa analisar se o combate à corrupção pode ou deve estar inserido no ordenamento constitucional como princípio explícito e próprio, a despeito de se apresentar implicitamente em outros dispositivos.

2 CORRUPÇÃO - EPISTEMOLOGIA

A corrupção não é fenômeno novo, como explica Oscar Pilagallo. De origem latina, o verbo *corromper* passou a integrar o léxico português no século XIII. Já o substantivo *corruptione* indica apodrecimento,

[4] BARROS FILHO, Clóvis; PRAÇA, Sergio. **Corrupção:** parceria degenerativa. São Paulo: Papirus, 2014, p. 2.

[5] GOMES, Luiz Flavio. **O jogo sujo da corrupção**. São Paulo: Astral Cultura, 2017, p. 24.

[6] MADISON, James; HAMILTON, Alexander; JAY, John. **O federalista**. Tradução de Hiltomar Martins Oliveira. Belo Horizonte. Editora Líder. 2003, p. 318.

decomposição, que com o passar do tempo passou a ser entendido como extensão de falta de ética e moral.[7]

O termo remonta à Grécia antiga e ao período do Império Romano, porém o elemento subjetivo é inerente às primeiras civilizações.

Na Antiguidade, os filósofos se referiam ao ato corrupto como um fenômeno que deflagrava mudanças na natureza das coisas para pior, ou seja, desconstruía determinada ordem natural. Não é sem sentido que a etimologia do termo o conecta à noção de destruição, putrefação, degeneração.

Tinham razão os polímatas, pois o ato de corrupção de fato altera a natureza, ou a ordem natural das coisas. Há no campo jurídico-social um *dever ser* comportamental de todos, ou seja, a lógica aguarda determinados comportamentos dentro das regras que regulam a atividade social.

Esse o dizer de Alaôr Caffé Alves, quando indica ser "claro que se o 'dever-ser' implica o possível, o futuro, devemos poder pensá-lo logicamente e, nesse sentido, ele é racionalmente, mediante a razão lógica".[8]

No campo fático, assinala Jorge Malen Sena, são atos corruptos aqueles que reúnem as seguintes condições: a) um ato de corrupção implica a violação de um dever posicional. Quem se corrompe transgride, de forma ativa ou passiva, ou provoca a transgressão de algumas das regras que regem o cargo que ostenta ou a função que cumpre; b) para que exista um ato de corrupção, deve haver um sistema normativo que lhe sirva de referência; c) um ato de corrupção nem sempre está entranhado de uma ação penalmente antijurídica; d) os atos de corrupção estão sempre vinculados à expectativa de obtenção de um benefício extraposicional; e) os atos de corrupção tendem a realizar-se em segredo ou ao menos com certa discrição.[9]

---

7 PILAGALLO, Oscar. **Corrupção:** entrave ao desenvolvimento do Brasil. Instituto de ética concorrencial. Elsevier, 2013, p. 9 (digital).

8 ALVES, Alaôr Caffé. **Lógica**: pensamento formal e argumentação. 4. ed. São Paulo: Quartier Latin, 2005, p. 31.

9 SEÑA, Jorge F. Malem. La corrupcion: aspectos éticos económicos, políticos y jurídicos. Barcelona: Gedisa, 2002, p. 23-31, **Apud** MILLESKI, Helio Saul. **O estado contemporâneo e a corrupção**. Belo Horizonte: Editora Fórum, 2015, p. 348-349.

2.1 Corrupção nas relações públicas

Os estudos sistemáticos a respeito da corrupção, que passam a analisar sua origem e até sua função dentro do Estado, bem como seus danosos efeitos, só têm início realmente na década de 1950, como preleciona Fernando Filgueiras. A partir dessa época, várias interpretações sobre o tema corrupção surgem em todo o globo. Segundo o autor, esse período marca o início de três tipos de análises que se destacam no contexto global: a funcionalista, a análise sob o viés da cultura política e a econômica.[10]

Para o autor, naquele momento, a ausência de institucionalização da política abria portas à corrupção no Estado. A política é a entrada da corrupção no sistema estatal:

> A corrupção é explicada, portanto, como desfuncionalidade inerente de uma estrutura social de tipo tradicional, que, no contexto da modernidade, gera instabilidade no plano político e econômico. A corrupção, dessa forma, pode cumprir uma função de desenvolvimento, uma vez que ela força a modernização. Porém, sua função de desenvolvimento é cumprida desde que ela esteja sob o controle das instituições políticas, de tipo moderno. Do ponto de vista dos benefícios, a corrupção pode agilizar a burocracia, ao tornar mais rápida a emissão de documentos e autorizações formais por parte do Estado.[11]

[10] FILGUEIRAS, Fernando. Corrupção, democracia e legitimidade. Belo Horizonte: UFMG, 2008. **Apud** CORDEIRO, Carla Priscilla Barbosa Santos. A corrupção sob um prisma histórico-sociológico: análise de suas principais causas e efeitos. **Revista Eletrônica Direito e Conhecimento**, Arapiraca/AL, Cesmac Faculdade do Agreste, n. 2, v. 1, jul./dez. 2017. Disponível em: http://revistas.cesmac.edu.br/index.php/dec/article/view/670/552. Acesso em: 11 jan. 2019.

[11] FILGUEIRAS, Fernando. Corrupção, democracia e legitimidade. Belo Horizonte: UFMG, 2008. **Apud** CORDEIRO, Carla Priscilla Barbosa Santos. A corrupção sob um prisma histórico-sociológico: análise de suas principais causas e efeitos. **Revista Eletrônica Direito e Conhecimento**, Arapiraca/AL, Cesmac Faculdade do Agreste, n. 2, v. 1, jul./dez. 2017. Disponível em: http://revistas.cesmac.edu.br/index.php/dec/article/view/670/552. Acesso em: 11 jan. 2019.

Prossegue relatando que, nos anos de 1970, nasce outra concepção de corrupção. Trata-se do olhar sob o ângulo da cultura política. Dessa forma, é estudada a partir das interações entre os atores sociais que definem sua ocorrência ou não. É considerado por esse tipo de análise, para além do sistema institucional e legal, o próprio sistema de valores da sociedade. Aqui a corrupção é analisada sob o viés de determinada cultura política, comparando-a a uma forma de cultura global moderna.[12]

Arremata o entendimento citando, como um bom exemplo desse tipo de análise, o caso dos inúmeros escritores que realizam o contraponto entre o desenvolvimento político local e o desenvolvimento nos países que passaram pelo processo das revoluções burguesas:

> A partir dos anos 1970, a literatura sobre o tema da corrupção deu uma guinada metodológica, direcionando-se para o tema da cultura e o tema do desenvolvimento passou a ser considerado na dimensão da cultura política, partindo da premissa de que a cultura é proeminente em relação ao político e ao econômico, ao definir os valores dentro da estrutura social. Apesar de essa vertente ter rompido com a questão dos benefícios da corrupção, ao incorporar o problema dos valores, ela não rompeu com a estrutura metodológica do funcionalismo.[13]

Em derradeiro, o terceiro viés axiológico da corrupção, acolhido até a contemporaneidade, inicia sua sedimentação na década de 1980. Trata-se da análise econômica da corrupção, que já nasce inspirada pelo contexto

[12] FILGUEIRAS, Fernando. Corrupção, democracia e legitimidade. Belo Horizonte: UFMG, 2008. **Apud** CORDEIRO, Carla Priscilla Barbosa Santos. A corrupção sob um prisma histórico-sociológico: análise de suas principais causas e efeitos. **Revista Eletrônica Direito e Conhecimento**, Arapiraca/AL, Cesmac Faculdade do Agreste, n. 2, v. 1, jul./dez. 2017 Disponível em: http://revistas.cesmac.edu.br/index.php/dec/article/view/670/552. Acesso em: 11 jan. 2019.

[13] FILGUEIRAS, Fernando. Corrupção, democracia e legitimidade. Belo Horizonte: UFMG, 2008, p. 395. **Apud** CORDEIRO, Carla Priscilla Barbosa Santos. A corrupção sob um prisma histórico-sociológico: análise de suas principais causas e efeitos. **Revista Eletrônica Direito e Conhecimento**, Arapiraca/AL, Cesmac Faculdade do Agreste, n. 2, v. 1, jul./dez. 2017, p. 74. Disponível em: http://revistas.cesmac.edu.br/index.php/dec/article/view/670/552. Acesso em: 11 jan. 2019.

histórico-econômico que se desenvolve com a decadência do *welfarestate* em todo o mundo. Nesse sentido, o entrave da corrupção é explicado de acordo com conceitos derivados de pressupostos econômicos e financeiros, como o *rent-seeking* e a ação estratégica de agentes políticos no contexto de instituições que procuram equilibrar esses interesses com noções amplas de democracia.[14]

Para Carla Priscilla Barbosa Santos Cordeiro:

> Esta forma de interpretação econômica da corrupção é a que prevalece em todo o mundo até hoje. Não por outro motivo, cria-se uma forma de senso comum para as modernas interpretações da corrupção em todo o mundo, que passam a enxergar o problema através da análise dos custos da corrupção para a sociedade, dos seus efeitos para a economia, como se a corrupção se resumisse ou mesmo fosse sinônimo de seus efeitos, sem atentar para suas diversas causas. É correto afirmar, portanto, que existe uma série de informações que compõem uma forma de discurso dominante sobre a corrupção nas nações.[15]

Continua a autora, em arremate, afirmando que o estudo crítico das causas da corrupção não pode ser negligenciado, pois somente a partir do afloramento de suas origens é que o fenômeno social poderá ser observado corretamente, para, assim, ser combatido com eficiência. Em contextos de desenvolvimento tão particulares, como na sociedade moderna, essa premissa se torna ainda mais necessária. Não se mostra possível compreender a corrupção

---

[14] AVRITZER, Leonardo; FILGUEIRAS, Fernando. Corrupção e controles democráticos no Brasil. Brasília: CEPAL/IPEA, 2011, p. 11-12. **Apud** CORDEIRO, Carla Priscilla Barbosa Santos. A corrupção sob um prisma histórico-sociológico: análise de suas principais causas e efeitos. **Revista Eletrônica Direito e Conhecimento**, Arapiraca/AL, Cesmac Faculdade do Agreste, n. 2, v. 1, jul./dez. 2017, p. 74. Disponível em: http://revistas.cesmac.edu.br/index.php/dec/article/view/670/552. Acesso em: 11 jan. 2019.

[15] CORDEIRO, Carla Priscilla Barbosa Santos. A corrupção sob um prisma histórico-sociológico: análise de suas principais causas e efeitos. **Revista Eletrônica Direito e Conhecimento**, Arapiraca/AL Cesmac Faculdade do Agreste, n. 2, v. 1, jul./dez./2017, p.75. Disponível em: http://revistas.cesmac.edu.br/index.php/dec/article/view/670/552. Acesso em: 11 jan. 2019.

em qualquer país sem delinear os aspectos históricos que contribuíram para sua presença e permanência até a atualidade.[16]

2.2 Corrupção nas relações privadas

Em regra, quando é pensada a corrupção, a primeira ideia que aflora é o erário sendo usurpado, ou seja, o interesse privado beneficiando-se do público.

No dizer de Fernando Carbajo Cascón, "trata-se de um desvio ilícito do interesse público em benefício de interesses privados, centrando, por isso, a corrupção na órbita do setor público".[17]

Mas, a par desse viés, a conduta ilícita também se apresenta em setores ligados à atuação exclusivamente privada, em razão do alargamento das atividades financeiras e econômicas, que fizeram surgir grandes conglomerados empresariais nacionais e internacionais, além de inúmeras organizações do terceiro setor, que, com relativa frequência, se envolvem em escândalos, como a manipulação do mercado ou a formação de cartéis.

O mesmo se vê em entidades desprovidas de fins econômicos ou sociais, como o Comitê Olímpico Internacional, entre tantas outras.

A atuação dessas entidades de forma ilícita, mesmo não gerando desgaste ao erário, aflora novo objeto de estudo: a *corrupção privada*. Atos praticados por seus gestores contrários à lei aproveitam-se de vácuos legais, por exemplo

[16] CORDEIRO, Carla Priscilla Barbosa Santos. A corrupção sob um prisma histórico-sociológico: análise de suas principais causas e efeitos. **Revista Eletrônica Direito e Conhecimento**, Arapiraca/AL Cesmac Faculdade do Agreste, n. 2, v. 1, 2017, jul./dez./2017, p. 75. Disponível em: http://revistas.cesmac.edu.br/index.php/dec/article/view/670/552. Acesso em: 11 jan. 2019.

[17] CASCÓN, Fernando Carbajo. Corrupcion publica, corrupcion privada y derecho privado patrimonial: una relacion instrumental. Uso perverso, prevencion y represion. p. 129. In: GARCIA, Nicola Rodrigues; CAPARROS, Eduardo Fabian (Coord.). La Corrupcionen um mundo globalizado: Analisis Interdisciplinar. Salamanca. Ratio Legis. 2004. **Apud** MILLESKI, Helio Saul. **O estado contemporâneo e a corrupção**. Belo Horizonte: Editora Fórum 2015. p. 355.

a valorização/desvalorização de títulos mobiliários por meio artificial; o aproveitamento de uma catástrofe para aumento de preços; a propaganda enganosa, entre outros. Nesses casos, o prejuízo ocorre ao particular, mas não deixa de ser uma forma de corrupção.[18]

Como leciona Luis Contreiras Alfaro, tão corrupto é um ato de malversação de fundos públicos, em proveito próprio ou alheio, quanto é a apropriação indevida de recursos privados nas sociedades anônimas mediante grandes operações de engenharia financeira, aproveitando o vazio jurídico de proteção e a ineficiência de controle.[19]

Se nos anos passados houve a tendência de o Estado se aprofundar em setores econômicos e financeiros, o que em parte muito colaborou no aspecto quantitativo da corrupção, é certo que no século XXI observa-se o inverso: empresas estatais e serviços públicos não essenciais sendo privatizados. Há o fenômeno da desregulação, em especial em países capitalistas, o que talvez justifique o crescente número de escândalos financeiros em empresas privadas.[20]

Nesse cenário, é de fácil percepção que a ideia de corrupção, que sempre permeou o setor público, passa a se apresentar também nas relações econômicas privadas, entendendo como tal o uso desviado do poder de decisão no campo das relações econômicas entre particulares, cujos efeitos se apresentam potencializados no momento atual, em face da globalização da economia, que fatalmente potencializa o fenômeno da corrupção.[21]

---

[18] MILLESKI, Helio Saul. **O estado contemporâneo e a corrupção**. Belo Horizonte: Editora Fórum, 2015, p. 355.

[19] ALFARO, Luis H. Contreras. Corrupción y principio de oportunidad penal: alternativas en matéria de prevencion y castigo a la respuesta penal tradicional. Salamanca: Ratio LegisLibreriaJuridica, 2005. Apud: MILLESKI, Helio Saul– **O estado contemporâneo e a corrupção.** Belo Horizonte: Editora Fórum, 2015, p. 356.

[20] MILLESKI, Helio Saul. **O estado contemporâneo e a corrupção**. Belo Horizonte: Editora Fórum, 2015, p. 357.

[21] CASCÓN, Fernando Carbajo. Corrupcion publica, corrupcion privada y derecho privado patrimonial: una relacion instrumental. Uso perverso, prevencion y represion. p. 133. In: GARCIA, Nicola Rodrigues; CAPARROS, Eduardo Fabian (Coord.). La Corrupcionen um mundo globalizado: Analisis Interdisciplinar. Salamanca. Ratio Legis.

Alguns países, como Alemanha, França, Holanda, Suíça, Suécia, Turquia, entre outros, já reconhecem juridicamente a *corrupção privada*, punindo criminalmente os envolvidos.

Nesse olhar, resta claro que a definição de corrupção não se restringe ao setor público. Considerando que o fenômeno ocorre sob vários ângulos, não somente nas relações de interesse do erário, mostra-se certo que a análise jurídica do instituto deve abarcar tanto o setor público como o privado, pois a conduta indevida de viciar o poder de decisão ocorre tanto em um terreno como no outro.[22]

Esse o dizer de Carlos Castresana Fernandes, quando adverte que a corrupção clássica tinha um caráter personalíssimo, centrava em condutas pessoais penalmente reprimidas, como a malversação dos recursos públicos e dos subornos; porém, atualmente há uma corrupção moderna, envolvendo os mercados financeiros, o tráfico de influências e o abuso de informação privilegiada.[23]

Encerra Helio Milleski:

> Assim, de um modo geral, pode-se dizer que corrupção envolve comportamento ilícito, com o fim de ser obtido benefício próprio ou de terceiro, tendo em conta os aspectos de legalidade e legitimidade. Portanto, juridicamente, na atualidade, pode ocorrer corrupção tanto no âmbito estrutural estatal como na estrutura das empresas privadas, mediante comportamento ilícito, em face de sua ilegalidade e ilegitimidade, na medida em que a corrupção significa negociação ou troca entre quem corrompe e quem se deixa corromper.[24]

2004. **Apud** MILLESKI, Helio Saul. **O estado contemporâneo e a corrupção**. Belo Horizonte: Editora Fórum, 2015, p. 358.

[22] MILLESKI, Helio Saul **O estado contemporâneo e a corrupção.** Belo Horizonte: Editora Fórum, 2015, p. 359.

[23] FERNANDES, Carlos Castresana. Corrupcion, globalizacion y delincuencia organizada. **In** GARCIA, Nicola Rodrigues; CAPARROS, Eduardo Fabian (Coord.). La Corrupcion en um mundo globalizado: analisis interdisciplinar. Salamanca. Ratio Legis. 2004. **Apud** MILLESKI, Helio Saul **O estado contemporâneo e a corrupção.** Belo Horizonte: Editora Fórum, 2015, p. 360.

[24] MILLESKI, Helio Saul. **O estado contemporâneo e a corrupção**. Belo Horizonte: Editora Fórum, 2015, p. 362.

Essa extensão da corrupção, além do vetor público, se apresenta cada vez mais relevante sob a ótica jurídica, como se observa no tratamento dado ao tema na Convenção das Nações Unidas sobre a corrupção (Convenção de Mérida), sendo de destaque os artigos 21 e 22, que abordam o suborno e a malversação ou peculato de bens no setor privado. Tais dispositivos revelam explicitamente a intenção (necessidade) de combate à corrupção, mesmo sem a participação de qualquer agente público, ou o envolvimento do erário.[25]

A pretensão de constitucionalização de um princípio contra a corrupção fatalmente deve abarcar as duas faces do problema: as relações com o poder público e as de índole unicamente privada.

3 A CORRUPÇÃO COMO CRIME CONTRA A HUMANIDADE - ESTATUTO DO TRIBUNAL PENAL INTERNACIONAL: ARTIGO 7, 1, K

Sem aprofundamento nas questões sociais ou antropológicas da corrupção, sob o ângulo do interesse público, a usurpação do erário é mais grave que um crime praticado contra um único indivíduo, ou uma coletividade.

O estatuto do Tribunal Penal Internacional tipifica algumas figuras como crimes contra a humanidade.[26] São aqueles ilícitos de tamanha gravidade que transpõem as fronteiras entre os Estados.[27]

---

[25] FURTADO, Lucas Rocha. **As raízes da corrupção no Brasil**. Belo Horizonte: Editora Fórum, 2015,p. 30.

[26] Para os efeitos do presente Estatuto, entende-se por "crime contra a humanidade" qualquer um dos atos seguintes, quando cometidos no quadro de um ataque, generalizado ou sistemático, contra qualquer população civil, havendo conhecimento desse ataque (BRASIL – **Decreto n. 4.388**, de 25 de setembro de 2002. Promulga o Estatuto de Roma do Tribunal Penal Internacional. Disponível em: http://www.planalto.gov.br/ccivil_03/decreto/2002/D4388.htm. Acesso em: 12 jan. 2019.

[27] Preâmbulo do Estatuto: os Estados-partes no presente Estatuto.
Conscientes de que todos os povos estão unidos por laços comuns e de que suas culturas foram construídas sobre uma herança que partilham, e preocupados com o fato deste delicado mosaico poder vir a quebrar-se a qualquer instante, tendo presente que, no decurso

Entre tais figuras, o texto indica em seu artigo 7, 1, *k*, que a prática de qualquer ato que cause grande sofrimento (intensa dor moral ou física), ou atinja a saúde física ou mental (falta de médicos ou remédio por desvio de verbas), subsume ao ilícito contra a humanidade:

> "*k*) – Outros atos desumanos de caráter semelhante, que causem intencionalmente grande sofrimento, ou afetem gravemente a integridade física ou a saúde física ou mental."

A corrupção no setor público acarreta o desvio de verbas para o agente corrupto e corruptor, ou sua aplicação em setores que não têm prioridade, para atendimento de interesses políticos (eleitorais), como certas obras voluptuárias, quando áreas sensíveis como saúde e educação ficam à mingua de recursos.

---

deste século, milhões de crianças, homens e mulheres têm sido vítimas de atrocidades inimagináveis que chocam profundamente a consciência da humanidade, reconhecendo que crimes de uma tal gravidade constituem uma ameaça à paz, à segurança e ao bem-estar da humanidade, afirmando que os crimes de maior gravidade, que afetam a comunidade internacional no seu conjunto, não devem ficar impunes e que a sua repressão deve ser efetivamente assegurada através da adoção de medidas em nível nacional e do reforço da cooperação internacional, decididos a pôr fim à impunidade dos autores desses crimes e a contribuir assim para a prevenção de tais crimes, relembrando que é dever de cada Estado exercer a respectiva jurisdição penal sobre os responsáveis por crimes internacionais, reafirmando os Objetivos e Princípios consignados na Carta das Nações Unidas e, em particular, que todos os Estados se devem abster de recorrer à ameaça ou ao uso da força, contra a integridade territorial ou a independência política de qualquer Estado, ou de atuar por qualquer outra forma incompatível com os Objetivos das Nações Unidas, salientando, a este propósito, que nada no presente Estatuto deverá ser entendido como autorizando qualquer Estado-parte a intervir em um conflito armado ou nos assuntos internos de qualquer Estado, determinados em perseguir este objetivo e no interesse das gerações presentes e vindouras, a criar um Tribunal Penal Internacional com caráter permanente e independente, no âmbito do sistema das Nações Unidas, e com jurisdição sobre os crimes de maior gravidade que afetem a comunidade internacional no seu conjunto. Sublinhando que o Tribunal Penal Internacional, criado pelo presente Estatuto, será complementar às jurisdições penais nacionais. Decididos a garantir o respeito duradouro pela efetivação da justiça internacional. Convieram no seguinte. (BRASIL– **Decreto n. 4.388**, de 25 de setembro de 2002. Promulga o Estatuto de Roma do Tribunal Penal Internacional. Disponível em: http://www.planalto.gov.br/ccivil_03/decreto/2002/D4388.htm. Acesso em: 12 jan. 2019).

Esse comportamento doloso destrói vidas. Milhares sem médicos ou remédios irão a óbito, abreviando a existência.

A educação desprovida de recursos torna a juventude imbecilizada, analfabetos funcionais, que serão o futuro da nação. Que país é construído sob tais pilares? Certamente, um povo manipulável que será escravizado econômica e culturalmente por potências mais bem preparadas.

O dano da corrupção é imensurável em médio e longo prazo. Acertadamente, pode-se tê-la como um crime contra a humanidade.

3.1 Corrupção - atentado ao estado democrático de direito

A corrupção é um mal que permeia o poder em todos os seus ângulos, do público ao privado. A exemplo de Brasil e Portugal, países constitucionais de viés garantista, ou seja, que constitucionalmente visam assegurar garantias ao indivíduo frente ao Estado, sofrem mais esse mal, porque a presença estatal se apresenta em maior proporção.

Tratar da corrupção e buscar apontar os seus efeitos quantitativos sobre a economia, sobre a política ou sobre qualquer outro aspecto social de determinado país, não constitui tarefa fácil.[28]

O administrativista argentino Hèctor A. Mairal adverte que praticamente em todos os países civilizados ocorre o fenômeno da corrupção. Pode-se considerar até uma prática comum, na qual certos indivíduos, para obter vantagens ilegítimas nas relações com o Estado, se aliam a agentes públicos que os favorecem mediante troca de algum benefício.[29]

[28] FURTADO, Lucas Rocha. **As raízes da corrupção no Brasil**. Belo Horizonte: Editora Fórum, 2015, p. 26.

[29] MAIRAL, Hèctor A. **As raízes legais da corrupção**. Tradução de Susan M. B. Kraemer. São Paulo: Contra Corrente, 2008, p. 21.

Continua o autor portenho justificando que uma das principais causas desse mal é a insegurança jurídica do Estado, que transforma o meio público em campo fértil para essas nefastas práticas.[30]

O termo *democracia*, no ideal de realizador dos valores fundamentais, como igualdade, liberdade e dignidade da pessoa humana, assume papel mais abrangente que o Estado de Direito, que surge como fruto da democracia liberal. O final do liberalismo levou à reflexão do *status* da democracia no novo modelo que aflorava, o Estado Democrático de Direito. No primeiro momento, surge o Estado Social de Direito, que nem sempre era democrático. Contemporaneamente, predominam constituições menos liberais, por exemplo a de Brasil[31], Espanha[32]e Portugal[33], com viés Democrático Social. Esse novo modelo – Estado Democrático de Direito – abarca os princípios do Estado Democrático e do Direito.[34]

Abre-se um parêntese para salientar que a Democracia também há de ser vista com olhar crítico, pois a vontade formal do povo nem sempre é seu desejo material, a exemplo da crucificação de Jesus, que não representou democracia, mas autocracia e oligarquia, em que os protagonistas movem a multidão como uma arma no sentido de seus interesses próprios.[35]

As grandes transformações do Estado e da sociedade na virada do século XIX para o XX devem-se ao surgimento da democracia representativa,

---

30 MAIRAL, Hèctor A. **As raízes legais da corrupção**. Tradução de Susan M. B. Kraemer. São Paulo: Contra Corrente, 2008, p. 21.

31 BRASIL. **Constituição da República Federativa do Brasil de 1988**. Artigo 1. Disponível em: http://www.planalto.gov.br/ccivil_03/constituicao/constituicaocompilado.htm. Acesso em: 12 jan. 2019.

32 ESPANHA. **Constitución Española.** Disponível em: http://www.lamoncloa.gob.es/documents/constitucion_es1.pdf. Acesso em: 12 jan. 2019.

33 PORTUGAL. **Constituição da República Portuguesa**. Artigo 2. Disponível em https://www.parlamento.pt/Legislacao/Paginas/ConstituicaoRepublicaPortuguesa.aspx. Acesso em: 12 jan. 2019.

34 SILVA, Jose Afonso da. **Curso de direito constitucional positivo**. 35. ed. São Paulo: Malheiros, 2012, p. 112.

35 ZAGREBELSKY, Gustavo.–**A crucificação e a democracia**. Tradução de Monica de Sanctis Viana. São Paulo: Saraiva, 2010, p. 130.

distinta do governo representativo, em ideologia e formatação, dando ensejo ao afloramento do Estado Democrático de Direito.[36]

Para José Afonso da Silva, esse Estado Democrático de Direito não significa apenas a junção do Estado de Direito com o Democrático, mas também o nascedouro de um novo modelo, que incorpora os valores anteriores, e vai além, avançando em garantias não só do cidadão, mas da sociedade, como a solidariedade e a justiça.[37]

Em verdade, abre-se um novo padrão de Estado, aflorado diante da falência do socialismo clássico ou do liberalismo desenfreado, que se mostraram ineficientes ao atendimento dos anseios sociais sem a perda da individualidade, ou seja, a convergência de certos interesses sociais e democracia.

Nesse modelo, o Estado tem uma atuação profunda nas relações sociais, em contraponto ao princípio liberal do estado mínimo. Com essa característica, a presença estatal alargada potencializa a ocorrência de cooptação de agentes públicos para atendimento de interesses individuais ou coletivos.

J. J. Canotilho assinala que

> a teorização do Estado de direito democrático centrou-se até aqui em duas ideias básicas: o Estado limitado pelo direito e o poder político estatal legitimado pelo povo. O direito é o direito interno do Estado; o poder democrático é o poder do povo que reside no território do Estado ou pertence ao Estado.[38]

Jónatas E. M. Machado entende que a corrupção dentro do Estado assume duas faces: a convencional e a inconvencional. A primeira decorre do patrocínio financeiro direto do ato desejado pelo terceiro e praticado pelo agente público mediante pagamento. Não importa se o ato praticado foi lícito,

[36] MIRANDA, Jorge.–**Manual de direito constitucional**. Coimbra: Editora Coimbra, 2007, p. 17. t. VII.

[37] MIRANDA, Jorge. **Manual de direito constitucional**. Coimbra: Editora Coimbra, 2007, p. 17.

[38] CANOTILHO, J. J. Gomes, **Direito constitucional e teoria da Constituição**. 7. ed. Lisboa: Almedina, 2018, p. 231.

pois a motivação da prática reside no interesse financeiro. A segunda advém da prática de atos pelo agente público não na busca do interesse público, mas sim daquele ligado a determinadas pessoas ou grupos. Não se mostra necessário o benefício financeiro direto, mas em regra ele ocorre com o financiamento das campanhas eleitorais.[39]

Nesse panorama, o Estado de Direito é frontalmente comprometido.

4 PRINCÍPIOS JURÍDICOS CONSTITUCIONAIS - AXIOLOGIA

Constituição, em sentido material, abarca o conjunto de normas jurídicas que recaem sobre toda a estrutura, atribuições e competências dos órgãos supremos do Estado, sobre as instituições fundamentais do Estado e sobre a posição do cidadão no Estado.[40]

No ápice do ordenamento, a Constituição ilumina a si e às regras. Ambas, na qualidade de normas, são apreendidas a partir da possibilidade real e impostas com base no conhecimento dos dados reais das estruturas fundamentais.[41]

Os princípios jurídicos constitucionais, na qualidade de normas qualitativamente distintas das regras, são otimizadores impositivos segundo variantes fáticas e jurídicas. Quando em situação conflitual, coexistem e continuam válidos, contrariamente às regras, que, diante da antinomia, se anulam. Um sistema pautado unicamente em regras levaria a sociedade a um

[39] MACHADO, Jónatas E. M. **O princípio anticorrupção**: dimensões constitucionais e jurídico-internacionais. Instituto Brasileiro de Ciências Criminais. Curso de pós-graduação em direitos fundamentais. Disponível em: https://www.ibccrim.org.br/df2015/docs/anti-corrupcao.pdf. Acesso em: 12 jan. 2019.

[40] BACHOF, Otto. **Normas constitucionais inconstitucionais**. Tradução de Jose Manuel M. Cardoso da Costa. Lisboa: Almedina, 2009.

[41] MÜLLER, Friedrich. **Teoria estruturante do direito**. 3. ed. São Paulo: Revista dos Tribunais, 2011, p. 221.

ponto limitado de racionalidade prática. Haveria segurança, mas faltaria um sistema aberto como o constitucional.[42]

O ponto de partida do intérprete, em especial da Constituição, há de ser sempre os princípios, que sistematizam a ideologia constitucional, seus postulados básicos e seus fins.[43]

O sistema jurídico é aberto, incompleto, evolui e se modifica a cada dia. Há dois sistemas normativos, um dos princípios, e outro das regras. Um completa o outro; pensar o direito é enxergá-los em sobreposição, em que o primeiro é o elemento aglutinador, liga todas as normas, e o segundo refina objetivamente o desejo do legislador.[44]

Em suma, Canotilho assinala:

> Em virtude desta dimensão determinante (positiva e negativa) dos princípios, reconhece-se hoje que, mesmo não sendo possível fundamentar autonomamente, a partir deles, recursos de direito público (o que é discutível), eles fornecem sempre diretivas materiais de interpretação das normas constitucionais. Mais do que isso: vinculam o legislador no momento legiferante, de modo a poder dizer-se ser a liberdade de conformação legislativa positiva e negativamente vinculada pelos princípios jurídicos gerais.[45]

Os princípios surgem com margem de indeterminação e abstração que os leva a sempre requerer um ato posterior que os precise em uma formulação mais detalhada, seja em sua incorporação ao direito positivo ou à falta deste, em sua aplicação ao caso concreto. Eles carecem de atos e situações de fato, as quais devem ser cobertas em princípio pelos legisladores ou juízes, dadas

---

[42] CANOTILHO, J. J. Gomes. **Direito constitucional e teoria da constituição**. 7. ed. Lisboa: Almedina, 2018, p. 1161-1162-

[43] BARROSO, Luiz Roberto. **Interpretação e aplicação da Constituição.** 7. ed. São Paulo: Saraiva, 2010, p. 155.

[44] GRAU, Eros Roberto. **O direito posto e o direito pressuposto**. 8. ed. São Paulo: Malheiros, 2011, p. 24.

[45] CANOTILHO, J. J. Gomes. **Direito constitucional e teoria da constituição**. 7. ed. Lisboa: Almedina, 2018, p. 1166.

as restrições que pesam sobre a Administração para determinar sua própria competência.[46]

Adotando a posição de Alexy, princípios são espécies de normas que ordenam que algo seja realizado na maior extensão possível. O âmbito das possibilidades jurídicas é determinado pelos princípios.[47]

A relevância dos princípios na ordem constitucional assevera a necessidade da inserção do combate à corrupção nesse nível jurídico. Regras de combate já existem várias, de inúmeros matizes, cível, penal e eleitoral; porém, em termos principiológicos, a questão terá outra abordagem.

4.1 Regras e princípios - diferenças

Para Robert Alexy,[48] existem diversos critérios para diferenciar regras de princípios, sendo mais usual o da generalidade. Segundo o autor germânico, princípios são normas de alto nível de generalidade, enquanto nas regras esse nível é baixo. Cita ele, como exemplo de princípio nesse prisma, o direito à crença religiosa e, como regra, o direito de um preso tentar converter outro a sua crença. Para o autor, a distinção mais acertada decorre da diferença *qualitativa* entre regras e princípios, ou seja:

> O ponto decisivo na distinção entre regras e princípios é que princípios são normas que ordenam que algo seja realizado na maior medida possível dentro das possibilidades jurídicas e fáticas existentes. Princípios são, por conseguinte, *mandamentos de otimização*, que são caracterizados por poderem ser satisfeitos em graus variados e pelo fato de

---

[46] CASSAGNE, Juan Carlos. **Os grandes princípios do direito público.** São Paulo: Contracorrente, 2017, p. 65-66.

[47] ALEXY, Robert. **Teoria dos direitos fundamentais.** 2. ed. Tradução de Virgílio Afonso da Silva. São Paulo: Malheiros, 2011, p. 90.

[48] ALEXY, Robert. **Teoria dos direitos fundamentais.** 2. ed. Tradução de Virgílio Afonso da Silva. São Paulo: Malheiros, 2011, p. 87.

> que a medida devida de sua satisfação não depende somente de possibilidades fáticas, mas também de possibilidades jurídicas.[49]

A forma de aplicação do princípio é a *ponderação*.

Já as regras são normas que podem ser satisfeitas ou não, no campo fático e jurídico, mas dentro do possível. Sua aplicação ocorre pela *subsunção*.

Arremata o autor, asseverando que "a distinção entre regras e princípios é uma distinção qualitativa, e não de graduação. Os princípios, como regras de otimização, devem ter eficácia em sua máxima possibilidade, já as regras também devem ter eficácia, mas dentro do possível".[50]

Sendo a forma de aplicação do princípio a ponderação, em última análise, deve-se buscar a melhor solução (otimizada) em vista dos princípios concorrentes.[51]

Canotilho arremata:

> Consequentemente, os princípios, ao constituírem *exigências de optimização*, permitem o balanceamento de valores e interesses (não obedecem, como as regras, à "lógica do tudo ou nada"), consoante o seu *peso* e a ponderação de outros princípios eventualmente conflitantes; as regras não deixam espaço para qualquer outra solução, pois se uma regra vale (tem validade) deve cumprir-se na exata medida das suas prescrições, nem mais nem menos.[52]

4.1.1 Princípios fundamentais (*Rechtsgrundsätze*)

Continuando o magistério de Canotilho, dentro do rol de princípios, surgem aqueles adjetivados de fundamentais, introduzidos na consciência

[49] ALEXY, Robert. **Teoria dos direitos fundamentais**. 2. ed. Tradução de Virgílio Afonso da Silva. São Paulo: Malheiros, 2011, p. 87.

[50] ALEXY, Robert. **Teoria dos direitos fundamentais**. 2. ed. Tradução de Virgílio Afonso da Silva. São Paulo: Malheiros, 2011, p. 90-91.

[51] BARROSO, Luiz Roberto. **Um outro país:** transformações no direito, na ética e na agenda do Brasil. Belo Horizonte: Editora Fórum, 2018, p. 38.

[52] CANOTILHO, J. J. Gomes. **Direito constitucional e teoria da constituição**. 7. ed. Lisboa: Almedina, 2018, p. 1161.

jurídica, expressa ou implicitamente encontrados no texto constitucional, apresentando-se como mais importante fundamento para criação, interpretação, integração, conhecimento e aplicação do direito positivo.[53]

Revelam sua importância capital no contexto da constituição e observam que os artigos que os consagram constituem, por assim dizer, a síntese ou matriz de todas as restantes normas constitucionais, às quais aquelas podem ser direta ou indiretamente reconduzidas.[54]

5 COMBATE À CORRUPÇÃO - NECESSIDADE AXIOLÓGICA MEDIANTE UM PRINCÍPIO CONSTITUCIONAL

A corrupção tem um viés de complexidade que não pode ser desconsiderado no seu combate. É um fenômeno social, político e principalmente econômico, que aflora em todas as nações, independentemente do seu nível de desenvolvimento.

Um sistema normativo pautado no combate à corrupção deve ter normas inibidoras do comportamento que atinjam a órbita civil e criminal do agente, mas não só no campo interno.

Beccaria já advertia no século XVIII que é melhor prevenir o ilícito do que puni-lo. Dizia o ilustre milanês, um dos expoentes do Iluminismo, que o escopo de qualquer legislação deve ser a condução dos homens ao máximo de felicidade, assinalando: "Punir uma grande quantidade de ações decorrentes não é prevenir os delitos que delas possam nascer, mas criar outros novos, é definir arbitrariamente a virtude e o vício."[55]

---

[53] CANOTILHO, J. J. Gomes. **Direito constitucional e teoria da constituição**. 7. ed. Lisboa: Almedina, 2018, p. 1161. p. 1165.

[54] SILVA, Jose Afonso da. **Curso de direito constitucional positivo**. 35. ed. São Paulo: Malheiros, 2012, p. 94.

[55] BECCARIA, Cesare. **Dos delitos e das penas.** Tradução de Lucia Guidicini e Alessandro BertiContessa. São Paulo: Martins Fontes, 2005, p. 130-131.

Internacionalmente, os Estados vêm se mobilizando para o combate conjunto. Como exemplo, a União Europeia, por meio do Ato do Conselho 97/C 195/01, de 26 de maio de 1997, estabeleceu Convenção relativa à luta contra a corrupção em que estejam envolvidos servidores das Comunidades Europeias ou dos Estados-membros da União Europeia.

Em 2003, a ONU editou a Convenção das Nações Unidas contra a Corrupção. Trata-se de uma *soft law*, porém traz obrigações aos Estados subscritores de introduzirem no ordenamento interno ferramentas eficazes de combate a esse mal.

No Brasil, a Convenção foi promulgada em 2006 pelo Decreto n. 5.687.[56]

Essas normas são importantes, mas devem ser aplicadas em conjunto com outras medidas desestimuladoras da corrupção no sentido de produzirem efeito significativo.[57]

A análise de um ordenamento combativo à corrupção não pode desconsiderar algumas vertentes.

Helio Milleski, com muita propriedade, assevera que as normas de cunho sancionatório não surtirão efeito inibidor em algumas situações, pois há indivíduos que possuem atração pelo risco, preferindo arriscar e talvez obter o lucro; a esses a sanção não inibe. Existem os patológicos, considerados irracionais, que também não se amedrontam pela ameaça de sanção. Ainda se apresentam os que atuam de forma ilícita por princípio, ou seja, não aceitam as normas por convicção íntima; embora racionais, a sanção não lhes causa receio. Depois existem os fronteiriços, entre o risco e a segurança, ora cedendo ao risco, ora optando pela tranquilidade da segurança. A estes a norma

[56] BRASIL. Decreto n. 5.687, de 31 de janeiro de 2006. Promulga a Convenção das Nações Unidas contra a Corrupção, adotada pela Assembleia-Geral das Nações Unidas em 31 de outubro de 2003 e assinada pelo Brasil em 9 de dezembro de 2003. Disponível em: http://www.planalto.gov.br/ccivil_03/_ato2004-2006/2006/decreto/d5687.htm. Acesso em: 12 jan. 2019.

[57] MILLESKI, Helio Saul. **O estado contemporâneo e a corrupção**. Belo Horizonte: Editora Fórum, 2015, p. 388.

sancionatória inibe. Aflora com clareza que o combate à corrupção não se limita a normas de caráter sancionatório. São importantes, mas é necessário que sejam aplicadas em conjunto com outras medidas desestimuladoras para o efeito inibidor ser percebido.[58]

Diante da multiface do fenômeno, a construção de um princípio fundamental a ser inserido no ordenamento constitucional talvez reforce o ordenamento ordinário de controle e sanção já existente, e mais, talvez insira valores de forma positiva.

Luiz Roberto Barroso enfatiza que o período pós-segunda grande guerra trouxe o reconhecimento de força normativa à Constituição, superando o modelo europeu até então vigente, quando o texto constitucional era tido como documento político, uma convocação dos poderes do Estado a atuar proativamente. Esse período desenvolve uma nova hermenêutica constitucional para atender aos chamados *hard cases*, entendidos como aqueles a que o ordenamento ordinário não trazia solução pré-pronta, demandando atuação criativa do intérprete.[59]

Como a Constituição é norma primária sobre a produção jurídica,[60] é mister uma reflexão quanto à necessidade de inserção específica de um princípio para combate à corrupção nos textos constitucionais, a fim de atingir maior eficácia nessa cruzada, talvez como princípio estruturante, ou seja, aqueles que demonstram os valores suprapositivos que o legislador constituinte teve em conta na elaboração do texto constitucional.[61]

---

58 MILLESKI, Helio Saul. **O estado contemporâneo e a corrupção**. Belo Horizonte: Editora Fórum, 2015. p. 388.

59 BARROSO, Luiz Roberto. **Um outro país:** transformações no direito, na ética e na agenda do Brasil. Belo Horizonte: Editora Fórum, 2018, p. 32-33.

60 CANOTILHO, J. J. Gomes. **Direito constitucional e teoria da constituição**. 7. ed. Lisboa: Editora Almedina, 2018, p. 693.

61 FONTES, José. **Teoria geral do estado e do direito**. 4. ed. Coimbra: Editora Coimbra. 2014, p. 161.

5.1 Combate à corrupção como princípio fundamental

O combate à corrupção no campo constitucional já tem seus ícones materializados em alguns princípios genéricos, como moralidade, igualdade, eficiência etc. Mas falta um que seja cirúrgico.

No entender de Jónatas E. M. Machado, o Estado de Direito é alicerçado nos seguintes princípios constitucionais estruturantes: I) o princípio do respeito pelos direitos humanos; II) o princípio republicano; III) o princípio democrático; IV) o princípio do Estado de direito; V) o princípio do Estado social; VI) o princípio do Estado ambiental; VII) o princípio da tutela jurisdicional efetiva; VIII) o princípio da separação de poderes; e insere um inovador: IX) o princípio anticorrupção.[62]

Para o autor, durante toda a história do constitucionalismo, seus defensores, Machiavelli, Montesquieu, Locke, Acton, Madison, assinalaram o efeito corrosivo da corrupção, atentando contra o sentimento cívico e a integridade política. O combate a esse mal no campo constitucional é perfeitamente aceitável, quando se infere que as constituições são o repositório das garantias humanistas, da democracia e do Estado de Direito.[63]

É necessário mudança jurídica para melhor estruturar o combate, pois a sociedade global não pode mais aceitar passivamente que 5% do PIB, ou seja, aproximadamente 2,6 trilhões de dólares por ano, sejam desviados de programas sociais e estruturais para interesses pessoais ou corporativos. Na África, a situação é pior, chegando a 25% do PIB. A Transparência

---

[62] MACHADO, Jónatas E. M. **O princípio anticorrupção dimensões constitucionais e jurídico-internacionais.** Instituto Brasileiro de Ciências Criminais. Curso de pós-graduação em direitos fundamentais. Disponível em: https://www.ibccrim.org.br/df2015/docs/anti-corrupcao.pdf. Acesso em: 12 jan. 2019.

[63] MACHADO, Jónatas E. M. **O princípio anticorrupção dimensões constitucionais e jurídico-internacionais.** Instituto Brasileiro de Ciências Criminais. Curso de pós-graduação em direitos fundamentais., p. 83. Disponível em: https://www.ibccrim.org.br/df2015/docs/anti-corrupcao.pdf. Acesso em: 12 jan. 2019.

Internacional ainda aponta que, em países em desenvolvimento, a corrupção no setor de construção custa 18 bilhões de dólares anualmente.[64]

Jônatas E. M. Machado é enfático ao assinalar que deve ser intenso o combate contra a corrupção, e este deve estar na base do constitucionalismo internacionalista global. Não pode ser visto como um problema isolado, de um só país ou região. O Texto Constitucional, os Tratados e as Convenções de direitos humanos devem ser interpretados como instrumentos de luta contra esse mal que afeta diretamente o mínimo existencial de todos. O postulado deve se estender às instituições políticas, administrativas e judiciais, que, em termos nacionais e internacionais, devem estar estruturadas de forma a combater eficazmente a corrupção.[65] A nosso sentir, deve ter também um viés horizontal, atuando sobre as relações privadas.

Diante do quadro caótico que se observa em âmbito global, em particular no Brasil e em Portugal, a inserção de um princípio anticorrupção, na qualidade de norma constitucional, de índole fundamental, estruturante, dotada de força axiológica, aflora-se como um imperativo do próprio paradigma do Estado Democrático de Direito.

O princípio anticorrupção é, assim, norma constitucional fundamental estruturante do constitucionalismo pátrio, inclusive porque seu valor axiológico impregna as normas fundamentais, como visivelmente se observa, por exemplo, no art. 37 e no art. 85, V, ambos da CRFB/1988.[66]

---

64 ONU – BR (NAÇÕES UNIDAS NO BRASIL).– **Corrupção custa mais de US$ 2,6 trilhões por ano, alerta PNUD**. Publicado em 9 dez. 2016. Disponível emhttps://nacoesunidas.org/corrupcao-custa-mais-de-us-26-trilhoes-por-ano-alerta-pnud/. Acesso em: 18 jan. 2019.

65 MACHADO, Jónatas E. M. MACHADO, Jónatas E. M. **O princípio anticorrupção dimensões constitucionais e jurídico-internacionais**. Instituto Brasileiro de Ciências Criminais**.** Curso de pós-graduação em direitos fundamentais**.**, p. 83. Disponível em: https://www.ibccrim.org.br/df2015/docs/anti-corrupcao.pdf. Acesso em: 12 jan. 2019. p. 85.

66 MENDES, Yury Vieira Tupinambá de Lélis. Corrupção e constitucionalismo: o princípio anticorrupção como fundamento estruturante da Constituição da República Federativa do Brasil, de 5 de outubro de 1988, à luz do pensamento de Zephyr Teachout e

Inobstante esse princípio, deve ser autônomo e independente, não pode ser diluído nos demais princípios, tem um peso próprio e equivalente; reforça-se na interação com outros princípios, resulta de uma interpretação literal, sistemática e teleológica da Constituição, e deve ser mais mobilizado pelos tribunais nacionais, pelos tribunais constitucionais e superiores e pelos tribunais arbitrais internacionais.[67]

A corrupção como fenômeno social pouco é atingida pelos valores axiológicos inseridos nas constituições de forma genérica, a exemplo dos princípios da moralidade ou da eficiência. Embora fomentem o direito punitivo, se limitam a essa seara, pois *o ato administrativo imoral é tão inválido quanto o ato ilegal. O ato administrativo propositalmente ineficiente é tão inválido quanto o ato corrupto.*[68]

Como a corrupção coloca em risco o Estado Democrático de Direito e os Direitos Humanos, a construção de um princípio para o combate a esse mal em todas as suas faces, vertical e horizontalmente, é questão fundamental para a preservação das instituições, quer públicas ou privadas.

Essa luta deve ser iniciada desde a construção do ordenamento até sua fase aplicativa, pois, como é visto, as regras e princípios atualmente existentes atingem mais os efeitos do que a causa do problema.

5.2 Experiência constitucional de Egito e Tailândia

O Egito positivou em sua Constituição (2014) artigo expresso sobre o combate à corrupção:

Jónatas Machado. **Revista Parajás**, v. 1, n. 1/2018. Disponível em: http://revista.institutoparajas.org/parajas/article/view/7/25.

[67] MACHADO, Jónatas E. M. **O princípio anticorrupção**: dimensões constitucionais e jurídico-internacionais. Instituto Brasileiro de Ciências Criminais. Curso de pós-graduação em direitos fundamentais, p. 85. Disponível em: https://www.ibccrim.org.br/df2015/docs/anti-corrupcao.pdf. Acesso em: 12 jan. 2019.

[68] ASSIS JUNIOR, Ronaldo – **Constituição vs. corrupção**. Rio de Janeiro: Editora Lumen Júris, 2016, p. 159.

> **ARTIGO 218. LUTA CONTRA A CORRUPÇÃO**
> O estado está comprometido com o combate à corrupção e os órgãos e organizações de controle competentes são identificados por lei.
>
> Órgãos e organizações de supervisão competentes se comprometem a coordenar-se mutuamente no combate à corrupção, aumentando os valores de integridade e transparência, a fim de garantir um bom desempenho das funções públicas, preservar os fundos públicos e desenvolver e acompanhar a estratégia nacional de combate à corrupção com outros organismos e organizações de controlo competentes, na forma organizada por lei.

A Tailândia, da mesma forma, quando da edição da atual Constituição (2017), inseriu artigo prevendo o combate à corrupção:

> **SEÇÃO 63**
> O Estado promoverá, apoiará e proporcionará conhecimento ao povo sobre os perigos resultantes de atos desonestos e condutas ilícitas nos setores público e privado, e providenciará medidas e mecanismos eficientes para prevenir e eliminar rigorosamente tais atos desonestos e condutas ilícitas, inclusive um mecanismo para promover a participação coletiva das pessoas em uma campanha para fornecer conhecimento, para combater a corrupção ou fornecer pistas sob a proteção do Estado, conforme previsto por lei.

Tais iniciativas refletem a preocupação desses países em ampliar as ferramentas jurídicas, para evitar que o ilícito ocorra, não somente atacar seus efeitos. A vertente é muito clara no texto constitucional tailandês, onde o termo "prevenir" aparece expresso, e mais, determina que a população seja esclarecida sobre as consequências desse ato nefasto, o que pode mudar valores éticos e morais da sociedade, que são a origem da prática criminosa.

Um exemplo é o jargão popular em terras brasileiras do "jeitinho", ou seja, a maneira de resolver certas questões fora das regras. Essa lamentável prática ocorre de forma aberta no esporte, em particular o futebol, quando o jogador simula um ato faltoso para tentar iludir o árbitro. Na Copa do Mundo de futebol de 2018, isso ocorreu escandalosamente, um péssimo exemplo de valores éticos/morais para milhões de crianças e jovens que acompanharam os jogos.

A iniciativa tailandesa em constitucionalizar a necessidade de esclarecimento à população sobre o tamanho dos danos provocados pela corrupção talvez seja o marco inicial para mudanças significativas de valores em médio e longo prazo.

Muito embora a Transparência Internacional, no Índice de Percepção da Corrupção, em seu último balanço ocorrido em 2018,[69] indique Egito e Tailândia em posições muito aquém das nações mais eficazes nesse mister, como Dinamarca e Nova Zelândia, as inovações constitucionais ainda são recentes, talvez em médio e longo prazo seus efeitos sejam sentidos de maneira acentuada.

Países em desenvolvimento, como Brasil, Egito e Tailândia, talvez necessitem materializar formalmente, por meio das constituições, que são o substrato teórico e ideológico de uma nação, princípios formadores de conceitos a estruturar o agir tanto nas relações públicas como privadas, dentro dos pactos que as regulam.

Talvez seja necessário um princípio de proteção aos demais princípios, como adverte Montesquieu na obra *O espírito das leis*, onde dedicou o Livro VIII ao tema: "a corrupção de cada governo começa quase sempre pela corrupção de seus princípios".[70]

6 CONCLUSÃO

A necessidade do princípio explícito contra a corrupção advém da carência de um dispositivo otimizador dessa postura, desde a criação das normas até sua aplicação pelo Judiciário, tal como ocorreu com a dignidade da pessoa humana no período pós-segunda grande guerra, quando o positivismo clássico se mostrou ineficaz para inibir as barbáries dos regimes nazifascistas.

[69] TRANSPARENCY INTERNATIONAL. Índice de **percepção da corrupção**, 2018. Disponível em: https://s3-sa-east-1.amazonaws.com/tibr-downloads/CPI-2018.pdf. Acesso em: 19 abr. 2019.

[70] MONTESQUIEU, Charles de Secondat. **O espírito das leis**. Tradução de Cristina Murachco. São Paulo: Martins Fontes, 1993, p. 121.

Os jornais demonstram como esse mal está enraizado nas instituições, tanto públicas como privadas. Nos últimos anos, os enormes escândalos que balançaram a república brasileira demonstraram que vários entes privados – empresas – tinham departamentos destinados à cooptação de agentes públicos, chamados, entre outros, de "Setor de Operações Estruturadas".[71]

Tal fato demonstra que a corrupção é uma cultura, algo até cotidiano de alguns setores. Não é possível mudar tal pensar sem alterar valores sociais, cívicos e morais. As normas existentes de combate, como a lei de improbidade e os crimes contra a administração no Brasil, ou a lei do Conselho de Combate à Corrupção ou a do Regime Penal de Corrupção no comércio internacional e no setor privado em Portugal, atacam os efeitos do ato maléfico, não sua causa. Se pensar na sanção inibisse totalmente o ilícito, os estados norte-americanos que admitem a pena de morte para homicídios dolosos teriam indicador zero desse campo, o que não é o caso.

A mudança de valores é importante porque o governo e as relações privadas variam na razão direta do caráter dos que detêm poder de decisão, ou, no dizer de Platão, "Tal homem, tal Estado... e os governos variam como variam o caráter dos homens; os Estados se compõem das naturezas humanas que neles existem".[72]

A inserção na Constituição de um princípio específico de combate à corrupção iniciaria um processo de mudança de valores não só jurídicos, mas também sociais, e talvez a médio ou longo prazo os resultados sejam significativos.

---

[71] ROCHA, Graciliano. Odebrecht tinha "departamento" de propina no Brasil, diz Lava Jato. **Folha de S. Paulo**, 22 mar. 2016. Disponível em: https://www1.folha.uol.com.br/poder/2016/03/1752707-odebrecht-tinha-departamento-de-propina-no-pais-diz-lava--jato.shtml. Acesso em: 21 jan. 2019.

[72] PLATÃO. A República. In: DURANT, Will. História da filosofia. Tradução de Luiz Carlos do Nascimento Silva. Rio de Janeiro: Nova Cultura, 2000, p. 575. Apud: GONÇALVES JUNIOR, Jerson Carneiro. Prefacio: ASSIS JUNIOR, Ronaldo. **Constituição vs. corrupção**. Rio de Janeiro: Lumen Júris. 2016.

REFERÊNCIAS

ALEXY, Robert. Teoria dos direitos fundamentais. 2. ed. Tradução de Virgílio Afonso da Silva. São Paulo: Malheiros, 2011.

ALVES, Alaôr Caffé. Lógica: pensamento formal e argumentação. 4. ed. São Paulo: Quartier Latin. 2005.

ASSIS JUNIOR, Ronaldo. Constituição vs. corrupção. Rio de Janeiro: Lumen Júris, 2016.

BACHOF, Otto. Normas constitucionais inconstitucionais. Tradução de José Manuel M. Cardoso da Costa. Lisboa: Almedina, 2009.

BARROS FILHO, Clóvis; PRAÇA, Sergio. Corrupção: parceria degenerativa. São Paulo: Papirus, 2014.

BARROSO, Luiz Roberto – Interpretação e aplicação da Constituição. 7. ed. São Paulo: Saraiva, 2010.

BARROSO, Luiz Roberto. Um outro país: transformações no direito, na ética e na agenda do Brasil. Belo Horizonte: Editora Fórum, 2018.

BECCARIA, Cesare. Dos delitos e das penas. Tradução de Lucia Guidicini e Alessandro BertiContessa. São Paulo: Martins Fontes, 2005.

BRASIL– Constituição da República Federativa do Brasil de 1988. Disponível em: http://www.planalto.gov.br/ccivil_03/constituicao/constituicaocompilado.htm. Acesso em: 12 jan. 2019.

BRASIL – DECRETO N. 4.388, de 25 de setembro de 2002. Promulga o Estatuto de Roma do Tribunal Penal Internacional. Disponível em: http://www.planalto.gov.br/ccivil_03/decreto/2002/D4388.htm. Acesso em: 12 jan. 2019.

BRASIL – DECRETO N. 5.687, de 31 de janeiro de 2006. Promulga a Convenção das Nações Unidas contra a Corrupção, adotada pela Assembleia-Geral das Nações Unidas em 31 de outubro de 2003 e assinada pelo Brasil em

9 de dezembro de 2003. Disponível em: http://www.planalto.gov.br/ccivil_03/_ato2004-2006/2006/decreto/d5687.htm. Acesso em: 12 jan. 2019.

CANOTILHO, J. J. Gomes. Direito constitucional e teoria da constituição. 7. ed. Lisboa: Almedina, 2018.

CASSAGNE, Juan Carlos. Os grandes princípios do direito público. São Paulo: Contracorrente, 2017.

CORDEIRO, Carla Priscilla Barbos Santos. A corrupção sob um prisma histórico-sociológico:análise de suas principais causas e efeitos. Revista Eletrônica Direito e Conhecimento, Arapiraca/AL Cesmac Faculdade do Agreste, n. 2, v. 1, jul./dez./2017, p. 67-93. Disponível em: http://revistas.cesmac.edu.br/index.php/dec/article/view/670/552. Acesso em: 11 jan. 2019.

ESPANHA. Constitución Española. Disponível em: http://www.lamoncloa.gob.es/documents/constitucion_es1.pdf. Acesso em: 12 jan. 2019.

FURTADO, Lucas Rocha. As raízes da corrupção no Brasil. Belo Horizonte: Editora Fórum, 2015.

GOMES, Luiz Flavio. O jogo sujo da corrupção. São Paulo: Astral Cultura, 2017.

GRAU, Eros Roberto. O direito posto e o direito pressuposto. 8. ed. São Paulo: Malheiros, 2011.

MACHADO, Jónatas E. M. O princípio anticorrupção: dimensões constitucionais e jurídico-internacionais. Instituto Brasileiro de Ciências Criminais. Curso de pós-graduação em direitos fundamentais. Disponível em: https://www.ibccrim.org.br/df2015/docs/anti-corrupcao.pdf. Acesso em: 12 jan. 2019.

MADISON, James; HAMILTON, Alexander; JAY, John. O federalista. Tradução de Hiltomar Martins Oliveira. Belo Horizonte. Editora Líder. 2003.

MAIRAL, Hèctor A. As raízes legais da corrupção. Tradução de Susan M. B. Kraemer. São Paulo: Contracorrente, 2018.

MENDES, Yury Vieira Tupinambá de Lélis. Corrupção e constitucionalismo: o princípio anticorrupção como fundamento estruturante da Constituição da República Federativa do Brasil, de 5 de outubro de 1988, à luz do pensamento de ZephyrTeachout e Jónatas Machado. Revista Parajás, v. 1, n. 1, 2018. Disponível em: http://revista.institutoparajas.org/parajas/article/view/7/25. Acesso em: 18 jan. 2019.

MILLESKI, Helio Saul. O estado contemporâneo e a corrupção. Belo Horizonte: Editora Fórum, 2015.

MIRANDA, Jorge – Manual de direito constitucional. Coimbra: Editora Coimbra, 2007. MONTESQUIEU, Charles de Secondat. O espírito das leis. Tradução de Cristina Murachco. São Paulo: Martins Fontes, 1993.

MÜLLER, Friedrich. Teoria estruturante do direito. 3. ed. São Paulo: Revista dos Tribunais, 2011.

NINIO, Marcelo. Americano especialista em corrupção chama Lava Jato de 'sucesso notável'. Folha de S. Paulo, 25 ago. 2015. Disponível em: https://www1.folha.uol.com.br/poder/2015/08/1673366-americano-especialista-em-corrupcao-chama-lava-jato-de-sucesso-notavel.shtml. Acesso em: 21 jan. 2019.

ONU – BR (NAÇÕES UNIDAS NO BRASIL). Corrupção custa mais de US$ 2,6 trilhões por ano, alerta PNUD. Publicado em 9 dez. 2016. Disponível em: https://nacoesunidas.org/corrupcao-custa-mais-de-us-26-trilhoes-por-ano-alerta-pnud/. Acesso em: 18 jan, 2019.

PILAGALLO, Oscar. Corrupção. Entrave ao desenvolvimento do Brasil. Instituto de ética concorrencial. Editora Elsevier. 2013 (digital)..

PORTUGAL Constituição da República Portuguesa Disponível em: https://www.parlamento.pt/Legislacao/Paginas/ConstituicaoRepublicaPortuguesa.aspx. Acesso em: 12 jan. 2019.

ROCHA, Graciliano. Odebrecht tinha 'departamento' de propina no Brasil, diz Lava Jato. Folha de S. Paulo, 22 mar. 2016. Disponível em: https://www1.folha.uol.com.br/poder/2016/03/1752707-odebrecht-tinha-departamento-de-propina-no-pais-diz-lava-jato.shtml. Acesso em: 21 jan, 2019.

SILVA, Jose Afonso da. Curso de direito constitucional positivo. 35. ed. São Paulo: Malheiros, 2012.

TRANSPARENCY INTERNATIONAL. Índice de percepção da corrupção, 2018. Disponível em: https://s3-sa-east-1.amazonaws.com/tibr-downloads/CPI-2018.pdf. Acesso em: 19 abr. 2019.

ZAGREBELSKY, Gustavo. A crucificação e a democracia. Tradução de Monica de Sanctis Viana. São Paulo: Saraiva, 2010.

CORRUPÇÃO NAS LICITAÇÕES PÚBLICAS NO BRASIL

Vagner Bertoli[1]

Resumo: O presente artigo visa mostrar a importância da licitação pública como instrumento de combate à corrupção, bem como discutir a evolução do processo de arrematação para a licitação que conhecemos hoje, a evolução do patrimonialismo e outras formas de desvios das coisas públicas que assolam o nosso país.

Palavras-chave: Corrupção. Licitação Pública.

Abstract: This article aims to show the importance of public bidding as an instrument to combat corruption, as well as discuss the evolution of the bidding process known today, the evolution of patrimonialism and other forms of diversion of public things that devastate our country.

Keywords: Corruption. Public Bidding.

[1] Advogado, doutorando em Ciências Jurídicas pela Universidade Autónoma de Lisboa, mestre em Direito Constitucional pela ITE/Bauru, pós-graduado em "A Produção do Conhecimento na Prática Docente" (USC/BAURU), pós-graduado em Ciências Criminais (IELF), pós-graduado em Direito Processual Civil (UNIDERP), professor de Direito Constitucional da Faculdade Eduvale de Avaré, professor da Academia de Polícia Civil de São Paulo, professor da Pós-graduação da Faculdade Oswaldo Cruz, membro do Conselho Editorial da *Revista Acadêmica de Ciências Jurídicas da Faculdade Eduvale de Avaré*, professor e tutor da Secretaria Nacional de Segurança Pública (SENASP), pesquisador do Núcleo de Estudos em Organizações e Pessoas (NEOP) da FGV e delegado de Polícia aposentado.

1 INTRODUÇÃO

O nosso país foi descoberto há mais de 500 anos, e desde o início convivemos com as mais variadas formas de corrupção, principalmente aquela que saqueia a coisa pública, que algumas pessoas utilizam como se sua fosse.

Como não poderia ser diferente, se a corrupção grassa em nosso meio, os instrumentos que temos para combatê-la sofrem uma série de fraudes, para que continuem com o ganho fácil do erário.

A licitação, que era chamada de processo de arrematação, passou a ser normatizada há 157 anos, tendo a cada momento da história evoluído juntamente com todas as nações por meio de tratados e convenções em busca do combate à corrupção.

2 LICITAÇÃO PÚBLICA

2.1 Evolução da Licitação Pública no Brasil

A licitação pública no Brasil teve a primeira sistematização mediante o Decreto n. 2.926/1862, que aprovou o Regulamento para as arrematações dos serviços a cargo do *Ministerio* da Agricultura, *Commercio* e Obras Publicas[2]. O instrumento convocatório chamava-se *anuncio* e era conhecido como *processo de arrematação*.

[2] CAPÍTULO I
DO PROCESSO DAS ARREMATAÇÕES
Art. 1º Logo que o Governo resolva mandar fazer por contracto qualquer fornecimento, construccão ou concertos de obras cujas despesas corrão por conta do Ministerio da Agricultura, Commercio e Obras Publicas, o Presidente da junta, perante a qual tiver de proceder-se á arrematação, fará publicar annuncios, convidando concurrentes, e fixará, segundo a importância da mesma arrematação, o prazo de quinze dias a seis mezes para a apresentação das propostas (BRASIL – **Decreto n. 2.926/1862**. Câmara dos Deputados. [Em linha]. Disponível em: http://www2.camara.leg.br/legin/fed/decret/1824-1899/decreto-2926-14-maio-1862-555553-publicacaooriginal-74857-pe.html. Acesso em: 23 jan. 2019).

Posteriormente, por meio dos decretos, foram criados o Código de Contabilidade da União (Decreto 4.536/1922)[3] e o Regulamento Geral de Contabilidade Pública de 1922, que aprovou o regulamento para execução do Código de Contabilidade Pública, onde era referida como *concorrência*. Essas normas tiveram vigência até o Decreto-lei n. 200/67[4], que dispôs sobre a organização da Administração Federal e estabeleceu diretrizes para a Reforma Administrativa.

Embora o Regulamento Geral de Contabilidade Pública de 1922 fizesse referência à concorrência, na verdade não havia uma normatização para as compras como hoje conhecemos. Ele o fazia de forma genérica, apesar de ter tratado na seleção de melhor proposta a concorrência de menor preço, admitindo-se ainda a concorrência da melhor técnica.

Conforme apontado por André Rosilho, as normas de 1922 conferiam alto grau de discricionariedade à Administração Pública, que podia decidir nas concorrências conforme suas necessidades. Aponta ainda que, por intermédio do edital, poderia ser restringida ou ampliada a participação dos interessados, tendo em vista as poucas exigências para a habilitação, bem como não havia uma preocupação com o adimplemento da obrigação do contratado pela falta de exigências de garantias.[5]

---

[3] Art. 50. A concurrencia publica far-se-á por meio de publicação no Diario Official, ou nos jornaes officiaes dos Estados, das condições a serem estipuladas e com a indicação das autoridades encarregadas da adjudicação, do dia, hora e logar desta (BRASIL – **Decreto nº 4.536/1922**. [Em linha]. Disponível em: http://www2.camara.leg.br/legin/fed/decret/1920-1929/decreto-4536-28-janeiro-1922-567786-publicacaooriginal-91144-pl.html. Acesso em: 23 jan. 2019).

[4] TÍTULO XII
DAS NORMAS RELATIVAS A LICITAÇÕES PARA COMPRAS, OBRAS, SERVIÇOS E ALIENAÇÕES
Art. 125. As licitações para compras, obras e serviços passam a reger-se, na Administração Direta e nas autarquias, pelas normas consubstanciadas neste título e disposições complementares aprovadas em decreto (BRASIL – **Decreto-lei n. 200/67**. Presidência da República. Disponível em: http://www.planalto.gov.br/ccivil_03/decreto-lei/del0200.htm. Acesso em: 23 jan. 2019).

[5] ROSTILHO, André. **Licitação no Brasil**. São Paulo: Malheiros, 2013, p. 46.

Após o advento dos Decretos de 1922, tivemos novas normas tratando do assunto, mais especificamente a Lei 4.401/64[6], que estabeleceu normas para a licitação de serviços e obras e aquisição de materiais no Serviço Público da União, e o Decreto-lei n. 185/1967[7], que estabeleceu normas para contratação de obras e para revisão de preços em contratos de obras ou serviços a cargo do Governo Federal.

A nova fase foi inaugurada com o Decreto-lei 200/1967[8], que, como foi dito, dispunha sobre a organização da Administração Federal, estabelecendo diretrizes para a Reforma Administrativa, tendo a duração de vinte anos, sendo encerrado com o advento do Decreto=lei 2.300/1986, que dispunha sobre licitações e contratos da Administração Federal e dava outras providências.

O Decreto-lei 200/1967, a princípio, não se aplicava aos Estados e Municípios. Posteriormente, o art. 1º da Lei 5.456/1968[9] determinou que se aplicassem as normas relacionadas a licitações daquele decreto para as compras, obras, serviços e alienações dos Estados e Municípios.

O primeiro Estatuto Jurídico das Licitações foi instituído pelo Decreto-lei 2.300/1986[10], o qual foi atualizado pelos Decretos-leis 2.348/1987 e

---

[6] BRASIL. **Lei nº 4.401/64**. Presidência da República. Disponível em: http://www.planalto.gov.br/ccivil_03/LEIS/1950-1969/L4401.htm. Acesso em: 23 jan. 2019.

[7] BRASIL – Decreto-Lei nº 185/67. Câmara dos Deputados. Disponível em: http://www2.camara.leg.br/legin/fed/declei/1960-1969/decreto-lei-185-23-fevereiro-1967-375925-norma-pe.html. Acesso em: 23 jan. 2019.

[8] BRASIL – **Decreto-Lei nº 200/67**. Presidência da República. Disponível em: http://www.planalto.gov.br/ccivil_03/decreto-lei/del0200.htm. Acesso em: 23 jan. 2019.

[9] Art. 1º Aplicam-se aos Estados e Municípios as normas relativas às licitações para as compras, obras, serviços e alienações previstas nos arts. 125 a 144 do Decreto-lei nº 200 de 25 de fevereiro de 1967, que dispõe sobre a organização da Administração Federal, estabelece diretrizes para a Reforma Administrativa e dá outras providências, atendidas as modalidades contidas nesta Lei (BRASIL – **Lei n. 5.456/68**. Presidência da República. Disponível em: http://www.planalto.gov.br/ccivil_03/LEIS/1950-1969/L5456.htm. Acesso em: 23 jan. 2019).

[10] Art. 1º Este Decreto-lei institui o estatuto jurídico das licitações e contratos administrativos pertinentes a obras, serviços, compras e alienações, no âmbito da Administração Federal centralizada e autárquica (BRASIL – **Decreto-lei n. 2.300/86**. Presidência da

2.360/1987, passando a ser esse Estatuto um diploma normativo detalhista e aplicável a toda a Administração, reduzindo assim a margem de discricionariedade do Poder Público, bem como a possibilidade de legislar dos Estados e Municípios.[11]

Com a Constituição Federal de 1988[12], constitucionalizou-se pela primeira vez o dever de licitar, já que, no inciso XXVII do art. 22,[13] previa-se que cabia à União legislar a respeito das normas gerais de licitação e contratação e suas modalidades. Posteriormente, a Emenda Constitucional 19/98 ampliou seu comando normativo.[14]

O art. 37, inc. XXI[15], tratou das normas gerais de licitação e princípios, tendo determinado que a licitação deve ser a regra, possibilitando que a legislação preveja os casos excepcionais em que ela não seria aplicada, mas é importante ressaltar que o procedimento formal é necessário em qualquer situação.

República. Disponível em: http://www.planalto.gov.br/ccivil_03/decreto-lei/Del2300-86.htm. Acesso em: 23 jan. 2019).

11 ROSTILHO, André. **Licitação no Brasil**. São Paulo: Malheiros, 2013, p. 68.

12 BRASIL. **Constituição Federal**. Presidência da República. Disponível em: http://www.planalto.gov.br/ccivil_03/Constituicao/Constituicao.htm. Acesso em: 23 jan. 2019.

13 XXVII – normas gerais de licitação e contratação, em todas as modalidades, para a administração pública, direta e indireta, incluídas as fundações instituídas e mantidas pelo Poder Público, nas diversas esferas de governo, e empresas sob seu controle. **Idem, Ibidem.**

14 XXVII – Normas gerais de licitação e contratação, em todas as modalidades, para as administrações públicas diretas, autárquicas e fundacionais da União, Estados, Distrito Federal e Municípios, obedecido o disposto no art. 37, XXI, e para as empresas públicas e sociedades de economia mista, nos termos do art. 173, § 1º, III. **Idem, Ibidem.**

15 Art. 37. A administração pública direta e indireta de qualquer dos Poderes da União, dos Estados, do Distrito Federal e dos Municípios obedecerá aos princípios de legalidade, impessoalidade, moralidade, publicidade e eficiência e, também, ao seguinte:
XXI – ressalvados os casos especificados na legislação, as obras, serviços, compras e alienações serão contratados mediante processo de licitação pública que assegure igualdade de condições a todos os concorrentes, com cláusulas que estabeleçam obrigações de pagamento, mantidas as condições efetivas da proposta, nos termos da lei, o qual somente permitirá as exigências de qualificação técnica e econômica indispensáveis à garantia do cumprimento das obrigações. **Idem, Ibidem.**

A respeito do tema, Alexandre de Moraes assim se pronuncia:

> O objetivo colimado pela Constituição Federal está na previsão de que a regra geral é a da obrigatoriedade de se realizar o procedimento licitatório. No entanto, o próprio dispositivo constitucional que estatui essa obrigatoriedade (art. 37, inc. XXI, anteriormente citado) reconhece a existência de exceções à regra de licitar ao efetuar a ressalva dos casos especificados na legislação. Dessa maneira, o legislador constituinte, ao fazer essa ressalva, admitiu a possibilidade de existirem casos em que a licitação poderá deixar de ser realizada, autorizando, assim, a administração pública a celebrar contratações diretas. Tais situações, contudo, configuram-se em exceções à regra geral, sendo as hipóteses de dispensa e inexigibilidade.[16]

A Constituição ainda tratou do assunto no art. 175,[17] que determina que a prestação de serviço público mediante concessão ou permissão deve ser por licitação. Embora não trate de licitação, o § 3º do art. 195 dispõe que a pessoa jurídica em débito com o sistema da seguridade social não poderá contratar com o Poder Público, nem dele receber benefícios ou incentivos fiscais ou creditícios, conforme previsão legal.[18]

Com a Constituição Federal de 1988 prevendo que cabia à União editar normas gerais sobre licitação (inciso XXVII), tendo como parâmetros as normas constitucionais acima citadas, foi editada a Lei 8.666/93, que regulamentou o art. 37, inciso XXI, da Constituição Federal, instituindo normas para licitações e contratos da Administração Pública.

---

16 MORAES, Alexandre de. **Direito constitucional**. 33. ed. revista e atualizada até a EC n. 95, de 15 de dezembro de 2016. São Paulo: Atlas, 2017, p. 378.

17 Art. 175. Incumbe ao Poder Público, na forma da lei, diretamente ou sob regime de concessão ou permissão, sempre através de licitação, a prestação de serviços públicos. **Brasil. Constituição Federal. Presidência da República**. Disponível em: http://www.planalto.gov.br/ccivil_03/Constituicao/Constituicao.htm. Acesso em: 23 jan. 2019.

18 § 3º A pessoa jurídica em débito com o sistema da seguridade social, como estabelecido em lei, não poderá contratar com o Poder Público nem dele receber benefícios ou incentivos fiscais ou creditícios. (**Idem, ibidem**).

2.2 A Lei 8.666/93[19]

A Lei 8.666/93 teve início com a propositura do Projeto de Lei 1.491/1991 em 10/6/1991 pelo Deputado Federal Luis Roberto Ponte, do PMDB/RS, que pretendia regulamentar o artigo 37, inciso XXI, da Constituição Federal, instituindo normas para licitações e contratos da Administração Pública e dando outras providências, tendo sido aprovado e transformado em lei em 21/6/1993.[20]

É importante ressaltar que o que alavancou a aprovação do referido PL foram as suspeitas de compras superfaturadas que envolveram o Governo Collor e PC Farias, resultando na cassação do Presidente da República Fernando Collor de Mello.[21]

2.2.1 Conceito de Licitação

A Lei 8.666/93 tem por finalidade, mediante processo administrativo, buscar a melhor proposta, a proposta mais vantajosa, devendo ser levado em consideração que nem sempre a proposta é a de menor preço, além de ter critérios objetivos e impessoais, baseados em princípios gerais e específicos.

Assim, Fernanda Marinela preleciona em relação ao conceito de licitação:

> Licitação é um procedimento administrativo destinado à seleção da melhor proposta dentre as apresentadas por aqueles que desejam contratar com a Administração Pública. Esse instrumento estriba-se na ideia de competição a ser travada, isonomicamente, entre os que preenchem os atributos e as aptidões necessários ao bom cumprimento das obrigações que se propõem assumir.

[19] BRASIL – **Lei n. 8.666/93**. Presidência da República. Disponível em: http://www.planalto.gov.br/ccivil_03/LEIS/L8.666cons.htm. Acesso em: 23 jan. 2019.

[20] BRASIL – **Proposição: PL-1491/1991**, de autoria de Luis Roberto Ponte – PMDB / RS. Câmara dos Deputados. Disponível em: https://www.camara.leg.br/sileg/Prop_Detalhe.asp?id=192797&st=1. Acesso em: 23 jan. 2019.

[21] ROSTILHO, André. **Licitação no Brasil**. São Paulo: Malheiros, 2013, p. 95.

> A licitação tem como finalidade viabilizar a melhor contratação possível para o Poder Público, além de permitir que qualquer um que preencha os requisitos legais tenha a possibilidade de contratar, representando o exercício do princípio da isonomia e da impessoalidade.[22]

Com a conversão da Medida Provisória (MP) 495/2010 na Lei 12.349/2010, passou a licitação a ter como finalidade também a promoção do desenvolvimento nacional sustentável, modificando assim o art. 3º da Lei 8.666/93.[23]

Atualizado com a modificação no art. 3º da Lei 8.666/93, Hely Lopes Meirelles assim passou a conceituar licitação:

> Licitação é o procedimento administrativo mediante o qual a Administração Pública seleciona a proposta mais vantajosa para o contrato de seu interesse, inclusive o da promoção do desenvolvimento econômico sustentável e fortalecimento de cadeias produtivas de bens e serviços domésticos. Como procedimento, desenvolve-se através de uma sucessão ordenada de atos vinculantes para a Administração e para os licitantes, o que propicia igual oportunidade a todos os interessados e atua como fator de eficiência e moralidade nos negócios administrativos. Tem como pressuposto a competição.[24]

Como vemos, a licitação é um procedimento que visa à competição entre interessados para fornecer bens e serviços para a Administração Pública,

---

[22] MARINELA, Fernanda. **Direito administrativo.** 11. ed. São Paulo: Saraiva, 2017, p. 345.

[23] Art. 3º A licitação destina-se a garantir a observância do princípio constitucional da isonomia, a seleção da proposta mais vantajosa para a administração e a promoção do desenvolvimento nacional sustentável e será processada e julgada em estrita conformidade com os princípios básicos da legalidade, da impessoalidade, da moralidade, da igualdade, da publicidade, da probidade administrativa, da vinculação ao instrumento convocatório, do julgamento objetivo e dos que lhes são correlatos (BRASIL – **Lei n. 8.666/93.** Presidência da República. Disponível em: http://www.planalto.gov.br/ccivil_03/LEIS/L8.666cons.htm. Acesso em: 23 jan. 2019).

[24] MEIRELLES, Hely Lopes. Direito administrativo brasileiro. 41. ed. Atualizada por Délcio Balesteiro Aleixo e José Emmanuel Burle Filho. São Paulo: Malheiros, 2015, p. 303.

buscando sempre a vantajosidade, mas sempre preservando o direito daquele que venha a ser contratado.

A licitação deve ser dirigida a todas as pessoas que preencham os requisitos previstos em lei e no edital,[25] objetivando a celebração de contrato, ou a obtenção do melhor trabalho técnico, artístico ou científico.[26]

Assim, conclui-se que a licitação é um procedimento administrativo que se materializa numa concatenação de atos, mediante os quais um ente público, em sua função administrativa, leva-a ao conhecimento de todos os interessados que estejam dentro das regras da lei e do edital, os quais irão fazer propostas para a Administração, e esta selecionará a mais conveniente para a contratação.[27]

A licitação é uma forma de limitar a atuação da Administração Pública, permitindo que se faça somente o que estiver determinado em lei,[28] contrariamente ao que é permitido ao particular, que pode contratar sem as amarras impostas à Administração Pública.[29]

2.2.2 Embasamento Constitucional

Como já mencionado, com a Constituição Federal de 1988, a licitação passou a ser obrigatória, conforme previsão do art. 37, XI, sendo que a exceção para não licitar deve estar prevista na lei, tendo ainda o Constituinte

[25] DI PIETRO, Maria Sylvia Zanella. **Direito administrativo**. 28. ed. revista, atualizada e ampliada. São Paulo: Atlas, 2015, p. 409.

[26] CARVALHO FILHO, José dos Santos. **Manual de direito administrativo**. 29. ed. São Paulo: Atlas, 2015, p. 240.

[27] CARVALHO FILHO, José dos Santos. **Manual de direito administrativo**. 29. ed. São Paulo: Atlas, 2015, p. 409.

[28] NIEBUHR, Joel de Menezes. **Licitação pública e contrato administrativo**. 3. ed. Belo Horizonte: Editora Fórum, 2013.

[29] MEIRELLES, Hely Lopes. **Direito administrativo brasileiro**. 41. ed. Atualizada por Délcio Balesteiro Aleixo e José Emmanuel Burle Filho. São Paulo: Malheiros, 2015, p. 82.

reafirmado a obrigatoriedade no art. 175, referente aos casos de contratação de concessões ou permissões do serviço público.

Impede ainda, conforme previsto no § 3º do art. 193, que as pessoas jurídicas participem das licitações caso tenham dívidas com a seguridade social.

As normas gerais de licitação só podem ser editadas pela União, conforme preceituado no art. 22, XXVII, tendo ainda disposto no art. 173, § 1º, inc. III, que, em se tratando da exploração direta de atividade econômica pelo Estado, nos casos previstos em lei, o estatuto disporá a respeito da licitação e contratação de obras, serviços, compras e alienações, em conformidade com os princípios da administração.[30]

É importante ressaltar que cabe à União legislar a respeito de normas gerais de licitação, mas os demais entes federativos poderão mediante leis próprias suplementar a legislação federal.

Os objetivos principais da licitação previstos na Constituição Federal são o da economicidade, o da isonomia e o da livre concorrência.

No art. 70, temos estampados o princípio da economicidade[31], com a fiscalização contábil, financeira, orçamentária, operacional e patrimonial, que

---

[30] Art. 173. Ressalvados os casos previstos nesta Constituição, a exploração direta de atividade econômica pelo Estado só será permitida quando necessária aos imperativos da segurança nacional ou a relevante interesse coletivo, conforme definidos em lei.
§ 1º A lei estabelecerá o estatuto jurídico da empresa pública, da sociedade de economia mista e de suas subsidiárias que explorem atividade econômica de produção ou comercialização de bens ou de prestação de serviços, dispondo sobre:
(...)
III – licitação e contratação de obras, serviços, compras e alienações, observados os princípios da administração pública (BRASIL. **Constituição Federal**. Presidência da República. Disponível em: http://www.planalto.gov.br/ccivil_03/Constituicao/Constituicao.htm. Acesso em: 23 jan. 2019).

[31] Art. 70. A fiscalização contábil, financeira, orçamentária, operacional e patrimonial da União e das entidades da administração direta e indireta, quanto à legalidade, legitimidade, economicidade, aplicação das subvenções e renúncia de receitas, será exercida pelo Congresso Nacional, mediante controle externo, e pelo sistema de controle interno de cada Poder (BRASIL. **Constituição Federal**. Presidência da República. Disponível em: http://www.planalto.gov.br/ccivil_03/Constituicao/Constituicao.htm. Acesso em: 23 jan. 2019).

objetiva a maior vantagem para a Administração Pública, buscando a seleção da proposta mais vantajosa para a Administração Pública.

Ainda como garantidor da livre concorrência e da isonomia, temos o disposto nos artigos 170[32] e 5º[33] respectivamente, dentre outras normas insculpidas na Constituição Federal.

2.2.3 Princípios

Não há entre os doutrinadores uma unicidade em relação aos princípios da licitação. Alguns tratam dos princípios constitucionais, outros especificamente dos princípios da licitação, e há aqueles que tratam dos princípios internos e externos; assim, apontaremos os que entendemos mais relevantes.

Amálgamas que consolidam a interpretação da norma jurídica, os princípios são de basilar importância, devendo ser utilizados na interpretação da lei. Celso Antônio Bandeira de Mello assim os define:

> Princípio é, pois, por definição, mandamento nuclear de um sistema, verdadeiro alicerce dele, disposição fundamental que se irradia sobre diferentes normas compondo-lhes o espírito e servindo de critério para a sua exata compreensão e inteligência exatamente por definir a lógica e a racionalidade do sistema normativo, no que lhe confere a tônica e lhe dá sentido harmônico.[34]

---

[32] Art. 170. A ordem econômica, fundada na valorização do trabalho humano e na livre iniciativa, tem por fim assegurar a todos existência digna, conforme os ditames da justiça social, observados os seguintes princípios:
(...)
IV – livre concorrência. (**Idem, Ibidem**).

[33] Art. 5º Todos são iguais perante a lei, sem distinção de qualquer natureza, garantindo-se aos brasileiros e aos estrangeiros residentes no País a inviolabilidade do direito à vida, à liberdade, à igualdade, à segurança e à propriedade, nos termos seguintes. (**Idem, Ibidem**).

[34] BANDEIRA, Celso Antonio. Curso de direito administrativo. São Paulo: Malheiros, 2009.

O princípio é de grande importância no sistema jurídico, sendo muito mais grave violar um princípio do que uma norma.[35]

O *caput* do art. 37 da Constituição Federal impõe que todos os entes federativos, tanto da Administração Direta como Indireta, devem obedecer aos princípios explícitos de legalidade, impessoalidade, moralidade, publicidade e eficiência e também aos princípios implícitos.

O princípio da igualdade, sendo chamado por alguns doutrinadores como da isonomia, vem expresso no inciso XXI do art. 37[36] e determina que "serão contratados mediante processo de licitação pública que assegure igualdade de condições a todos os concorrentes", assim assegurando igualdade a todos os participantes da licitação.

Esse princípio está relacionado com a competitividade, pois a redução de participantes com certeza diminuirá os interessados, podendo isso ser desfavorável para a Administração, pois com maior número de concorrentes teremos maior possibilidade de compras melhores.

O princípio da igualdade está previsto também no *caput* do art. 5º da Constituição Federal,[37] interpretando-se a igualdade que deve haver entre os licitantes, ou seja, "o que não é proibido é permitido, isto é, se a lei não proíbe determinada conduta, ela é permitida".[38]

---

[35] **Idem, Ibidem.**

[36] XXI – ressalvados os casos especificados na legislação, as obras, serviços, compras e alienações serão contratados mediante processo de licitação pública que assegure igualdade de condições a todos os concorrentes, com cláusulas que estabeleçam obrigações de pagamento, mantidas as condições efetivas da proposta, nos termos da lei, o qual somente permitirá as exigências de qualificação técnica e econômica indispensáveis à garantia do cumprimento das obrigações (BRASIL. **Constituição Federal**. Presidência da República. Disponível em: http://www.planalto.gov.br/ccivil_03/Constituicao/Constituicao.htm. Acesso em: 23 jan. 2019.

[37] Art. 5º Todos são iguais perante a lei, sem distinção de qualquer natureza, garantindo-se aos brasileiros e aos estrangeiros residentes no País a inviolabilidade do direito à vida, à liberdade, à igualdade, à segurança e à propriedade, nos termos seguintes (**Idem, Ibidem**).

[38] NIEBUHR, Joel de Menezes. **Licitação pública e contrato administrativo**. 3. ed. Belo Horizonte: Fórum, 2013, p. 56.

A Lei 8.666/93 traz em diversos momentos o princípio da igualdade, como no art. 3º, ao determinar que na licitação deve-se garantir a observância do princípio constitucional da isonomia,[39] ratificando esse princípio no inciso II do § 1º do mesmo artigo.[40] Ainda prevê no art. 90 punição para quem "frustrar ou fraudar, mediante ajuste, combinação ou qualquer outro expediente, o caráter competitivo do procedimento licitatório, com o intuito de obter, para si ou para outrem, vantagem decorrente da adjudicação do objeto da licitação".

É importante ressaltar que não fere o princípio da igualdade o tratamento desigual, desde que "exista uma correlação lógica entre o fator discriminante e a diferença no tratamento".[41] "A própria Lei 8.666/93 e outras leis fixam ressalvas à igualdade de tratamento dos licitantes, seja mediante margens de

---

[39] Art. 3º A licitação destina-se a garantir a observância do princípio constitucional da isonomia, a seleção da proposta mais vantajosa para a administração e a promoção do desenvolvimento nacional sustentável e será processada e julgada em estrita conformidade com os princípios básicos da legalidade, da impessoalidade, da moralidade, da igualdade, da publicidade, da probidade administrativa, da vinculação ao instrumento convocatório, do julgamento objetivo e dos que lhes são correlatos (BRASIL. **Lei n. 8.666/93**. Presidência da República. Disponível em: http://www.planalto.gov.br/ccivil_03/LEIS/L8.666cons.htm. Acesso em: 23 jan. 2019).

[40] § 1º É vedado aos agentes públicos:
I – admitir, prever, incluir ou tolerar, nos atos de convocação, cláusulas ou condições que comprometam, restrinjam ou frustrem o seu caráter competitivo, inclusive nos casos de sociedades cooperativas, e estabeleçam preferências ou distinções em razão da naturalidade, da sede ou domicílio dos licitantes ou de qualquer outra circunstância impertinente ou irrelevante para o específico objeto do contrato, ressalvado o disposto nos §§ 5º a 12 deste artigo e no art. 3º da Lei n. 8.248, de 23 de outubro de 1991.
II – estabelecer tratamento diferenciado de natureza comercial, legal, trabalhista, previdenciária ou qualquer outra, entre empresas brasileiras e estrangeiras, inclusive no que se refere a moeda, modalidade e local de pagamentos, mesmo quando envolvidos financiamentos de agências internacionais, ressalvado o disposto no parágrafo seguinte e no art. 3º da Lei 8.248, de 23 de outubro de 1991 (BRASIL. **Lei 8.666/93**. Presidência da República. Disponível em: http://www.planalto.gov.br/ccivil_03/LEIS/L8.666cons.htm. Acesso em: 23 jan. 2019).

[41] BANDEIRA, Celso Antonio. **Curso de direito administrativo**. São Paulo: Malheiros, 2009, p. 528.

preferência, seja quanto à restrição a tipos de bens e serviços objeto da licitação, seja por meio de critérios preferenciais de desempate."[42]

O princípio da legalidade está presente em toda a atividade da Administração Pública, a qual deve sempre se pautar dentro dos ditames legais, sob pena de ter seus atos invalidados e de cometer crimes.

No caso das licitações, deverá ela agir dentro do disposto nas normas jurídicas, devendo também ater-se ao edital ou convite, no qual estão consignadas as normas previstas para aquela licitação, que deve observar os parâmetros legais.

O art. 4º da Lei 8.666/93 disciplina de forma enfática que "todos quantos participem de licitação promovida pelos órgãos ou entidades a que se refere o art. 1º têm direito público subjetivo à fiel observância do pertinente procedimento estabelecido nesta lei", ressaltando em seu parágrafo único a formalidade que o procedimento licitatório deve ter.[43]

A inobservância do princípio da legalidade nas licitações poderá constituir crimes específicos, conforme disposto na própria lei, nos arts. 89 a 99.[44]

---

[42] MEDAUAR, Odete. **Direito administrativo moderno**. 21. ed. Belo Horizonte: Fórum, 2018, p. 178.

[43] Art. 4º Todos quantos participem de licitação promovida pelos órgãos ou entidades a que se refere o art. 1º têm direito público subjetivo à fiel observância do pertinente procedimento estabelecido nesta lei, podendo qualquer cidadão acompanhar o seu desenvolvimento, desde que não interfira de modo a perturbar ou impedir a realização dos trabalhos.
Parágrafo único. O procedimento licitatório previsto nesta lei caracteriza ato administrativo formal, seja ele praticado em qualquer esfera da Administração Pública (BRASIL. **Lei n. 8.666/93**. Presidência da República. Disponível em: http://www.planalto.gov.br/ccivil_03/LEIS/L8.666cons.htm. Acesso em: 23 jan. 2019).

[44] Art. 89. Dispensar ou inexigir licitação fora das hipóteses previstas em lei, ou deixar de observar as formalidades pertinentes à dispensa ou à inexigibilidade:
Pena – detenção, de 3 (três) a 5 (cinco) anos, e multa.
Parágrafo único. Na mesma pena incorre aquele que, tendo comprovadamente concorrido para a consumação da ilegalidade, beneficiou-se da dispensa ou inexigibilidade ilegal, para celebrar contrato com o Poder Público.

Art. 90. Frustrar ou fraudar, mediante ajuste, combinação ou qualquer outro expediente, o caráter competitivo do procedimento licitatório, com o intuito de obter, para si ou para outrem, vantagem decorrente da adjudicação do objeto da licitação:
Pena – detenção, de 2 (dois) a 4 (quatro) anos, e multa.
Art. 91. Patrocinar, direta ou indiretamente, interesse privado perante a Administração, dando causa à instauração de licitação ou à celebração de contrato, cuja invalidação vier a ser decretada pelo Poder Judiciário:
Pena – detenção, de 6 (seis) meses a 2 (dois) anos, e multa.
Art. 92. Admitir, possibilitar ou dar causa a qualquer modificação ou vantagem, inclusive prorrogação contratual, em favor do adjudicatário, durante a execução dos contratos celebrados com o Poder Público, sem autorização em lei, no ato convocatório da licitação ou nos respectivos instrumentos contratuais, ou, ainda, pagar fatura com preterição da ordem cronológica de sua exigibilidade, observado o disposto no art. 121 desta Lei: (Redação dada pela Lei n. 8.883, de 1994)
Pena – detenção, de dois a quatro anos, e multa. (Redação dada pela Lei n. 8.883, de 1994)
Parágrafo único. Incide na mesma pena o contratado que, tendo comprovadamente concorrido para a consumação da ilegalidade, obtém vantagem indevida ou se beneficia, injustamente, das modificações ou prorrogações contratuais.
Art. 93. Impedir, perturbar ou fraudar a realização de qualquer ato de procedimento licitatório:
Pena – detenção, de 6 (seis) meses a 2 (dois) anos, e multa.
Art. 94. Devassar o sigilo de proposta apresentada em procedimento licitatório, ou proporcionar a terceiro o ensejo de devassá-lo:
Pena – detenção, de 2 (dois) a 3 (três) anos, e multa.
Art. 95. Afastar ou procurar afastar licitante, por meio de violência, grave ameaça, fraude ou oferecimento de vantagem de qualquer tipo:
Pena – detenção, de 2 (dois) a 4 (quatro) anos, e multa, além da pena correspondente à violência.
Parágrafo único. Incorre na mesma pena quem se abstém ou desiste de licitar, em razão da vantagem oferecida.
Art. 96. Fraudar, em prejuízo da Fazenda Pública, licitação instaurada para aquisição ou venda de bens ou mercadorias, ou contrato dela decorrente:
I – elevando arbitrariamente os preços;
II – vendendo, como verdadeira ou perfeita, mercadoria falsificada ou deteriorada;
III – entregando uma mercadoria por outra;
IV – alterando substância, qualidade ou quantidade da mercadoria fornecida;
V – tornando, por qualquer modo, injustamente, mais onerosa a proposta ou a execução do contrato:
Pena – detenção, de 3 (três) a 6 (seis) anos, e multa.
Art. 97. Admitir à licitação ou celebrar contrato com empresa ou profissional declarado inidôneo:

O princípio da impessoalidade ou finalidade, previsto no *caput* do art. 37 da Constituição Federal, impõe que todos os participantes da licitação devem ser tratados de forma impessoal, devendo o administrador pensar no interesse coletivo e não agir motivado por interesses individuais.

O princípio da probidade administrativa impõe àquele que de qualquer forma participe da licitação que exerça suas funções sem interesse particular ou de outrem. A Lei 8.429/92 – Improbidade Administrativa –, que trata das "sanções aplicáveis aos agentes públicos nos casos de enriquecimento ilícito no exercício de mandato, cargo, emprego ou função na administração pública direta, indireta ou fundacional e dá outras providências", contempla casos de improbidade na licitação.

A Lei 8.666/93, na Seção III, "Dos Crimes e das Penas", positiva vários crimes ao participante da licitante que aja de má-fé, desonestidade e com falta de probidade.

No mesmo sentido, o princípio da moralidade determina que os participantes devem agir dentro da ética, bons costumes e em conformidade com a lei, e, caso assim não façam, responderão nos moldes preceituados nos casos tipificados na lei de licitação e de improbidade administrativa.

Pena – detenção, de 6 (seis) meses a 2 (dois) anos, e multa.
Parágrafo único. Incide na mesma pena aquele que, declarado inidôneo, venha a licitar ou a contratar com a Administração.
Art. 98. Obstar, impedir ou dificultar, injustamente, a inscrição de qualquer interessado nos registros cadastrais ou promover indevidamente a alteração, suspensão ou cancelamento de registro do inscrito:
Pena – detenção, de 6 (seis) meses a 2 (dois) anos, e multa.
Art. 99. A pena de multa cominada nos arts. 89 a 98 desta Lei consiste no pagamento de quantia fixada na sentença e calculada em índices percentuais, cuja base corresponderá ao valor da vantagem efetivamente obtida ou potencialmente auferível pelo agente.
§ 1° Os índices a que se refere este artigo não poderão ser inferiores a 2% (dois por cento), nem superiores a 5% (cinco por cento) do valor do contrato licitado ou celebrado com dispensa ou inexigibilidade de licitação.
§ 2° O produto da arrecadação da multa reverterá, conforme o caso, à Fazenda Federal, Distrital, Estadual ou Municipal (BRASIL. **Lei n. 8.666/93**. Presidência da República. Disponível em: http://www.planalto.gov.br/ccivil_03/LEIS/L8.666cons.htm. Acesso em: 23 jan. 2019).

O princípio da publicidade visa dar publicidade a todos os atos da licitação e dos contratos, tendo previsão expressa no art. 4º da Lei de Licitação, garantindo-se a qualquer cidadão o direito de acompanhar o desenvolvimento dos atos licitatórios. No mesmo sentido o art. 16, que determina que seja dada publicidade das compras feitas pela Administração Pública.[45]

A regra da licitação é ser pública, mas o art. 3º, § 3º da Lei de Licitações[46], quando trata do conteúdo das propostas, determina que ela deve ser sigilosa até sua abertura.

É permitido também o sigilo nos casos que coloquem em risco a satisfação de alguns interesses ao Estado. É necessário que os casos de decretação de sigilo sejam devidamente fundamentados.[47]

Pelo princípio da vinculação ao instrumento convocatório, deve ser entendido que o edital ou convite é lei entre as partes, pois nele estarão explicitados os procedimentos de toda a licitação, bem como do contrato administrativo, ressaltando que a licitação é um procedimento administrativo formal, não podendo a Administração descumpri-lo.[48]

A objetividade do julgamento é outro princípio da licitação. As decisões devem se basear no procedimento existente, com fundamentos objetivos e claros, devendo ser afastada a subjetividade do agente administrativo.

---

[45] Art. 16. Será dada publicidade, mensalmente, em órgão de divulgação oficial ou em quadro de avisos de amplo acesso público, à relação de todas as compras feitas pela Administração Direta ou Indireta, de maneira a clarificar a identificação do bem comprado, seu preço unitário, a quantidade adquirida, o nome do vendedor e o valor total da operação, podendo ser aglutinadas por itens as compras feitas com dispensa e inexigibilidade de licitação (BRASIL – **Lei n. 8.666/93**. Presidência da República. Disponível em: http://www.planalto.gov.br/ccivil_03/LEIS/L8.666cons.htm. Acesso em: 23 jan. 2019).

[46] § 3º A licitação não será sigilosa, sendo públicos e acessíveis ao público os atos de seu procedimento, salvo quanto ao conteúdo das propostas, até a respectiva abertura.

[47] JUSTEN FILHO, Marçal. **Curso de direito administrativo**. 8. ed. São Paulo: Revista dos Tribunais, 2012, p. 500.

[48] Art. 41. A Administração não pode descumprir as normas e condições do edital, ao qual se acha estritamente vinculada (BRASIL. **Lei n. 8.666/93**. Presidência da República. Disponível em: http://www.planalto.gov.br/ccivil_03/LEIS/L8.666cons.htm. Acesso em: 23 jan. 2019).

O princípio da eficiência é imprescindível na gestão dos recursos públicos. No momento da licitação, o gestor deve zelar pelo comparecimento do maior número de licitantes, valor referencial compatível, visando assim contratações vantajosas para a Administração Pública.

Deve ser ressaltado que a promoção do desenvolvimento sustentável, embora muitas vezes o preço seja superior ao do objeto que não segue a regra da sustentabilidade, pelo princípio da vantajosidade e da eficiência, justifica que a Administração adquira o produto, levando em consideração a coletividade e as futuras gerações.

Assim, foram elencados alguns princípios relacionados à licitação pública, podendo eles ser desdobrados, ou até mesmo, dependendo da interpretação do doutrinador, ser definidos outros princípios.

2.2.4 Objeto da Licitação

O objeto da licitação é o que se pretende obter por meio do processo licitatório, o qual deve ser descrito de forma sucinta e clara.[49] Nas compras, devem constar as características necessárias[50] e nas obras e serviços o projeto básico deve ser aprovado pela autoridade competente.[51]

[49] Art. 40. O edital conterá no preâmbulo o número de ordem em série anual, o nome da repartição interessada e de seu setor, a modalidade, o regime de execução e o tipo da licitação, a menção de que será regida por esta Lei, o local, o dia e a hora para recebimento da documentação e da proposta, bem como para início da abertura dos envelopes, e indicará, obrigatoriamente, o seguinte:
I – objeto da licitação, em descrição sucinta e clara (**Idem, ibidem**).

[50] Art. 14. Nenhuma compra será feita sem a adequada caracterização de seu objeto e indicação dos recursos orçamentários para seu pagamento, sob pena de nulidade do ato e responsabilidade de quem lhe tiver dado causa (**Idem, Ibidem**).

[51] Art. 7º As licitações para a execução de obras e para a prestação de serviços obedecerão ao disposto neste artigo e, em particular, à seguinte sequência:
I – projeto básico;
§ 2º As obras e os serviços somente poderão ser licitados quando:
I – houver projeto básico aprovado pela autoridade competente e disponível para exame dos interessados em participar do processo licitatório (**Idem, ibidem**).

O objeto não poderá ser complementado posteriormente. Caso isso ocorra, todos os prazos deverão ser retomados. Dessa forma, precisamos entender que a descrição deve ser a mais realista possível e tomar cuidado para não ocorrer o direcionamento.

2.2.5 Destinatários

A licitação destina-se a todos os Poderes, devendo ser entendidos os Poderes Executivo, Judiciário e Legislativo, além do Tribunal de Contas e Ministério Público e também os entes federativos, bem como as pessoas jurídicas que recebam dinheiro público.

2.2.6 Contratações Diretas

Como foi dito, a contratação deve ser precedida de licitação, mas há situações em que a lei permite que seja feita a contratação sem ela, como no caso da licitação dispensada, dispensável e inexigível.

Nos casos previstos no art. 24 da Lei 8.666/93, a licitação é dispensável a critério do administrador, por não ser de interesse público ou pela celeridade, embora seja possível.

A licitação dispensada é aquela em que a Administração não está obrigada a licitar, conforme disposto no art. 17, incisos I e II da Lei 8.666/93, que consiste na alienação de bens. Marçal Justen Filho alerta que a licitação dispensada e a dispensável não apresentam natureza jurídica distinta, não sendo ainda as únicas hipóteses de licitação dispensadas as previstas no art. 17. Alguns casos previstos no art. 17 podem configurar caso de inexigibilidade.[52]

A contratação direta por inexigibilidade prevista no art. 25 da Lei 8.666/93 ocorre quando a competição é inviável, não sendo possível a disputa.

[52] JUSTEN FILHO, Marçal. **Comentários à lei de licitação e contratos administrativos**. 15. ed. São Paulo: Dialética, 2012, p. 256.

É importante pontuar que inexigibilidade é diferente de dispensa de licitação. A licitação será inexigível porque a competição é inviável, ao contrário da dispensa, em que é viável, mas a lei permite que assim seja feito.

2.2.7 Modalidade de licitação

As modalidades previstas na Lei 8.666/93[53]são concorrência, tomada de preços, convite, concurso, leilão e o pregão, instituído pela Lei 10.520/02.

---

[53] Art. 22. São modalidades de licitação:
I – concorrência;
II – tomada de preços;
III – convite;
IV – concurso;
V – leilão.
§ 1º Concorrência é a modalidade de licitação entre quaisquer interessados que, na fase inicial de habilitação preliminar, comprovem possuir os requisitos mínimos de qualificação exigidos no edital para execução de seu objeto.
§ 2º Tomada de preços é a modalidade de licitação entre interessados devidamente cadastrados ou que atenderem a todas as condições exigidas para cadastramento até o terceiro dia anterior à data do recebimento das propostas, observada a necessária qualificação.
§ 3º Convite é a modalidade de licitação entre interessados do ramo pertinente ao seu objeto, cadastrados ou não, escolhidos e convidados em número mínimo de 3 (três) pela unidade administrativa, a qual afixará, em local apropriado, cópia do instrumento convocatório e o estenderá aos demais cadastrados na correspondente especialidade que manifestarem seu interesse com antecedência de até 24 (vinte e quatro) horas da apresentação das propostas.
§ 4º Concurso é a modalidade de licitação entre quaisquer interessados para escolha de trabalho técnico, científico ou artístico, mediante a instituição de prêmios ou remuneração aos vencedores, conforme critérios constantes de edital publicado na imprensa oficial com antecedência mínima de 45 (quarenta e cinco) dias.
§ 5º Leilão é a modalidade de licitação entre quaisquer interessados para a venda de bens móveis inservíveis para a administração ou de produtos legalmente apreendidos ou penhorados, ou para a alienação de bens imóveis prevista no art. 19, a quem oferecer o maior lance, igual ou superior ao valor da avaliação (BRASIL. **Lei n. 8.666/93**. Presidência da República. Disponível em: http://www.planalto.gov.br/ccivil_03/LEIS/L8.666cons.htm. Acesso em: 23 jan. 2019).

Elas devem ser utilizadas em razão do valor da contratação ou do objeto que se pretende contratar.

A concorrência é a mais complexa, tendo em vista que é destinada para a contratação de grande vulto, e a tomada de preços é para contratações medianas, sendo abreviada sua habilitação. Na modalidade convite, o edital é substituído pela carta-convite e sua publicidade é mitigada. O concurso visa à escolha de trabalho técnico, científico ou artístico, enquanto o leilão é a modalidade de licitação entre quaisquer interessados para a venda de bens móveis inservíveis para a administração, ou de produtos legalmente apreendidos ou penhorados, ou para a alienação de bens imóveis.

O pregão, instituído pela Lei 10.520/02, é utilizado para a aquisição de bens e serviços de natureza comum, não tendo limite de valor. Os lances são feitos em sessão pública, sendo permitida a utilização de recursos de tecnologia da informação para sua realização, para a execução do pregão eletrônico.

2.2.8 Fases da Licitação

A licitação é um procedimento formal em que há uma sucessão de atos para chegar à contratação, com uma fase interna e outra externa, o que passaremos a expor de forma genérica e sucinta.

A fase interna é de suprema importância, pois será nesse momento que deverá ser levantada a necessidade de contratar, especificando-se com o maior detalhamento possível o que se pretende contratar, aprovação do projeto básico pela autoridade competente, bem como a existência de recurso orçamentário.

Após vencida essa fase, teremos a fase externa, que se inicia com o edital, ao qual deve ser dada grande publicidade e no qual deve constar de forma minuciosa todo o procedimento, a descrição do objeto. Não podemos esquecer que o edital é que norteará toda a licitação.

Com a publicação do edital, com os prazos devidos, em regra segue-se a habilitação, que é o recebimento da documentação e propostas, as quais, conferido seu conteúdo, serão classificadas ou não, conforme o edital.

As propostas classificadas serão julgadas de acordo com o critério objetivo, levando em consideração o tipo de licitação previsto no edital, podendo ser menor preço, melhor técnica, técnica e preço ou maior oferta ou lance.

Estando tudo em conformidade, a licitação será homologada e adjudicada, atribuindo-se ao vencedor o objeto da licitação, podendo a Administração Pública celebrar o contrato.

3 EVOLUÇÃO DA CORRUPÇÃO NO BRASIL

O conceito de corrupção pode adquirir diferentes significados, podendo ser um desvirtuamento de conduta, um ato desonesto do agente público etc., sendo necessária a análise do contexto para melhor a definirmos.

A palavra *corrupção* vem do latim *corruptio*, de *corrumpere*, significando estragar, destruir, corromper, subornar etc.

Luiz Fernando Miranda, em seu estudo *Unificando os conceitos de corrupção: uma abordagem através da nova metodologia dos conceitos*, explica:

> Corrupção é o pagamento (financeiro ou não) para a obtenção, aceleração ou para que haja ausência de um serviço feito por um funcionário público ou privado. A motivação da corrupção pode ser pessoal ou política tanto para quem corrompe quanto para quem é corrompido.[54]

Continua ainda Luiz Fernando Miranda:

> Se dissecarmos nosso conceito, podemos dizer que ele tem três níveis e que o nível de indicador (terceiro nível) são os pagamentos que podem ser quantificados: i) os serviços; ii) os presentes; iii) as propinas que permitem que as transações eficientes ocorram; iv) as propinas que

[54] MIRANDA, Luiz Fernando. Unificando os conceitos de corrupção: uma abordagem através da nova metodologia dos conceitos. **Revista Brasileira de Ciência Política**, n. 25, Brasília, 2018, p. 265.

agem como bônus de incentivo; v) as propinas que diminuem custos; e vi) as propinas que permitem a atividade criminal.[55]

Assim, temos diversas formas de corrupção e em diversos segmentos. Um dos segmentos que podem ser abordados é a corrupção pública que nos interessa aqui, e esta inicia-se com os governos.

Com a descoberta do Brasil em 1500, estabeleceu-se uma dependência da Colônia em relação ao descobridor, momento em que surgem as primeiras notícias de corrupção, por meio das riquezas existentes e sua exploração.

Primeiramente, o Brasil foi arrendado para um consórcio de comerciantes de Lisboa, tendo-se encerrado esse arrendamento em 1505, quando Portugal começou a sua exploração.[56] Para se estabelecer no continente descoberto, os colonizadores utilizaram de uma forma de corrupção, pois davam tecidos, facas e quinquilharias para agradar os índios, e assim foram avançando nas terras descobertas.

No início de nossa colonização, tivemos o contrabando como principal modo de corrupção, sendo autorizado pela Coroa desde que ela fosse favorecida, com as autoridades oscilando entre a repressão e o envolvimento.[57]

Havia uma utilização das coisas públicas como se privadas fossem, estando os atos de corrupção infiltrados em todas as classes sociais. Os integrantes do governo justificavam a corrupção tendo em vista os baixos salários que recebiam.

Conforme Raymundo Faoro, o Padre Antônio Vieira rebela-se através de sua pregação contra a rapinagem e a drenagem de recursos para metrópole:

> Perde-se o Brasil, senhor (digâmo-lo em uma palavra) porque alguns ministros de sua Majestade não vêm cá buscar nosso bem, vêm buscar

[55] MIRANDA, Luiz Fernando. Unificando os conceitos de corrupção: uma abordagem através da nova metodologia dos conceitos. **Revista Brasileira de Ciência Política**, n. 25, Brasília, 2018, p. 265.

[56] FAUSTO, Boris. **História concisa do Brasil**. São Paulo: EDUSP, 2006, p. 53.

[57] ROMEIRO, Adriana. **Corrupção e poder no Brasil**: uma história, séculos XVI a XVIII. Belo Horizonte: Autêntica, 2017, p. 53-54.

> nossos bens... El-rei manda-os tomar Pernambuco e eles contem-se com o tomar. Este tomar o alheio é a origem da doença. Toma nesta terra o ministro da justiça? Sim, toma. Toma o ministro da república? Sim, toma. Toma o ministro da fazenda? Sim, toma. Toma o ministro do Estado? Sim, toma. E como tantos sintomas lhe sobrevém ao pobre enfermo, e todos acometem à cabeça e ao coração, que são as partes mais vitais, e todos os atrativos e contrativos do dinheiro, que é o nervo dos exércitos e das repúblicas, fica tomado todo o corpo, e tolhido de pés e mãos, sem haver mão esquerda que castigue, nem mão direita que permeie; e faltando a justiça punitiva para expelir os humores nocivos, e a distributiva para alentar e alimentar o sujeito, sangrando-o por outra parte os tributos em todas as veias, milagre é que não tenha expirado.[58]

Na época de Dom João VI, a prática da "caixinha" era institucionalizada no serviço público, sendo cobrado 17% para que os processos tivessem seguimento, ficando conhecida como uma época de muita corrupção e peculato,[59] tendo continuado até o regresso da Corte para Portugal, quando o rei foi destratado pelos seus atos, e os que o acompanhavam e eram conhecidos como corruptos foram impedidos de desembarcarem[60].

Com a volta da Corte para Portugal, D. Pedro, príncipe-regente, assumiu o governo sem qualquer dinheiro em caixa, tendo continuado a corrupção, devastando o pouco que existia.

José Murilo de Carvalho aponta que a corrupção desde sempre esteve presente em nossa história, tendo-se muitas vezes utilizado outros sinônimos para defini-la.

> Uma sequência de episódios reforça a impressão de que a corrupção sempre esteve entre nós. No século XIX, os republicanos acusavam

[58] FAORO, Raymondo. **Os donos do poder**: formação do patronato político brasileiro. 5. ed. São Paulo: Globo, 2012, p. 199.

[59] GOMES, Laurentino. **1808**: como uma rainha louca, um príncipe medroso e uma corte corrupta enganaram Napoleão e mudaram a história de Portugal e do Brasil. São Paulo: Editora Planeta do Brasil, 2007.

[60] **Idem, ibidem,** p. 265.

> o sistema imperial de corrupto e despótico. Em 1930, a Primeira República e seus políticos foram chamados de carcomidos. Getúlio Vargas foi derrubado em 1954 sob acusação de ter criado um mar de lama no Catete. O golpe de 1964 foi dado em nome da luta contra a subversão e a corrupção. A ditadura militar chegou ao fim sob acusações de corrupção, despotismo, desrespeito pela coisa pública. Após a redemocratização, Fernando Collor foi eleito em 1989 com a promessa de combater a corrupção e foi expulso do poder acusado de fazer o que condenou. Nos últimos anos, as denúncias proliferam, atingindo todos os poderes e instituições da República e a própria sociedade. Mas antes de considerar estes fatos como indícios de um eterno retorno, convém lembrar que o sentido do termo mudou ao longo do tempo. Ao falar de corrupção ao final do Império, nenhum republicano queria dizer que D. Pedro II era corrupto. Pelo contrário: se reconheciam nele uma virtude, era a da correção pessoal. Do mesmo modo, em 1930, quando os revoltosos qualificavam de carcomidos os políticos da Velha República, não queriam dizer que eram ladrões. Nos dois casos, a acusação era dirigida ao sistema, não às pessoas. Corruptos eram os sistemas, monárquico ou republicano, por serem, na visão dos acusadores, despóticos, oligárquicos, e não promoverem o bem público.[61]

Como se vê, a todo o tempo as mazelas de corruptos e corruptores estiveram presentes, mas o Brasil tem apurado seus meios de controle e punição.

A corrupção passou a ter lugar de destaque em seus estudos e combate a partir da década de 1980, pois antes a corrupção era tratada apenas como desvio ético e moral, mas com os malefícios provocados pelos desvios dos recursos na administração pública e os prejuízos das empresas, investiu-se num combate mais efetivo.[62]

Como o crime está globalizado, o seu combate também deve estar em sintonia com as normas internacionais, assim o Brasil passou a ser signatário de vários instrumentos para o combate à corrupção.

---

[61] CARVALHO, José Murilo. **Corrupção**: escola de transgressão. Falo o que penso. 31 ago. 2010. Disponível em: http://humbertoosousa.blogspot.com/2010/08/corrupcao-escola-de-transgressao.html. Acesso em: 26 jan. 2019.

[62] ROCHA, Lucas Furtado. **As raízes da corrupção no Brasil**: estudos de caso e lições para o futuro. Belo Horizonte: Fórum, 2015.

As principais convenções que o Brasil subscreveu em relação ao combate à corrupção são:

> A Convenção Interamericana contra a Corrupção, aprovada no âmbito da Organização dos Estados Americanos (OEA), é um instrumento que visa promover e fortalecer o desenvolvimento dos mecanismos necessários para prevenir, detectar e punir a corrupção, bem como promover ações que assegurem a cooperação entre os países signatários. A Convenção sobre o Combate da Corrupção de Funcionários Públicos Estrangeiros em Transações Comerciais Internacionais, aprovada no âmbito da Organização para a Cooperação Econômica e Desenvolvimento (OCDE), é um instrumento que visa combater os atos de corrupção na esfera do comércio internacional, bem como adotar ações que assegurem a cooperação entre os países signatários.
>
> Diante da necessidade de um instrumento independente, completo e vinculante, que abrangesse a prevenção, a criminalização, a cooperação internacional e a recuperação de ativos em matéria de enfrentamento à Corrupção, a Assembleia Geral das Nações Unidas, por meio da Resolução 55/6 (2000), decidiu estabelecer um Comitê com a tarefa de elaborar uma minuta de Convenção.[63]

Conforme o índice de percepção de 2018, publicado pela Transparência Internacional, o Brasil caiu da 96ª para a 105ª posição no *ranking* mundial, o valor mais baixo dos últimos sete anos. Essa queda de posições no *ranking*[64] demonstra que, apesar dos constantes esforços para combater a corrupção, algo mais precisa ser feito.

Segundo estudos do pesquisador Carlos Eduardo Gonçalves e de outros membros do Fundo Monetário Internacional (FMI), o Brasil seria até 30% mais rico se suas instituições fossem menos corruptas.[65]

---

[63] BRASIL. **Convenção da ONU**. Controladoria-Geral da União. Disponível em: http://www.cgu.gov.br/assuntos/articulacao-internacional/convencao-da-onu. Acesso em: 27 jan. 2019.

[64] TRANSPARÊNCIA INTERNACIONAL BRASIL. Índice de percepção da corrupção 2018: Brasil caiu da 96ª para a 105ª posição no ranking mundial. Disponível em: https://transparenciainternacional.org.br/home/indice. Acesso em: 30 jan. 2019.

[65] PORTINARI, Natália. PIB per capita do Brasil subiria 30% sem corrupção, diz estudo do FMI. **Folha de S. Paulo**. 14 out. 2017. Disponível em: https://www1.folha.uol.com.

No campo do Direito Penal, Administrativo e no Privado, têm surgido constantes normas para coibir a corrupção, mas sua aplicação encontra muita dificuldade, quer pelo aumento da *expertise* dos corruptos, quer pela burocracia na aplicação dessas normas.

É positiva a consciência dos cidadãos em relação à corrupção e seus efeitos deletérios para a democracia, mas a sua apuração deve resguardar o direito posto, preservando o que foi conquistado a duras penas até o presente.[66]

Existe uma coisa positiva que é a conscientização do fenômeno da corrupção e dos seus efeitos negativos para a sobrevivência da democracia, mas essa consciência não se compagina com uma destruição do patrimônio axiológico humano construído ao longo dos últimos anos, que não pode ser colocado de lado quando se perseguem os agentes de determinado tipo ou tipologia de crime.

Em recente trabalho publicado pela Fundação Getulio Vargas e pela Transparência Internacional Brasil, com o título *Novas medidas contra a corrupção*, os idealizadores criaram um pacote com mais de 70 medidas visando ao combate à corrupção, trabalho esse que, para prosperar, requer uma mudança de cultura do povo.[67]

Existem várias formas de controle previstas na legislação, como o controle exercido pelo Poder Legislativo mediante a fiscalização e as leis, pelos Tribunais de Contas, Ministério Público, por meio do Poder Judiciário, utilizando-se do mandado de segurança, *habeas data*, mandado de injunção, ação popular, ação civil pública, dentre outros instrumentos. O Poder Executivo,

---

br/mercado/2017/10/1926931-pib-per-capita-do-brasil-subiria-30-sem-corrupcao-diz-estudo-do-fmi.shtml. 27 jan. 2019.

[66] VALENTE, Manuel Monteiro Guedes. Não há provas de que delação gere novos resultados na investigação. **Consultório Jurídico** (CONJUR). [s.l.], 9 dez. 2016. Entrevista concedida a Rodrigo Daniel Silva. Disponível em: https://www.conjur.com.br/2016-dez-09/entrevista-manuel-monteiro-guedes-valente-jurista-portugues. Acesso em: 27 jan. 2019.

[67] FGV. **Novas medidas contra a corrupção**. Maio 2018. Disponível em: http://bibliotecadigital.fgv.br/dspace/handle/10438/23949. Acesso em: 23 jan. 2019.

por intermédio de suas polícias, controladorias, ouvidorias, COAF, além de outros órgãos, também pode fazer esse controle.

O patrimonialismo, ou seja, o uso do patrimônio público como se fosse privado, é um dos maiores problemas que enfrentamos no combate à corrupção, não só o praticado pelo agente público, mas também o empresarial e bancário.

Em relação a esse problema impregnado na sociedade, Luiz Flávio Gomes assim esclarece:

> O problema real é aqui, no Brasil as instituições políticas, econômicas, jurídicas, educacionais e sociais foram criadas de acordo com as diretrizes cleptoplutocratas, e são marcadas pelo patrimonialismo, pelo compadrio, pelo predomínio das relações pessoais sobre a meritocracia, pela corrupção. O ser humano, para o bem ou para o mal, é produto direto dessas instituições.[68]

Com todo esse envolvimento nos três Poderes e em todas as suas esferas administrativas, é importante que todos os controles funcionem harmoniosamente, para prevenir e combater a corrupção.

Segundo Jonatas Machado, combater a corrupção "não se dá tão somente pelas ferramentas processuais, mas notadamente pela educação e aculturação dos princípios ético-morais, em razão de estarmos, todos, uns mais outros menos, propensos a atos de corrupção".[69]

Além disso, é importante ressaltar que as reformas necessárias dependem da deliberação daqueles cujos interesses serão atingidos pelas mudanças necessárias.[70]

---

[68] GOMES, Luiz Flávio. **O jogo sujo da corrupção**. Bauru: Astral Cultural, 2017, p. 235.

[69] OLIVEIRA, Marcondes Pereira; SANTANA, Gabriela Almeida. **Difusão do princípio constitucional anticorrupção e o respectivo impacto na corrupção inconvencional**. Disponível em: https://congressonacional2017.ammp.org.br/public/arquivos/teses/88.pdf. Acesso em: 27 jan. 2019.

[70] BARROSO, Luis Roberto. **Um outro país**: transformações no direito, na ética e na agenda do Brasil. Belo Horizonte: Fórum, 2018, p. 264.

4 CORRUPÇÃO NAS LICITAÇÕES

Faremos uma análise das contratações públicas, em que muitas vezes a corrupção se faz presente, prejudicando o erário público.

A licitação, mesmo que siga todos os procedimentos necessários, pode ser fraudulenta, como apontam Cristina Fortini e Fabio Mota:

> Pode-se afirmar que parte do resultado dos certames é definida prematuramente, já que, a depender das condições contidas no ato convocatório, sabe-se de antemão quem poderá participar da futura licitação e quem já estará de pronto afastado. Nos mercados em que é restrito o número de atores, algumas definições bastam para reduzir ainda mais a amplitude da competição e, assim, dirigir o contrato antes mesmo de se conhecerem as propostas.[71]

A Convenção das Nações Unidas Contra a Corrupção foi assinada em 9 de dezembro de 2003, na cidade de Mérida (México), e por isso é também conhecida como a Convenção de Mérida; é composta de 71 artigos e 8 capítulos.

O art. 9º trata da contratação pública e gestão da Fazenda Pública, para prevenir a corrupção:

> 1. Cada Estado Parte, em conformidade com os princípios fundamentais de seu ordenamento jurídico, adotará as medidas necessárias para estabelecer sistemas apropriados de contratação pública, baseados na transparência, na competência e em critérios objetivos de adoção de decisões, que sejam eficazes, entre outras coisas, para prevenir a corrupção. Esses sistemas, em cuja aplicação se poderá ter em conta valores mínimos apropriados, deverão abordar, entre outras coisas:
> a) a difusão pública de informação relativa a procedimentos de contratação pública e contratos, incluída informação sobre licitações e infor-

[71] FORTINI, Cristiana; MOTTA, Fabrício. Corrupção nas licitações e contratações públicas: sinais de alerta segundo a Transparência Internacional. **In**: WALD, Arnoldo; JUSTEN FILHO, Marçal; PEREIRA, Cesar Augusto Guimarães (Org.). – **O direito administrativo na atualidade**: estudos em homenagem ao centenário de Hely Lopes Meirelles (1917 - 2017). São Paulo: Malheiros, 2017.

> mação pertinente ou oportuna sobre a adjudicação de contratos, a fim de que os licitadores potenciais disponham de tempo suficiente para preparar e apresentar suas ofertas;
>
> b) a formulação prévia das condições de participação, incluídos critérios de seleção e adjudicação e regras de licitação, assim como sua publicação;
>
> c) a aplicação de critérios objetivos e predeterminados para a adoção de decisões sobre a contratação pública a fim de facilitar a posterior verificação da aplicação correta das regras ou procedimentos;
>
> d) um mecanismo eficaz de exame interno, incluindo um sistema eficaz de apelação, para garantir recursos e soluções legais no caso de não se respeitarem as regras ou os procedimentos estabelecidos conforme o presente parágrafo;
>
> e) quando proceda, a adoção de medidas para regulamentar as questões relativas ao pessoal encarregado da contratação pública, em particular declarações de interesse relativo de determinadas contratações públicas, procedimentos de pré-seleção e requisitos de capacitação.[72]

No n. 1, impõe-se aos países signatários, em conformidade com seus ordenamentos jurídicos, que tomem as medidas necessárias para estabelecer sistemas apropriados de contratação pública, baseados na transparência, na competência e em critérios objetivos de adoção de decisões, que sejam eficazes, entre outras coisas, para prevenir a corrupção.

Como vemos, o ordenamento jurídico brasileiro contempla alguns princípios e normas, como publicidade, julgamento objetivo etc.

Nos atos preparatórios, a solicitação do que se pretende contratar deve ser bem fundamentada, caso contrário pode estar comprando o que está no estoque, podendo perder o prazo de validade e ainda estar direcionado a algum interessado na venda.

A definição precisa do objeto a ser contratado por meio do projeto básico ou termo de referência; caso contrário, durante o processo licitatório ou execução do contrato, iremos nos deparar com muitas fraudes cometidas

[72] NAÇÕES UNIDAS. **Convenção das Nações Unidas contra a corrupção**. Escritório das Nações Unidas contra Drogas e Crime (UNODC). Disponível em: https://www.unodc.org/documents/lpo-brazil//Topics_corruption/Publicacoes/2007_UNCAC_Port.pdf. Acesso em: 27 jan. 2019.

por meio de constantes aditivos, que, além de encarecerem o bem ou serviço contratado, constituem uma injustiça com os participantes eliminados do certame, que poderiam ter se mantido na disputa se os aditivos tivessem sido devidamente descritos.

Muitas vezes, o excesso de descrição do objeto pode causar o direcionamento da licitação, eliminando previamente, assim, vários participantes que não atendam à descrição feita.[73]

Os orçamentos superfaturados para chegar ao preço referencial fazem com que a contratação ocorra por preço superior ao de mercado.

Cláusulas restritivas no edital, como qualificação técnica, exigência de atestados desnecessários, podem dar conotação de direcionamento de licitação.

A exigência de visitação técnica ou prévia das obras e o oferecimento de comprovação de comparecimento pela administração podem dar azo a fraudes, pois aquele licitante que age de má-fé pode transacionar sua comprovação e não comparecer ao certame, pois a comprovação é documento obrigatório para demonstrar qualificação técnica.

Embora prevista no art. 30, inciso III da Lei 8.666/93[74], a visita técnica deve ser observada com cautela pela administração, constatando-se quantos licitantes compareceram para a visita e o número de licitantes que participaram do certame.

Outro fator importante é que o procedimento administrativo da licitação tenha todas as suas páginas numeradas e rubricadas e os documentos juntados em ordem cronológica.

---

[73] 1. O direcionamento da licitação mediante a descrição do objeto caracteriza-se pela inserção, no instrumento convocatório, de características atípicas dos bens ou serviços a serem adquiridos. ACÓRDÃO N. 2829/2015 – TCU – Plenário 2. O órgão licitante deve identificar um conjunto representativo de diversos modelos existentes no mercado que atendam completamente às necessidades da Administração antes de elaborar as especificações técnicas e a cotação de preços, de modo a evitar o direcionamento do certame para modelo específico e a caracterizar a realização de ampla pesquisa de mercado (Acórdão 2.383/2014-TCU-Plenário).

[74] "Art. 30. A documentação relativa à qualificação técnica limitar-se-á a:
III – comprovação, fornecida pelo órgão licitante, de que recebeu os documentos, e, quando exigido, de que tomou conhecimento de todas as informações e das condições locais para o cumprimento das obrigações objeto da licitação."

A publicidade dos editais deve obedecer aos prazos legais e, conforme a situação, os prazos devem ser mais alargados[75]. Restringidos jamais, pois isso pode prejudicar as pessoas que pretendam participar da licitação.

No caso da contratação de uma obra, demanda maior tempo aos interessados confeccionar as suas planilhas de preços, licenças ambientais[76] e demais documentos, pois em regra é na modalidade concorrência que se exige maior formalidade e documentação.

Em situações de fraude, embora obedecidos os prazos legais, a sua publicidade é opaca, dificultando a preparação dos interessados para participarem do certame.

A Lei 12.527/2011[77], conhecida como Lei de Acesso à Informação, é expressa ao determinar que os editais de licitação, além dos meios já previstos, devem ser publicados nos *sites* oficiais na internet, sob pena de ser anulado

---

[75] "Avalie a possibilidade de, nas contratações de maior vulto, adotar medidas que ampliem a divulgação do certame licitatório, e, por conseguinte, a sua competitividade, de modo que acudam o maior número de interessados possíveis, não se restringindo à utilização das normas atinentes à modalidade convite, especialmente quanto ao número mínimo de convidados." (Acórdão 1126/2009, Plenário).

[76] "Realize adequado planejamento do procedimento licitatório de forma a que seja lançado o edital com antecedência, com margem de tempo suficiente para que, observada a legislação ambiental e os prazos requeridos pelo Órgão local Responsável pela concessão de licenças, possam as empresas interessadas requerer, antecipadamente, bem assim dispor, no momento da licitação, das respectivas licenças ambientais necessárias à execução do objeto do contrato." (Acórdão 247/2009 Plenário).

[77] "Art. 8º É dever dos órgãos e entidades públicas promover, independentemente de requerimentos, a divulgação em local de fácil acesso, no âmbito de suas competências, de informações de interesse coletivo ou geral por eles produzidas ou custodiadas.
§ 1º Na divulgação das informações a que se refere o *caput*, deverão constar, no mínimo:
(...)
IV – informações concernentes a procedimentos licitatórios, inclusive os respectivos editais e resultados, bem como a todos os contratos celebrados;
§ 2º Para cumprimento do disposto no *caput*, os órgãos e entidades públicas deverão utilizar todos os meios e instrumentos legítimos de que dispuserem, sendo obrigatória a divulgação em sítios oficiais da rede mundial de computadores (internet)" (BRASIL. **Lei n. 12.527/2011**. Presidência da República. Disponível em: http://www.planalto.gov.br/ccivil_03/_ato2011-2014/2011/lei/l12527.htm. Acesso em: 23 jan. 2019).

o procedimento licitatório e os membros da comissão licitante responderem por improbidade administrativa.

Ao confeccionar o edital, a administração deve tomar todos os cuidados devidos, pois podem surgir várias oportunidades de fraude no decorrer da licitação ou na execução do objeto.

As modificações no edital demandam nova publicação com a reabertura dos prazos.

O julgamento das propostas é um momento em que podem surgir alguns desvios de conduta, havendo o risco de a comissão fazer interpretações temerosas, cometendo ilícitos penais e administrativos.

A análise das propostas, mais precisamente das planilhas, deve ser feita com todo cuidado, devendo constar no edital a aceitabilidade de preços globais e unitários[78], quando devem ser checados os preços unitários previstos na planilha, evitando-se o jogo de planilhas.[79]

A publicação do Tribunal de Contas da União, tratando do Referencial de Combate a Fraude e Corrupção, indica alguns pontos que devem ser mais bem averiguados pela comissão de licitação, no conluio entre licitantes e entre comprador e licitante.

> Conluio entre licitantes nas compras públicas;
> evidência ou indício de relação estreita entre licitantes;
>
> competição limitada no setor;
>
> todas as propostas são bem acima do orçamento da licitação;

[78] BERTOLI, Vagner. A obrigatoriedade da análise do preço unitário nas licitações de menor preço global. **Revista Jus Navigandi**, Teresina, ano 20, n. 4.299, 9 abr. 2015. Disponível em: https://jus.com.br/artigos/32436. ISSN 1518-4862. Acesso em: 27 jan. 2019.

[79] A Orientação Normativa n. 5 da AGU assim também disciplinou o assunto:
"O jogo de planilha consiste na prática ilegal de se efetivar a contratação de proposta de menor preço global, mas com disparidade entre seus preços unitários e os apurados pela Administração. Dessa forma, com os aditamentos contratuais, permite-se o aumento dos quantitativos dos itens de preços unitários cotados por valores acima do mercado e a redução dos quantitativos dos itens cotados a preços inferiores de mercado."

empresas esperadas não dão lances;

vencedor da licitação subcontrata licitante perdedor ou não licitante;

existe um padrão nos lances vencedores e perdedores;

apenas um licitante atende às especificações, os demais apresentam propostas falhas.

Conluio entre comprador e licitante

o pessoal responsável pelas compras tem relação com o licitante vencedor;

o licitante oferece presentes ou benefícios para o comprador;

especificação da licitação identifica o produto do licitante vencedor;

especificação do contrato altera após o licitante favorecido ser contratado;

desqualificação de licitante sem razão motivada;

contrato adjudicado à empresa desconhecida;

licitantes perdedores manifestam-se publicamente contra a licitação.

Fornecedor único;

excesso de dispensa de licitação;

uma empresa é favorecida;

empresa sem histórico no ramo.[80]

São diversas situações em que a comissão de licitação deve ficar atenta para que não seja responsabilizada posteriormente.

Outro fator importante é o combate dos cartéis nas licitações, em que os participantes entram em acordo para fraudá-las, dividindo clientes e mercados de atuação, restringindo assim a oferta e aumentando os preços.[81]

Inúmeras são as fraudes existentes na licitação, fazendo assim com que a corrupção ganhe mais corpo a cada dia, prejudicando o erário.

---

[80] BRASIL. **Referencial de combate a fraude e corrupção**: aplicável a órgãos e entidades da Administração Pública. Brasília: Tribunal de Contas da União, 2018. Disponível em: https://portal.tcu.gov.br/biblioteca-digital/referencial-de-combate-a-fraude-e-corrupcao.htm. Acesso em: 27 jan. 2019.

[81] BRASIL. **Combate a cartéis em licitações**. Guia prático para pregoeiros e membros das comissões de licitação. Brasília: Ministério da Justiça. 2008. Disponível em: http://www.cade.gov.br/acesso-a-informacao/publicacoes-institucionais/documentos-da-antiga-lei/cartilha_licitacao.pdf/view. Acesso em: 27 jan. 2019.

5 CONCLUSÃO

A licitação, como meio de compra para a Administração Pública, é um instrumento que visa à isonomia entre os participantes; sendo pública, faz com que todas as pessoas habilitadas possam participar, e seus atos e procedimentos devem ser transparentes para que o cidadão possa controlar, buscado assim uma contratação mais vantajosa para a Administração Pública.

A corrupção que grassa em nosso meio existe desde o início de nossa civilização, sendo implantada com o descobrimento, passando pela Colônia, pela República, pela Ditadura e até pela Democracia em que estamos. Tendo em vista os prejuízos causados à Administração e a toda a sociedade, passou-se a criar formas de combate que, embora incipientes, têm avançado com a ajuda da imprensa livre.

É necessária uma mudança cultural para que a corrupção seja vencida ou ao menos minorada, pois um país não pode ficar 30% mais pobre se suas instituições forem menos corruptas.

O nosso comportamento de mudança deve começar com as coisas corriqueiras do dia a dia, e com o exemplo, arrastando pessoas do nosso meio no sentido de fazermos um país melhor, cobrando dos nossos legisladores leis que busquem uma nação menos corrupta, exigindo dos governantes ações proativas no combate à corrupção.

Assim, poderemos utilizar a licitação como instrumento de combate à corrupção.

REFERÊNCIAS

BANDEIRA, Celso Antonio. **Curso de direito administrativo**. São Paulo: Malheiros, 2009.

BARROSO, Luis Roberto. **Um outro país**: transformações no direito, na ética e na agenda do Brasil. Belo Horizonte: Fórum, 2018.

BERTOLI, Vagner. A obrigatoriedade da análise do preço unitário nas licitações de menor preço global. **Revista Jus Navigandi**. Teresina, ano 20, n. 4.299, 9 abr. 2015. Disponível em: https://jus.com.br/artigos/32436. Acesso em: 27 jan. 2019.

BRASIL. **Combate a cartéis em licitações**. Guia prático para pregoeiros e membros das comissões de licitação. Brasília: Ministério da Justiça. 2008. Disponível em: http://www.cade.gov.br/acesso-a-informacao/publicacoes-institucionais/documentos-da-antiga-lei/cartilha_licitacao.pdf/view. Acesso em: 27 jan. 2019.

BRASIL. **Constituição Federal**. Presidência da República. Disponível em: http://www.planalto.gov.br/ccivil_03/Constituicao/Constituicao.htm. Acesso em: 23 jan. 2019.

BRASIL. **Convenção da ONU**. Controladoria-Geral da União. Disponível em: http://www.cgu.gov.br/assuntos/articulacao-internacional/convencao-da-onu. Acesso em: 27 jan. 2019.

BRASIL. **Decreto n. 2.926/1862**. Câmara dos Deputados. Disponível em: http://www2.camara.leg.br/legin/fed/decret/1824-1899/decreto-2926-14-maio-1862-555553-publicacaooriginal-74857-pe.html.

BRASIL. **Decreto n. 4.536/1922**. Disponível em: http://www2.camara.leg.br/legin/fed/decret/1920-1929/decreto-4536-28-janeiro-1922-567786-publicacaooriginal-91144-pl.html. Acesso em: 23 jan. 2019.

BRASIL. **Decreto-Lei n. 185/67**. Câmara dos Deputados. Disponível em: http://www2.camara.leg.br/legin/fed/declei/1960-1969/decreto-lei-185-23-fevereiro-1967-375925-norma-pe.html. Acesso em: 23 jan. 2019.

BRASIL. **Decreto-Lei n. 200/67**. Presidência da República. Disponível em: http://www.planalto.gov.br/ccivil_03/decreto-lei/del0200.htm.

BRASIL – **Decreto-Lei nº 2.300/86**. Presidência da República. Disponível em: http://www.planalto.gov.br/ccivil_03/decreto-lei/Del2300-86.htm. Acesso em: 23 jan. 2019.

BRASIL. **Lei n. 4.401/64**. Presidência da República. Disponível em: http://www.planalto.gov.br/ccivil_03/LEIS/1950-1969/L4401.htm. Acesso em: 23 jan. 2019.

BRASIL. **Lei n. 5.456/68**. Presidência da República. Disponível em: http://www.planalto.gov.br/ccivil_03/LEIS/1950-1969/L5456.htm. Acesso em: 23 jan. 2019.

BRASIL. **Lei n. 8.666/93**. Presidência da República. Disponível em: http://www.planalto.gov.br/ccivil_03/LEIS/L8.666cons.htm. Acesso em: 23 jan. 2019.

BRASIL. **Lei n. 12.527/2011**. Presidência da República. Disponível em: http://www.planalto.gov.br/ccivil_03/_ato2011-2014/2011/lei/l12527.htm. Acesso em: 23 jan. 2019.

BRASIL. **Proposição:** PL-1491/1991, de autoria de Luis Roberto Ponte(PMDB/RS). Câmara dos Deputados. Disponível em: https://www.camara.leg.br/sileg/Prop_Detalhe.asp?id=192797&st=1. Acesso em: 23 jan. 2019.

BRASIL. **Referencial de combate a fraude e corrupção**: aplicável a órgãos e entidades da Administração Pública. Brasília: Tribunal de Contas da União, 2018. Disponível em: https://portal.tcu.gov.br/biblioteca-digital/referencial-de-combate-a-fraude-e-corrupcao.htm. Acesso em: 27 jan. 2019.

CARVALHO, José Murilo. **Corrupção:**escola de transgressão. Falo o que penso, 31 ago. 2010. Disponível em: http://humbertoosousa.blogspot.com/2010/08/corrupcao-escola-de-transgressao.html. Acesso em: 26 jan. 2019.

CARVALHO FILHO, José dos Santos. **Manual de direito administrativo**. 29. ed. São Paulo: Atlas, 2015.

DI PIETRO, Maria Sylvia Zanella. **Direito administrativo**. 28. ed. revista atualizada e ampliada. São Paulo: Atlas, 2015.

FAORO, Raymondo. **Os donos do poder**: formação do patronato político brasileiro. 5. ed. São Paulo: Globo, 2012.

FAUSTO, Boris. **História concisa do Brasil**. São Paulo: EDUSP, 2006.

FGV. **Novas medidas contra a corrupção**. Maio 2018. Disponível em: http://bibliotecadigital.fgv.br/dspace/handle/10438/23949. Acesso em: 23 jan. 2019.

FORTINI, Cristiana; MOTTA, Fabrício. Corrupção nas licitações e contratações públicas: sinais de alerta segundo a Transparência Internacional. **In**: WALD, Arnoldo; JUSTEN FILHO, Marçal; PEREIRA, Cesar Augusto Guimarães (Org.). **O direito administrativo na atualidade**. Estudos em homenagem ao centenário de Hely Lopes Meirelles (1917 – 2017). São Paulo: Malheiros, 2017. GOMES, Laurentino. **1808**: como uma rainha louca, um príncipe medroso e uma corte corrupta enganaram Napoleão e mudaram a história de Portugal e do Brasil. São Paulo: Editora Planeta do Brasil, 2007.

GOMES, Luiz Flávio. **O jogo sujo da corrupção**. Bauru: Astral Cultural, 2017.

JUSTEN FILHO, Marçal. **Comentários à lei de licitação e contratos administrativos**. 15. ed. São Paulo: Dialética, 2012. JUSTEN FILHO, Marçal. – **Curso de direito administrativo**. 8. ed. São Paulo: Revista dos Tribunais, 2012.

MARINELA, Fernanda. **Direito administrativo**. 11. ed. São Paulo: Saraiva, 2017.

MEDAUAR, Odete. **Direito administrativo moderno**. 21. ed. Belo Horizonte: Fórum, 2018.

MEIRELLES, Hely Lopes. **Direito administrativo brasileiro**. 41. ed. atualizada por Délcio Balesteiro Aleixo e José Emmanuel Burle Filho. São Paulo: Malheiros, 2015.

MIRANDA, Luiz Fernando. Unificando os conceitos de corrupção: uma abordagem através da nova metodologia dos conceitos. **Revista Brasileira de Ciência Política**, nº 25, Brasília, 2018.

MORAES, Alexandre de. **Direito constitucional**. 33. ed. rev. e atual. até a EC n. 95, de 15 de dezembro de 2016. São Paulo: Atlas, 2017.

NAÇÕES UNIDAS. **Convenção das Nações Unidas contra a corrupção**. Escritório das Nações Unidas contra Drogas e Crime (UNODC). Disponível em: https://www.unodc.org/documents/lpo-brazil//Topics_corruption/Publicacoes/2007_UNCAC_Port.pdf. Acesso em: 27 jan. 2019.

NIEBUHR, Joel de Menezes. **Licitação pública e contrato administrativo**. 3. ed. ver. e ampl. Belo Horizonte: Fórum, 2013.

OLIVEIRA, Marcondes Pereira; SANTANA, Gabriela Almeida. **Difusão do princípio constitucional anticorrupção e o respectivo impacto na corrupção inconvencional**. Disponível em: https://congressonacional2017.ammp.org.br/public/arquivos/teses/88.pdf. Acesso em: 27 jan. 2019.

PORTINARI, Natália. PIB per capita do Brasil subiria 30% sem corrupção, diz estudo do FMI. **Folha de S. Paulo**, 14 out. 2017. Disponível em: https://www1.folha.uol.com.br/mercado/2017/10/1926931-pib-per-capita-do--brasil-subiria-30-sem-corrupcao-diz-estudo-do-fmi.shtml. Acesso em: 27 jan. 2019.

ROCHA, Lucas Furtado. **As raízes da corrupção no Brasil**: estudos de caso e lições para o futuro. Belo Horizonte: Fórum, 2015.

ROMEIRO, Adriana. **Corrupção e poder no Brasil**: uma história, séculos XVI a XVIII. Belo Horizonte: Autêntica, 2017.

ROSTILHO, André. **Licitação no Brasil**. São Paulo: Malheiros, 2013.

TRANSPARÊNCIA INTERNACIONAL BRASIL. Índice de percepção da corrupção 2018: Brasil caiu da **96ª para a 105ª posição no ranking mundial**. Disponível em: https://transparenciainternacional.org.br/home/indice. Acesso em: 30 jan. 2019.

VALENTE, Manuel Monteiro Guedes. Não há provas de que delação gere novos resultados na investigação. **Consultório Jurídico** (CONJUR). [s.l.], 9 dez. 2016. Entrevista concedida a Rodrigo Daniel Silva. Disponível em: https://www.conjur.com.br/2016-dez-09/entrevista-manuel-monteiro-guedes-valente-jurista-portugues. Acesso em: 27 jan. 2019.

A CIDADANIA UTILIZADA COMO PREMISSA DE QUALQUER SISTEMA DE COMBATE À CORRUPÇÃO

Caio Eduardo Felício Castro[1]

Resumo: O presente artigo tem como finalidade expor aspectos importantes em relação à corrupção, encontrando-se, no combate a ela, uma grande inefetividade como um todo, motivo pelo qual se chegou à cidadania utilizada como premissa para qualquer sistema a ser aplicado contra ela na sociedade em geral, efetivando-o. Dessa maneira, levantou-se, no geral, a sistematização da legislação existente, algumas propostas feitas por profissionais, vários casos reais, alguns instrumentos atuais e diversas críticas à maneira de como não se alcançam objetivos contundentes do modo que se conduzem as práticas anticorruptivas, destacando-se, sempre, a imprescindibilidade de um empoderamento do povo com o exercício da cidadania.

Palavras-chave: Corrupção; Combate; Inefetividade; Cidadania; Efetividade.

[1] Analista jurídico do Ministério Público do Estado de São Paulo; Professor de Direito (EDUVALE); Especialista em Direito Penal e Processual penal pela Faculdade Damásio | DeVry Brasil. *E-mail*: caioefelicio_direito@hotmail.com.

1 INTRODUÇÃO

Para entender este trabalho, o leitor deve fixar em sua mente que "TODO PODER EMANA DO POVO, que o exerce por meio de representantes eleitos ou diretamente, nos termos desta Constituição" (artigo 1º, parágrafo único, da Constituição da República Federativa do Brasil). Jean-Jacques Rousseau tem o mesmo pensamento, segundo o qual "TODO O PODER EMANA DO POVO e em seu nome deve ser exercido".

Inicialmente, ao tomar conhecimento da proposta desta obra idealizada pelos brilhantes coordenadores, estava em dúvida sobre algo relativo ao Direito Penal ou à improbidade administrativa, inclusive quanto ao acordo de leniência, já que, atualmente, trabalho no Ministério Público, e materiais não faltariam.

Porém, não me contentei com um ou outro assunto e, mediante pesquisas próprias, cheguei a outro, o chamado: *compliance*. Então, comprei livros e me aprofundei na temática.

Acontece que, apesar de ser um tema extremamente relevante e rico, não pude deixar de me ater no fato de que, assim como os outros assuntos mencionados, o compliance, isoladamente, é ineficaz para o tema proposto pelos coordenadores, qual seja: "CORRUPÇÃO – SISTEMAS JURÍDICOS DE COMBATE".

E, nessa linha, com todo o respeito por aqueles que discordam, cheguei à conclusão de que tão somente um sistema que englobe diversas frentes de forma conjunta e concatenada será apto a combater a corrupção.

Logo, aportei no "Ensaio Sobre a Necessidade da Criação de Um Microssistema de Combate à Corrupção" (abrangendo aspectos contidos no Direito Penal e Processual Penal, no Direito Administrativo e Improbidade, no Direito Eleitoral e Política, no Direito Civil e Reparatório e na Exposição do agente e da sua conduta perante a sociedade). Seria como se fossem engrenagens da mesma máquina, as quais se encaixariam para o perfeito funcionamento desta, e sem as quais ela não funcionaria.

Entretanto, aprofundando-me mais, percebi que havia uma premissa sem a qual nenhum sistema jurídico dito bem estruturado se sustentaria. Uma premissa a incidir tanto de forma preventiva, quanto repressiva. Uma premissa imprescindível num Estado Democrático de Direito.

Essa premissa é o efetivo exercício da "cidadania".

De minha parte, esclareço que, neste artigo, não desenvolverei temas econômicos, sociais e filosóficos, visto que fugiria da proposta inicial, mas que são tão essenciais quanto o Direito para a efetividade no combate à corrupção.

Dessa forma, concluí pelo meu título: "A CIDADANIA UTILIZADA COMO PREMISSA DE QUALQUER SISTEMA DE COMBATE À CORRUPÇÃO".

2 NOÇÕES GERAIS

Antes de qualquer posicionamento mais aprofundado acerca do tema, é de grande necessidade questionar sobre o que é a figura da corrupção.

Para análise de tal terminologia, é importante levantar alguns conceitos específicos e complementares – como o de probidade –, trazidos por algumas obras e, em seguida, exemplos práticos a fim de elucidar e enriquecer o entendimento do leitor.

"Corrupção", segundo o dicionário, é:

> 1. Ato ou resultado de corromper; corrompimento, corruptela. 2 Decomposição de matéria orgânica, geralmente causada por microrganismos; putrefação. 3 Alteração das características de algo; adulteração. 4 Degradação de valores morais ou dos costumes; devassidão, depravação. 5 Ato ou efeito de subornar alguém para vantagens pessoais ou de terceiros. 6 Uso de meios ilícitos, por parte de pessoas do serviço público, para obtenção de informações sigilosas, a fim de conseguir benefícios para si ou para terceiros.[2]

[2] CORRUPÇÃO in Michaelis. Dicionário de Língua Portuguesa. São Paulo: Melhoramentos, 2019.

Em outras palavras, Marques e Moreira asseveram:

> Tomando-se uma acepção assumidamente jurídica, pode-se conceituar a corrupção como sendo o uso do poder público para a obtenção de vantagem ilícita para si ou para outrem. Necessária, como se vê, a existência de um ato (ou uma sucessão de atos) ilegal cometido ou omitido por autoridade pública em detrimento dos fins almejados pelo respectivo ente público, não sendo absolutamente necessária (para a finalidade conceitual ora proposta) a obtenção de vantagem econômica, mesmo que imediata.[3]

Ainda de forma complementar, menciona Habib que a história da corrupção, em toda parte e lugar, "não é senão a história de um diálogo entre o corrupto, que se deixa corromper, satisfazendo os interesses dos corruptos, em troca de vantagens, e a deste que o corrompe para as obter".[4]

Em contrapartida, a probidade administrativa, tão buscada por todos, pode ser definida como "honestidade, boa-fé, moralidade por parte dos administradores". [5]

Dentro da história, há a possibilidade de se localizar, direta ou indiretamente, a tutela da probidade administrativa e a disciplina sobre o combate à corrupção em diversos diplomas no nosso ordenamento jurídico.

Em âmbito constitucional, desde a Constituição de 1824, passando pela Constituição de 1891, 1934, 1937, 1946, 1967, até a nossa Constituição Federal de 1988, foi prevista a probidade.

Em relação à Constituição de 1824, citam-se, como exemplo, os seguintes artigos:

---

3 MOREIRA, Fábio Lucas. **Breves anotações sobre a Lei Anticorrupção. In:** O compliance como instrumento de prevenção e combate à corrupção. Porto Alegre: Livraria do Advogado, 2017, p. 62.

4 HABIB, Sérgio. **Brasil: quinhentos anos de corrupção**. enfoque sócio-histórico-jurídico-penal. Porto Alegre: Fabris, 1994, p. 84.

5 CARVALHO FILHO, José dos Santos. **Manual de direito administrativo**. 28. ed. rev., ampl. e atual. até 31-12-2014. São Paulo: Atlas, 2015, p. 306.

> Art. 156. Todos os Juizes de Direito, e os Officiaes de Justiça são responsaveis pelos abusos de poder, e prevaricações, que commetterem no exercicio de seus Empregos; esta responsabilidade se fará effectiva por Lei regulamentar.
>
> [...]
>
> Art. 157. Por suborno, peita, peculato, e concussão haverá contra elles acção popular, que poderá ser intentada dentro de anno, e dia pelo proprio queixoso, ou por qualquer do Povo, guardada a ordem do Processo estabelecida na Lei.

No que tange à Constituição de 1891, os seguintes artigos faziam referência aos crimes de responsabilidade: "Art 54. São crimes de responsabilidade os atos do Presidente que atentarem contra: (...) 6º a probidade da administração; 7º a guarda e emprego constitucional dos dinheiros públicos."

Já a Constituição de 1934, em seus artigos 57 e 181, preceitua:

> Art 57. São crimes de responsabilidade os atos do Presidente da República, definidos em lei, que atentarem contra: (...) f) a probidade da administração; g) a guarda ou emprego legal dos dinheiros públicos.
>
> [...]
>
> Art 181. As eleições para a composição da Câmara dos Deputados, das Assembléias Legislativas estaduais e das Câmaras Municipais obedecerão ao sistema da representação proporcional e voto secreto, absolutamente indevassável, mantendo-se, nos termos da lei, a instituição de suplentes.

A Constituição de 1937 também dispunha em seu artigo 156: "Art 156 O Poder Legislativo organizará o Estatuto dos Funcionários Públicos, obedecendo aos seguintes preceitos desde já em vigor: b) a primeira investidura nos cargos de carreira far-se-á mediante concurso de provas ou de títulos."

Enquanto, na Constituição de 1946, hão de se mencionar os seguintes artigos:

> Art 89. São crimes de responsabilidade os atos do Presidente da República que atentarem contra a Constituição federal e, especialmente, contra: [...] V – a probidade na administração; [...] VII – a guarda e o legal emprego dos dinheiros públicos;

> [...]
>
> Art 96. É vedado ao Juiz: II – receber, sob qualquer pretexto, percentagens, nas causas sujeitas a seu despacho e julgamento.

Em 1967, a Constituição propunha regras de perda de mandato, bem como de crimes de responsabilidade, como se vê:

> Art 37. Perde o mandato o Deputado ou Senador: [...] II – cujo procedimento for declarado incompatível com o decoro parlamentar.
>
> [...]
>
> Art 84. – São crimes de responsabilidade os atos do Presidente que atentarem contra a Constituição federal e, especialmente: [...] V – a probidade na administração.

Por fim, na atual Magna Carta, destacam-se os seguintes dispositivos:

> Art. 37. A administração pública direta e indireta de qualquer dos Poderes da União, dos Estados, do Distrito Federal e dos Municípios obedecerá aos princípios de legalidade, impessoalidade, moralidade, publicidade e eficiência e, também, ao seguinte (Redação dada pela Emenda Constitucional n. 19, de 1998);
>
> Art. 5º Todos são iguais perante a lei, sem distinção de qualquer natureza, garantindo-se aos brasileiros e aos estrangeiros residentes no País a inviolabilidade do direito à vida, à liberdade, à igualdade, à segurança e à propriedade, nos termos seguintes:
>
> [...]
>
> LXXIII – qualquer cidadão é parte legítima para propor ação popular que vise a anular ato lesivo ao patrimônio público ou de entidade de que o Estado participe, à moralidade administrativa, ao meio ambiente e ao patrimônio histórico e cultural, ficando o autor, salvo comprovada má-fé, isento de custas judiciais e do ônus da sucumbência.

Em igual sentido, há a possibilidade de encontrá-las em alguns documentos internacionais, tais como a Convenção das Nações Unidas contra a Corrupção e a Convenção Interamericana contra a Corrupção.

Já em âmbito infraconstitucional, citam-se, entre outros, o Código Penal e o Código de Processo Penal, as Leis Federais ns. 4.737/65 (Código Eleitoral),

7.347/85 (Lei da Ação Civil Pública), 8.429/92 (Lei de Improbidade Administrativa), 8.666/93 (Lei de Licitações), 9.613/98 (Lei de Lavagem de Capitais), 12.527/11 (Lei de Acesso à Informação), 12.846/13 (Lei Anticorrupção), e as Complementares 101/00 (Lei de Responsabilidade Fiscal) e 135/10 (Lei da "Ficha Limpa").

Dessa forma, como se pode constatar, o arcabouço jurídico é, aparentemente, rico em seara de tratamento da corrupção.

Ocorre que, além de existir uma enorme crise de efetividade das normas supracitadas (como no geral, infelizmente, acontece em nosso País), não há uma integração de certos pontos necessários para o combate à corrupção, nem há um apoio do nosso Poder Judiciário (talvez interesse) – assim como do Executivo e Legislativo, e até mesmo do Ministério Público e de instituições públicas que deveriam tutelar o hipossuficiente. Ao contrário, os posicionamentos, inclusive de doutrinadores, sempre são comedidos quando esse é o assunto.

Salienta-se: é o grande mal da corrupção que destrói as pessoas, as famílias, a saúde, a educação, a segurança, as políticas públicas, os sonhos, enfim, a vida.

E veja, corrupção – tratada aqui – não é só (mas também) aquela grande e midiática que se vê nos diversos meios de comunicação em massa, como a televisão ou a internet.

É também aquela "pequena", vista no cotidiano, como por exemplo em casos de agentes públicos utilizando veículo oficial do ente político para afazeres particulares, ou usar materiais do próprio trabalho para interesse próprio, ou apressar/demorar alguma providência em razão da pessoa, ou dar um "agrado" para policiais para não ser preso, ou entregar presentes "sem nenhuma pretensão" para servidores públicos. Em suma, uma "ajudinha ali, outra lá", como se o serviço público fosse uma empresa privada, onde os "favores" são possíveis considerando interesses pessoais. É a "carteirada". Até mesmo aquela em que a pessoa, por não registrar ponto, trabalha o mínimo de tempo, fazendo outras coisas particulares no horário em que deveria estar maximizando o seu serviço, para o qual foi nomeada.

Também há grande necessidade de se pontuar que, com mais rigor, as situações maiores e mais graves devem ser investigadas e, obviamente, punidas. Os milhões de tributos que são desviados de forma fraudulenta, os cartéis envolvendo agentes públicos, os pequenos municípios que agem à margem da lei e da fiscalização, as entidades com ou sem fins lucrativos que servem apenas de faixada para a lavagem e o desvio de dinheiro.

Contudo, é justamente o inverso que é presenciado hoje.

Pessoas que cometem pequenos crimes contra o patrimônio (exemplo: furto de pacote de biscoito), discussões entre vizinhos, danos privados, tráfico privilegiado (exemplo: aviãozinho) e porte para consumo pessoal de drogas pequenas são processadas, julgadas e punidas com tamanho rigor e estranha celeridade pelas agências penais (Ministério Público, Poder Judiciário, Poder Legislativo, Polícias), e tratadas com considerável falta de afinco e cuidado pela defesa (advogados, defensores públicos ou dativos).[6]

[6] AGRAVO REGIMENTAL EM HABEAS CORPUS. FURTO DE ENERGIA ELÉTRICA MEDIANTE FRAUDE. EXTINÇÃO DA PUNIBILIDADE PELO PAGAMENTO DO DÉBITO ANTES DO RECEBIMENTO DA DENÚNCIA. IMPOSSIBILIDADE. AGRAVO REGIMENTAL PROVIDO. 1. A decisão ora embargada aderiu à jurisprudência então vigente e, com a ressalva de entendimento pessoal e em respeito à colegialidade, reconheceu a extinção de punibilidade e determinou o trancamento do processo. 2. Todavia, a terceira Seção do STJ, no julgamento do RHC n. 101.299/RS, firmou posição no sentido de que é inviável o reconhecimento da extinção da punibilidade pela quitação de débito no caso de crime de furto de energia elétrica. 3. A causa extintiva de punibilidade decorrente do previsto nos arts. 34 da Lei n. 9.249/1995 e 9º da Lei n. 10.684/2003 não pode ser aplicada, por analogia, aos crimes contra o patrimônio, porquanto restrita aos crimes contra a ordem tributária, visto que são ilícitos penais referentes a bens tutelados diversos: o resguardo da arrecadação tributária, com o seu regime jurídico próprio (e suas causas de extinção específicas), de um lado, e, de outro, a disciplina dos crimes contra o patrimônio, tratados mais rigorosamente pelo Estado por questões de política criminal. 4. Agravo regimental provido, a fim de determinar o prosseguimento da Ação Penal n. 00063327-88.2016.8.16.0030, em trâmite na 3ª Vara Criminal da Comarca de Foz do Iguaçu, instaurada contra o paciente pela prática de furto de energia elétrica mediante fraude (art. 155, § 3º e § 4º, II, do Código Penal). (STJ – AgRg no HC: 386710 PR 2017/0018539-5, Relator: Ministro ROGERIO SCHIETTI CRUZ, Data de Julgamento: 23/04/2019, T6 – SEXTA TURMA, Data de Publicação: *DJe* 30/04/2019)

De outra banda, crimes de colarinho branco (exemplo: contra a ordem tributária previstos na Lei n. 8.137/90 e contidos nos artigos 89/98 da Lei n. 8.666/93) são timidamente tratados pelos Agentes acima mencionados (com arquivamentos, absolvições ou qualquer outro fundamento), seja por falta de tempo, seja por falta de infraestrutura, seja por falta de apoio, seja (espera-se que não) por falta de interesse/vontade.

Ora, observa-se que, no cotidiano, é muito mais fácil fazer uma interpretação contra o réu em crimes patrimoniais, de tráfico e de homicídio, do que para esse mesmo acusado, em delitos licitatórios, tributários, econômicos, financeiros e previdenciários.

Exemplo: para se prender, julgar e condenar alguém por seu envolvimento no tráfico de drogas, utilizam-se de vários indícios – às vezes mínimos, às

---

AGRAVO REGIMENTAL NO AGRAVO EM RECURSO ESPECIAL. DESCAMINHO. OFENSA AO PRINCÍPIO DA COLEGIALIDADE. NÃO OCORRÊNCIA. CRIME FORMAL. PARCELAMENTO E PAGAMENTO DO TRIBUTO. EXTINÇÃO DA PUNIBILIDADE. NÃO OCORRÊNCIA. APLICAÇÃO DO PRINCÍPIO DA INSIGNIFICÂNCIA. ICMS. TRIBUTO DE COMPETÊNCIA ESTADUAL. INAPLICABILIDADE. AGRAVO REGIMENTAL DESPROVIDO. 1. Cumpre destacar que não há que se falar em ofensa ao princípio da colegialidade em razão do julgamento monocrático do recurso especial. Isso porque, nos termos da Súmula n. 568 do Superior Tribunal de Justiça – STJ: "O relator, monocraticamente e no Superior Tribunal de Justiça, poderá dar ou negar provimento ao recurso quando houver entendimento dominante acerca do tema", caso ocorrido nos autos, vez que aplicada jurisprudência desta Corte. 2. Consoante jurisprudência pacífica desta Corte, por se tratar de crime formal, é irrelevante o parcelamento e pagamento do tributo, não se aplicando ao descaminho a extinção da punibilidade prevista na Lei Federal n. 10.684/2003. 3. Incide o princípio da insignificância aos crimes tributários federais e de descaminho quando o débito tributário verificado não ultrapassar o limite de R$ 20.000,00 (vinte mil reais), a teor do disposto no art. 20 da Lei n. 10.522/2002, com as atualizações efetivadas pelas Portarias n. 75 e n. 130, ambas do Ministério da Fazenda (REsp 1688878/SP, Rel. Ministro SEBASTIÃO REIS JÚNIOR, TERCEIRA SEÇÃO, julgado em 28/2/2018, *DJe* 4/4/2018). 4. Embora inferior a R$ 20.000,00 (vinte mil reais), é inaplicável o princípio da insignificância ao caso dos autos, pois iludido o pagamento de imposto de competência estadual (ICMS), não abrangido pela Lei Federal n. 10.522/2002, que trata de tributos federais. 5. Agravo regimental desprovido. (STJ – AgRg no AREsp: 1259739 SP 2018/0053274-8, Relator: Ministro JOEL ILAN PACIORNIK, Data de Julgamento: 30/05/2019, T5 – QUINTA TURMA, Data de Publicação: *DJe* 11/06/2019).

vezes presunções – como "denúncias anônimas" (acreditando-se nas palavras das testemunhas), quantia de dinheiro dividida em várias cédulas (as pessoas não podem deixar dinheiro guardado em casa nem andar com ele; terão que usar cartão), balança de precisão (pessoas não podem usar o instrumento para trabalharem), quantidade de drogas (o usuário terá que comprar uma por dia), etc.

Não se quer, porém, dizer que esse nefasto delito deveria sofrer "vistas grossas".

Exemplo: para se prender, julgar e condenar alguém por seu envolvimento em crimes do colarinho branco, demoram-se anos investigando (quando se investiga, pois a maioria não chega ao conhecimento das autoridades – cifra dourada), reúnem-se muitas pessoas, produzem-se inúmeras provas complexas, mas, ao final, conclui-se, forçosamente, pela inexistência da infração penal sob fundamentos diversos.

Essa falta de empenho nasce na lei[7], cresce na doutrina e nos agentes processuais, e floresce na jurisprudência[8], sendo que todos são extrema-

---

[7] Lei n 10.684/2003, Art. 9º É suspensa a pretensão punitiva do Estado, referente aos crimes previstos nos arts. 1º e 2º da Lei n. 8.137, de 27 de dezembro de 1990, e nos arts. 168-A e 337-A do Decreto-lei n. 2.848, de 7 de dezembro de 194 – Código Penal, durante o período em que a pessoa jurídica relacionada com o agente dos aludidos crimes está incluída no regime de parcelamento.

(...)

§ 2º Extingue-se a punibilidade dos crimes referidos neste artigo quando a pessoa jurídica relacionada com o agente efetuar o pagamento integral dos débitos oriundos de tributos e contribuições sociais, inclusive acessórios.

Lei n. 9.430/1996, art. 83. A representação fiscal para fins penais relativa aos crimes contra a ordem tributária previstos nos arts. 1º e 2º da Lei n. 8.137, de 27 de dezembro de 1990, e aos crimes contra a Previdência Social, previstos nos arts. 168-A e 337-A do Decreto-lei n. 2.848, de 7 de dezembro de 1940 (Código Penal), será encaminhada ao Ministério Público depois de proferida a decisão final, na esfera administrativa, sobre a exigência fiscal do crédito tributário correspondente.

(...)

§ 4º Extingue-se a punibilidade dos crimes referidos no *caput* quando a pessoa física ou a pessoa jurídica relacionada com o agente efetuar o pagamento integral dos débitos oriundos de tributos, inclusive acessórios, que tiverem sido objeto de concessão de parcelamento.

[8] HABEAS CORPUS. IMPETRAÇÃO EM SUBSTITUIÇÃO AO RECURSO CABÍVEL. UTILIZAÇÃO INDEVIDA DO REMÉDIO CONSTITUCIONAL. VIOLAÇÃO

mente complacentes (bondosos) com os infratores economicamente diferenciados.

Com efeito, é uma questão cultural que precisa ser trabalhada melhor para se chegar em resultados positivos, assim como qualquer outro problema a ser combatido... E, consequentemente, vencido!

Caso contrário, o ser humano continuará a viver em seu *status quo* eterno, em que castas mais privilegiadas, mesmo que com cometimento de crimes mais graves e gravosos à máquina pública, saem impunes, enquanto pessoas marginalizadas socioeconomicamente não possuem a mesma "complacência".

AO SISTEMA RECURSAL. NÃO CONHECIMENTO. 1. A via eleita revela-se inadequada para a insurgência contra o ato apontado como coator, pois o ordenamento jurídico prevê recurso específico para tal fim, circunstância que impede o seu formal conhecimento. Precedentes. 2. O alegado constrangimento ilegal será analisado para a verificação da eventual possibilidade de atuação *ex officio*, nos termos do artigo 654, § 2º, do Código de Processo Penal. CRIME CONTRA A ORDEM TRIBUTÁRIA. CONDENAÇÃO TRANSITADA EM JULGADO. PAGAMENTO DO TRIBUTO. CAUSA DE EXTINÇÃO DA PUNIBILIDADE. ARTIGO 9º, § 2º, DA LEI 10.684/2003. COAÇÃO ILEGAL CARACTERIZADA. CONCESSÃO DA ORDEM DE OFÍCIO. 1. Com o advento da Lei 10.684/2003, no exercício da sua função constitucional e de acordo com a política criminal adotada, o legislador ordinário optou por retirar do ordenamento jurídico o marco temporal previsto para o adimplemento do débito tributário redundar na extinção da punibilidade do agente sonegador, nos termos do seu artigo 9º, § 2º, sendo vedado ao Poder Judiciário estabelecer tal limite. 2. Não há como se interpretar o referido dispositivo legal de outro modo, senão considerando que o pagamento do tributo, a qualquer tempo, até mesmo após o advento do trânsito em julgado da sentença penal condenatória, é causa de extinção da punibilidade do acusado. 3. Como o édito condenatório foi alcançado pelo trânsito em julgado sem qualquer mácula, os efeitos do reconhecimento da extinção da punibilidade por causa que é superveniente ao aludido marco devem ser equiparados aos da prescrição da pretensão executória. 4. *Habeas corpus* não conhecido. Ordem concedida de ofício para declarar extinta a punibilidade do paciente, com fundamento no artigo 9º, § 2º, da Lei 10.684/2003 (STJ – HC: 362478 SP 2016/0182386-0, Relator: Ministro JORGE MUSSI, Data de Julgamento: 14/09/2017, T5 – QUINTA TURMA, Data de Publicação: *DJe* 20/09/2017).

Assim, a sociedade continuará a viver como a tão oportuna música *Xibom bombom*[9] (que muitos cantaram sem perceber a gravidade da letra), na qual o pobre continua mais pobre, e o rico continua mais rico.

3 BREVES CONSIDERAÇÕES SOBRE O MICROSSISTEMA DE COMBATE À CORRUPÇÃO E SEUS ASPECTOS

Primeiramente, há de se asseverar que os aspectos abaixo devem ser compreendidos como inseridos em um único Sistema de Combate à Corrupção.

Quanto ao aspecto penal – talvez o mais óbvio à medida que é o que vem à mente das pessoas (bastam o acesso à internet, a troca de canal da televisão ou, até mesmo, uma conversa com o colega de trabalho), na maioria das vezes como único ou principal, mas que deve ser analisado apenas como uma das engrenagens do mundo jurídico –, o Direito Penal (e o Processual Penal) se faz presente em grande escala no combate à corrupção, conforme os dispositivos legais delineados na Seção 2.

[9] As Meninas (1999):
"Analisando essa cadeia hereditária
Quero me livrar dessa situação precária
Onde o rico fica cada vez mais rico
E o pobre cada vez mais pobre
E o motivo todo mundo já conhece
É que o de cima sobe e o de baixo desce
Bom xibom, xibom, bombom
Mas eu só quero
Educar meus filhos
Tornar-me um cidadão
Com muita dignidade
Eu quero viver bem
Quero me alimentar
Com a grana que eu ganho
Não dá nem pra melar
E o motivo todo mundo já conhece
É que o de cima sobe e o de baixo desce"

Entretanto, a grande ineficácia desse aspecto reside no fato da dificuldade e morosidade das investigações, das leis extremamente benéficas que são criadas pelas próprias pessoas que poderão cometer as infrações penais (ou os financiadores de suas campanhas), da pena mínima abstratamente prevista, do tratamento privilegiado e incomum da nossa jurisprudência, da facilidade em prescrever a pretensão punitiva estatal etc.

Assim, não se pode incidir isoladamente, mas sistematicamente.

Quanto ao aspecto administrativo e de improbidade – talvez o que apenas os operadores do direito conheçam –, sua aplicação faz-se necessária com as demais searas aqui propostas.

Há de se lembrar que, nos dias de hoje, quem poderá responder por atos de improbidade são tanto o agente público quanto o particular, este desde que concorrendo com aquele (artigos 1º a 3º da Lei n. 8.429/92).

Já atos de improbidade são aqueles que podem importar em enriquecimento ilícito, causar prejuízo ao Erário, decorrer de concessão ou aplicação indevida de benefício financeiro ou tributário, e atentar contra os princípios da Administração Pública (artigos 9º a 11 da Lei n. 8.429/92).

E as consequências da sua prática podem ser a perda dos bens ou valores, o ressarcimento integral do dano, a perda da função pública, a suspensão dos direitos políticos, o pagamento de multa civil, a proibição de contratar com o Poder Público ou receber benefícios ou incentivos fiscais ou creditícios (artigo 12 da Lei n. 8.429/92).

Acontece que, de igual forma, esse aspecto carece de quase todos os problemas dos demais, dentre outros, a morosidade do processo, a existência exagerada de recursos que podem protelar maliciosamente um procedimento, a falta de infraestrutura, e a influência dos próprios agentes na máquina pública.

Assim, não pode incidir isoladamente, mas sistematicamente.

Quanto ao aspecto político-eleitoral, ele se encontra nas Leis Eleitorais, e versa precipuamente do processo eleitoral. Talvez seja o aspecto que mais se tenha dificuldade de trazer para o cotidiano.

Por intermédio dele, o agente corruptor perderá, se devidamente punido, a chance de até mesmo concorrer a algum cargo eletivo.

Ocorre que, de igual maneira, ele é ineficaz à medida que se continua votando nas pessoas que já têm ou tiveram alguma restrição perante a Justiça Eleitoral, assim como carece de melhor regulamentação e poucos recursos.

De tal forma, não pode incidir isoladamente, mas sistematicamente.

Em relação ao aspecto civil-reparatório, é a possibilidade de se reaver o que foi retirado dos cofres públicos. Menciona-se que este é o que mais se encontra deficitário quando visto isoladamente.

Um dos problemas é que, já assessorados por advogados e profissionais (maliciosos e com má-fé), os praticantes da corrupção transferem os bens para terceiros antes do cometimento de seus atos, sendo que, "no papel", tais bens ficam registrados no nome dessas outras pessoas, mas são utilizados indiretamente por aqueles.

Assim, os corruptos ficam "sem bens" para eventual reparação dos danos que causaram, encobertos por profissionais igualmente corruptos (que, muitas vezes, participam recebendo os bens como forma de pagamento pelos seus serviços – tudo fachada, ou, melhor, lavagem de dinheiro), e até mesmo pelos próprios familiares (filhos, maridos, esposas, companheiros e companheiras), que mesmo sabendo de toda a empreitada corrupta preferem se omitir e ignorar (colocando a cabeça no buraco, como se fossem avestruzes).

Há uma crise na exequibilidade.

Assim, não se pode incidir isoladamente, mas sistematicamente.

Quanto ao aspecto de exposição – que será mais debatido por meio do presente estudo, tendo em vista a crença de que é o que mais garantiria efetividade ao combate à corrupção –, talvez seja um dos menos explorados, embora imprescindível. Frisa-se que tal aspecto é o menos ou quase nunca tratado.

É notório que a nossa sociedade atual busca seu reconhecimento mais público e midiático do que a sua própria vida particular. Preferem mais o "ter" do que o "ser". Querem mais "*likes*" e "curtidas" do que resolver os seus problemas que não aparecem nas fotos e vídeos postados. Buscam mais a aprovação dos outros do que deles mesmos.

Os corruptos, pessoas públicas, empresários, pais e mães de família, enfim, todos eles têm algo a recear na exposição de seus atos.

E nem se venha falar que tratar-se-ia de penas cruéis, degradantes ou perpétuas, ou, ainda, que transcenderia a pessoa do infrator.

Logo, utilizar o "erro" dessa pessoa e a consequência do erro dela (as penalidades), divulgando-o em rede nacional, na internet, durante comerciais, por meio de desenhos, cartilhas, o quase obsoleto diário oficial e edital, tudo de forma contínua e clara. É um rol exemplificativo.

Não se pode fugir de que o objetivo aqui é expor a conduta daquele infrator, o seu nome, a sua imagem, a sua responsabilidade. Afinal, como maior de idade, deve assumir a responsabilidade de seus atos (o ônus, e não somente o bônus).

Então, vizinhos ficarão sabendo, assim como parentes, amigos, colegas, inimigos, até mesmo colegas de classe de seus filhos, e os órgãos públicos. Mas, principalmente, as pessoas não esquecerão, vez que sempre serão lembradas (e não, não caberá o direito ao esquecimento, ainda mais quando se tratar da intensidade e amplitude da corrupção, infração essa que possui efeitos permanentes e vitalícios, e são simplesmente a consequência de suas ações e omissões).

Nessa toada, verifica-se que o próprio Ministério Público Federal, por meio da sua 5ª Câmara de Coordenação e Revisão – Combate à Corrupção –, emitiu a Nota Técnica n. 01/2017 (sobre Acordo de Leniência e seus efeitos, elaborada pela Comissão Permanente de Assessoramento para Acordos de Leniência e Colaboração Premiada), defendendo a existência do Microssistema Anticorrupção e o Acordo de Leniência.

Esse microssistema seria composto por: Código Penal, Lei Anticorrupção (LAC) (Lei 12.846/2013), Lei de Improbidade Administrativa (Lei n. 8.429/1992), Lei de Licitações (Lei n. 8.666/1993) e Regime Diferenciado de Contratações (Lei n. 12.462/2011), Lei de Defesa da Concorrência (Lei

n. 12.529/2011), Lei de Acesso à Informação (Lei n. 12.527/2011), Lei Orgânica de Tribunais de Contas, como o TCU (Lei n. 8.443/1992), Lei de Crimes de Responsabilidade (Lei n.1.079/1950), dentre outras.[10]

No entanto, assim como a Bíblia nos diz que "não só de pão viverá o homem, mas de toda palavra que procede da boca de Deus" (Mateus 4:4), há de se mencionar – mesmo que aparente certa ousadia – que "nem só com legislação se combaterá a corrupção".

E como combatê-la, então?

Basta seguir uma premissa: a cidadania.

4 DO EXERCÍCIO DA CIDADANIA DE MANEIRA PROATIVA

Cidadania consiste tanto na capacidade eleitoral ativa (de ser eleitor) e passiva (ser eleito), quanto na existência de instrumentos de participação do cidadão na atividade estatal.

Por sua vez, a democracia pode ser chamada de "representativa" ou "participativa":

> É no regime de democracia representativa que se desenvolvem a cidadania e as questões da representatividade, que tende a fortalecer-se no regime de democracia participativa. A Constituição combina representação e participação direta, tendendo, pois, para a democracia participativa. E o que, desde o parágrafo único do art. 1º, já está configurado, quando, aí, se diz que todo o poder emana do povo, que o exerce por meio de representantes eleitos (democracia representativa),

[10] Disponível em: http://www.mpf.mp.br/atuacao-tematica/ccr5/notas-tecnicas/docs/nt-01-2017-5ccr-acordo-de-leniencia-comissao-leniencia.pdf. Acesso em: 23 dez. 2019. Em igual sentido, a título de complementação: https://www.conjur.com.br/2018-mai-23/arnaldo-quirino-programa-conformidade-lei-anticorrupcao ; https://www.migalhas.com.br/Quentes/17,MI271916,31047-Lei+anticorrupcao+exige+atuacao+integrada+do+Estado+para+evitar>, ambos acessados em 23 dez. 2019.

ou diretamente (democracia participativa). Consagram-se, nesse dispositivo, os princípios fundamentais da ordem democrática adotada.[11]

Sobre tais conceitos, leciona o mesmo autor que

> a democracia representativa pressupõe um conjunto de instituições que disciplinam a participação popular no processo político, que vem a formar os direitos políticos que qualificam a cidadania, tais como as eleições, o sistema eleitoral, os partidos políticos etc., como constam dos arts. 14 a 17 da Constituição, que merecerão consideração especial, mais adiante, quando formos tratar dos direitos políticos. Na democracia representativa a participação popular é indireta, periódica e formal, por via das instituições eleitorais que visam a disciplinar as técnicas de escolha dos representantes do povo. A ordem democrática, contudo, não é apenas uma questão de eleições periódicas, em que, por meio do voto, são escolhidas as autoridades governamentais. Por um lado, ela consubstancia um procedimento técnico para a designação de pessoas para o exercício de funções governamentais. Por outro, eleger significa expressar preferência entre alternativas, realizar um ato formal de decisão política. Realmente, nas democracias de partido e sufrágio universal, as eleições tendem a ultrapassar a pura função designatória, para se transformarem num instrumento, pelo qual o povo adere a uma política governamental e confere seu consentimento, e, por consequência, legitimidade, às autoridades governamentais. Ela é, assim, o modo pelo qual o povo, nas democracias representativas, participa na formação da vontade do governo e no processo político. (...) Contudo, a evolução do processo político vem incorporando outros elementos na democracia representativa que promovem uma relação mais estreita entre os mandatários e o povo, especialmente os instrumentos de coordenação e expressão da vontade popular: partidos políticos, sindicatos, associações políticas, comunidades de base, imprensa livre, de tal sorte que a opinião pública – expressão da cidadania – acaba exercendo um papel muito importante no sentido de que os eleitos prestem mais atenção às reivindicações do povo, mormente às de suas bases eleitorais[12]

---

[11] SILVA, José Afonso da. **Curso de direito constitucional positivo**. 37. ed. revista e atualizada. São Paulo: Malheiros, 2014, p. 143-144.

[12] **Idem, ibidem**, p. 139-140 e 142.

Já sobre a democracia participativa, o indigitado autor faz um adendo extremamente importante:

> Ora, qualquer forma de participação que dependa de eleição não realiza a democracia participativa no sentido atual dessa expressão. A eleição consubstancia o princípio representativo, segundo o qual o eleito pratica atos em nome do povo. O princípio participativo caracteriza-se pela participação direta e pessoal da cidadania na formação dos atos de governo. As primeiras manifestações da democracia participativa consistiram nos institutos de democracia semidireta, que combinam instituições de participação direta com instituições de participação indireta, tais como: – a iniciativa popular [...]; o referendo popular [...]; o plebiscito [...]; a ação popular.[13]

Salientando a dimensão da cidadania prevista na Constituição da República Federativa do Brasil, o Mestre José Afonso da Silva ensina:

> A cidadania está aqui num sentido mais amplo do que o de titular de direitos políticos. Qualifica os participantes da vida do Estado, 2° o reconhecimento do indivíduo como pessoa integrada na sociedade estatal (art. 5º, LXXVII). Significa aí, também, que o funcionamento do Estado estará submetido à vontade popular. E aí termo conexiona-se com o conceito de soberania popular (parágrafo único do art. 1º), com os direitos políticos (art. 14) e com o conceito de dignidade da pessoa humana (art. 1º, III), com os objetivos da educação (art. 205), como base e meta essencial do regime democrático.[14]

Dessa forma, a cidadania aqui trabalhada não é aquela que diz respeito apenas ao cidadão que possui título de eleitor, mas aquela relativa à educação contida, de seu turno, no artigo 205 da Constituição da República Federativa do Brasil[15].

---

[13] **Idem, ibidem**, p. 143-144.

[14] **Idem, Ibidem**, p. 139.

[15] "Art. 205. A educação, direito de todos e dever do Estado e da família, será promovida e incentivada com a colaboração da sociedade, visando ao pleno desenvolvimento da pessoa, seu preparo para o exercício da cidadania e sua qualificação para o trabalho."

Não se desconhece que a corrupção pode ser simplesmente detectada, mas é também complexa, na maioria das vezes, já que decorre de pessoas organizadas, atuando de forma premeditada e com a crença na irresponsabilidade dos atos perpetrados por elas, na clandestinidade, por meio de terceiros e com aparência de licitude.

Logo, tornam-se dificultosos e demorados o descobrimento e a punição dos agentes corruptos.[16]

Se de um lado as dificuldades e a morosidade existentes são instigadoras para as pessoas que querem ingressar no mundo da corrupção ou nele já estão inseridas (o que não justifica), de outro são desanimadoras para os demais indivíduos que querem contribuir com o combate à corrupção, mas que não possuem o conhecimento e o estímulo de como proceder.

Acontece que – como o leitor já deve deduzir – não é interesse da classe política, que teve a sua campanha financiada por grandes empresários e que possui as melhores condições financeiras para si e para sua família, incentivar os indivíduos a conhecerem os seus direitos, educando-os para a cidadania.

Afinal, essas pessoas seriam uma "pedra no sapato", pois, seguramente, perceberiam que muitas coisas estão erradas, que "as engrenagens não se encaixam" – legislativas, judiciárias, executivas, ministeriais e de defensorias, por exemplo – e começariam a exigir o que já era deles desde o início: o Poder!

Uma constatação infeliz é que até 2017 apenas quatro projetos de iniciativa popular viraram leis (Lei n. 8.930/ 1994: caso Daniella Perez; Lei n. 9.840/1999: combate à compra de votos; Lei n. 11.124/2005: Fundo Nacional de Habitação de Interesse Social; Lei Complementar n. 135/2010: Lei da Ficha Limpa)[17].

---

[16] "A dificuldade na identificação desses delitos reside na clandestinidade e na aparente legalidade com que são praticadas as condutas. Além disso, a especialização tornou-se uma característica da indústria e do comércio, assim como a informática, que hoje permitem que em questão de minutos, a moeda proveniente da corrupção seja transferida para diversas contas bancárias em diferentes localidades do globo" (LEITE, Glauco Costa. **Corrupção política**: mecanismos de combate e fatores estruturantes no sistema jurídico brasileiro. Belo Horizonte: Del Rey, 2016, p. 34).

[17] Disponível em: https://www.politize.com.br/4-projetos-de-iniciativa-popular-que-viraram-leis/. Acesso em: 26 dez. 2019.

Poder-se-ia dizer que essa ínfima quantidade deve-se ao fato de que as pessoas não sabem que possuem tal alternativa ou, ainda, de que são poucos projetos encaminhados.

Com efeito, são os dois e outros decorrentes implicitamente, mas que fogem do objetivo deste trabalho.

Inclusive, é possível se aferir que a busca por maior (ou ainda uma que exista) efetivação da cidadania não é só um problema no Brasil. Nosso país vizinho, a Argentina, também comunga da mesma necessidade de resolução:

> Resultaria también de utilidade implementar un sistema a través del cual se diera una comunicación más fluida con ciudadano, cualquiera que sea, com el Poder Judicial, con el Ministerio Público Fiscal. Esto podría adoptar-se desde la órbita del Ministerio de Justicia, aunque lo ideal seria que exista como oficina dependiente de la Corte Suprema de Justicia de la Nación, o de la Procuración General de la Nación. [18]

Buscando-se, inclusive, maior aproximação do Estado com os cidadãos:

> El ciudadano, muchas vezes, quiere preguntar. Necesita saber. Y una oficina destinada de manera exclusiva a evacuar este tipo de consultas, de acuerdo a las necessidades de cada uno y las distancias, puede ayudar a que de a poco se sienta parte integrante del sistema. En la medida en que la gente entienda mucho más de lo que conoce ahora, mejor será la interactuación, en tanto hasta el momento esse conocimiento llega filtrado por los médios de comunicación, que lo hace según los casos y las ideologías de cada uno. De esa forma el sistema llegaría a la gente y la gente tendría acesso de modo coloquial, franco y directo.[19]

---

[18] BERGÉS, Mariano. Acá no Pasa Nada. Ciudad Autónoma de Buenos Aires: Bärenhaus, 2017, p. 199.

[19] **Idem, ibidem**, p. 199-200.

Entretanto, não se esgotaria nessa alternativa[20]. Glauco Costa Leite tece críticas sobre os vínculos partidário-eleitorais e seus reflexos, a forma da nomeação de altas autoridades de estado e de Ministros ao Supremo Tribunal Federal, e o crescimento dos cargos em comissão.[21]

Com o fim de solucionar a problemática supracitada, Walfrido Warde elenca três ordens, consecutivas e interdependentes:

> Primeira. Uma ampla reforma do modelo de financiamento de campanhas eleitorais. (...) Segunda. A concepção e promulgação de uma lei que discipline o *lobby* pós-eleitoral, em especial as chamadas Frentes Parlamentares. (...) Terceira. A criação de uma autarquia, isto é, uma pessoa jurídica de direito público de capacidade exclusivamente administrativa, com patrimônio e receita – advinda dos recursos pagos em reparação do erário por danos decorrentes de atos de corrupção –, que congregue partícipes de todos os órgãos de Estado componentes do aparato estatal de controle.[22]

É mister extrair que há diversas possibilidades para se vencer os obstáculos impeditivos do exercício da cidadania para o combate à corrupção, além do empoderamento do povo.

De outro lado, a cidadania precisa ser aplicada de forma gradual e progressiva com a consequente mudança em nossa cultura.

---

[20] "Como mecanismos de controle social devem ser lembrados também a consulta popular (plebiscito e referendo), os conselhos consultivos ou deliberativos, os programas de orçamento participativo e parcerias com organizações não governamentais que prestem serviços públicos" (LEITE, Glauco Costa. **Corrupção política**: mecanismos de combate e fatores estruturantes no sistema jurídico brasileiro. Belo Horizonte: Del Rey, 2016, p. 140).

[21] "O combate à corrupção não ocorre simplesmente por meio da repreensão de condutas ímprobas e da melhora da *accountability*, ou seja, dos instrumentos de transparência e aprimoramento na gestão administrativa. É certo que o problema da corrupção é fundamentalmente político, de modo que é importante que existe um incremento da máquina administrativa, da boa governança, para que se vislumbre melhoras no combate à prática da improbidade" (**Idem, ibidem**, p. 94).

[22] WARDE, Walfrido. **O espetáculo da corrupção**: como um sistema corrupto e o modo de combatê-lo estão destruindo o país. Rio de Janeiro: LeYa, 2018, p. 125-132.

A referida cultura é aquela que diz respeito principalmente à educação das pessoas, com vistas a ensiná-las não somente o direito que possuem e que não podem infringir, mas especialmente a atuar de forma ativa a evitar a corrupção, exigindo os direitos que lhes são garantidos, promovendo a cidadania por si mesmas com o fim de agirem de forma preventiva (antes do ato gerador da corrupção) ou, excepcionalmente, de forma repressiva (após o ato gerador da corrupção).

Sobre tal constatação, assevera Glauco Costa Leite:

> O controle da corrupção, portanto, demanda planejamento estratégico e vontade política, com educação para a cidadania, fortalecendo valores humanistas e éticos, participação e mobilização social e eficácia do sistema de justiça (...) Não se deve creditar os males da corrupção genericamente à política, sob pena de ignorar as causas mediatas que dão origem ao fenômeno corruptivo, como a necessidade de implementação da cidadania como forma de conscientização acerca das obrigações sociais recíprocas.[23]

Por óbvio, não se combate apenas o efeito da doença, mas, sim, a sua causa. É assim que se tem que entender a corrupção.

Nesse diapasão, constata Walfrido Warde:

> Não teremos êxito se não trabalharmos sobre as causas de corrupção. E a causa imediata é a profunda indisciplina jurídica das relações entre Estado e empresa, a falta de um regramento democraticamente discutido e instituído sobre o *lobby* pré-eleitoral, que se resume no financiamento de campanha, mas também de um regramento que se ocupe das pressões inevitáveis que a sociedade civil organizada exerce sobre os governos e os agentes públicos, num contínuo *lobby* pós-eleitoral.[24]

Tampouco será com uma "overdose de cidadania"; deve ser na medida certa e precisa, nem mais nem menos, pois tudo em excesso também gera

[23] LEITE, Glauco Costa. **Corrupção política**: mecanismos de combate e fatores estruturantes no sistema jurídico brasileiro. Belo Horizonte: Del Rey, 2016, p. 184.

[24] WARDE, Walfrido. **O espetáculo da corrupção**: como um sistema corrupto e o modo de combatê-lo estão destruindo o país. Rio de Janeiro: LeYa, 2018, p. 14.

danos (no entanto, tem-se que é quase inexistente o exercício da cidadania proativa neste País).

Walfrido Warde, além de consignar a importância da participação das pessoas na esfera eleitoral brasileira, enfatiza:

> Nós devemos, antes de escolher caminhos definitivos por meio de regras e de modelos decisórios injustos, pavimentar um *lobby* pós-eleitoral franco, claramente regulado e lícito, no qual concorrem, organizados, os mais diversos setores da sociedade civil, dentre eles todos os setores empresariais, mas também os consumidores, os operários, os camponeses, os profissionais liberais, os despossuídos e marginalizados, os pais e mestres, os índios, os homossexuais, as mulheres, os negros etc.
>
> (...)
>
> Precisamos conceber urgentemente uma regulação do *lobby* pós-eleitoral capaz de limitar o poder econômico, impedindo que suas vastas reservas de dinheiro desequilibrem profundamente o embate entre os interesses e alimentem o poder econômico de ainda maior concentração e desigualdade. Precisamos facilitar a organização e o financiamento de todos os grupos de interesses lícitos. Precisamos profissionalizar, racionalizar e moralizar o *lobby*. Só assim atacaremos também as causas mediatas da corrupção, todas elas inexoravelmente representadas pela desigualdade social[25]

É necessário esclarecer que não se quer diminuir a atuação dos demais sujeitos no combate à corrupção – tais como: Ministério Público, Poder Judiciário, Comissões Parlamentares de Inquérito, Controladorias Gerais, Corregedorias, dentre outros.

Ao contrário, é reconhecer-se que eles, embora atuem na medida do possível, não conseguem, por si só, agir de forma efetiva sem a atuação conjunta com os demais indivíduos, por meio da cidadania, interessados em arrancar esse câncer da nossa sociedade.

---

[25] **Idem, ibidem**, p. 16-17.

A cidadania também pode ser exercida por meios tecnológicos.[26] Advirta-se: em que pese o fato de muitos utilizarem o aparelho celular para jogos e fotos, ele possui outras funções.

Contudo, não é preciso ir tão longe para o exercício da cidadania. Recentemente, vimos no Brasil e no mundo manifestações públicas com vários temas em pauta, reivindicando-se, legitimamente, uma vida sem corrupção, em suma, a alteração da realidade social em que estão inseridas[27].

Outro modo de exercer a cidadania como combate à corrupção reside no chamado Terceiro Setor, que atua, sem fins lucrativos, para satisfazer interesses sociais e coletivos (educação, saúde, cultura, dentre outros), em parceria com o poder público, implementando políticas públicas.

---

[26] "A evolução tecnológica dos meios de comunicação pode vir a resolver os problemas logísticos que impedem reuniões em assembleia, permitindo que o cidadão se expresse politicamente de sua própria casa ou por meio de um aparelho de telefonia celular, de forma relativamente segura, inclusive por meio de assinatura digital criptografada" (LEITE, Glauco Costa. **Corrupção política**: mecanismos de combate e fatores estruturantes no sistema jurídico brasileiro. Belo Horizonte: Del Rey, 2016, p. 43).

[27] Disponível em: https://exame.abril.com.br/brasil/32-cidades-terao-manifestacoes-contra-corrupcao-e-impunidade-hoje/. Acesso em: 26 dez. 2019. Disponível em: https://noticias.r7.com/embeds/gallery/56e5681e6745ee06fc003131#!/foto/1. Acesso em: 26 dez. 2019. Disponível em: https://noticias.uol.com.br/politica/ultimas-noticias/2016/12/04/rio-e-brasilia-ja-tem-manifestacao-contra-corrupcao.htm. Acesso em: 26 dez. 2019. Disponível em: https://www.em.com.br/app/noticia/internacional/2017/03/26/interna_internacional,857337/brasileiros-protestam-contra-a-corrupcao-em-manifestacoes-mais-dispers.shtml. Acesso em: 26 dez. 2019. Disponível em: https://www.bbc.com/portuguese/internacional-43522754. Acesso em: 26 dez. 2019. Disponível em: https://brasil.elpais.com/brasil/2017/02/05/internacional/1486318942_794702.html. Acesso em: 26 dez. 2019. Disponível em: https://valor.globo.com/mundo/noticia/2019/10/21/protestos-voltam-a-colocar-em-evidencia-o-risco-politico-na-america-latina.ghtml. Acesso em: 26 dez. 2019. Disponível em: https://www.em.com.br/app/noticia/internacional/2019/11/03/interna_internacional,1098025/entenda-o-que-explica-a-onda-de-manifestacoes-na-america-do-sul.shtml. Acesso em: 26 dez. 2019. Disponível em: https://veja.abril.com.br/mundo/final-de-semana-na-europa-e-marcado-por-protestos/. Acesso em: 26 dez. 2019.

Estão disciplinadas, sobretudo, pela Lei n. 13.019/14[28] (Marco Regulatório das Organizações da Sociedade Civil – MROSC), que trata da organização da sociedade civil e prevê diversos instrumentos como termo de colaboração, termo de fomento e acordo de cooperação, e o procedimento seletivo chamado de "chamamento público", desde que respeitados diversos requisitos, sem prejuízo da submissão de controle (até mesmo com prestação de contas).[29]

Lado outro, não se pode prender a um "país das maravilhas" em que se esperaria que as pessoas exercessem sua cidadania sem querer algo em troca direta ou indiretamente, ou que não tivessem seus empregos em cheque, ou a si ou a sua família em risco, no geral.

É por isso que existem os chamados "denunciantes" ou "colaboradores" ou "delatores"[30] (popularmente conhecidos como: "X9").

É bem verdade que as recompensas (prêmios) devem seguir critérios estabelecidos previamente, buscando-se afastar aqueles que possuem má-fé

---

[28] "Art. 5º O regime jurídico de que trata esta Lei tem como fundamentos a gestão pública democrática, a participação social, o fortalecimento da sociedade civil, a transparência na aplicação dos recursos públicos, os princípios da legalidade, da legitimidade, da impessoalidade, da moralidade, da publicidade, da economicidade, da eficiência e da eficácia, destinando-se a assegurar:"

[29] "É percebido como instrumento para uma governança democrática e participativa e, portanto, preza tanto pela transparência de seus atos. A divulgação das demonstrações contáveis e da prestação de contas (*accountability*) à comunidade tem tido relevância no cenário a partir do momento em que influenciam na quantidade de doações recebidas por *stakeholders* que não sejam o Estado. Nessa esteira, a transparência vem se calcando como um aspecto fundamental para as entidades que integram o Terceiro Setor" (CASTRO, Renata Ramos de. O novo marco regulatório das organizações do terceiro setor como ferramenta de combate à corrupção. **In**: FORTINI, Cristina (Coord.). **Corrupção e seus múltiplos enfoques jurídicos**. Belo Horizonte: Editora Fórum, 2018, p. 244-245).

[30] "Leis que recompensam denunciantes (*whistleblowes*) ou "regimes de prêmios" (*bounty regimes*) são leis que oferecem incentivos financeiros, às vezes chamados prêmios (*bounties*), para particulares: testemunhas que relatam informações sobre uma violação, ajudando a autoridade a condenar e multar o culpado" (SPAGNOLO, Giancarlo; NYRERÖD. Recompensas para denunciantes no combate à corrupção? Tradução de Reinado Diogo Luz. **In**: FORTINI, Cristina (Coord.). **Corrupção e seus múltiplos enfoques jurídicos**. Belo Horizonte: Editora Fórum, 2018, p. 252).

ou buscam o oportunismo, e efetivando-se muitas vezes (mas não só) com dinheiro a delação a ser oportunizada.

Alguns, ainda, elencaram a importância da fiscalização, da informação e da transparência para o combate da corrupção no Direito Eleitoral.[31] De fato, esses três pilares fazem parte da cidadania, que é gênero, e, por isso, podem (e devem) ser aplicados para o combate à corrupção em todas as esferas.

Por oportuno, salienta-se que a democracia, embora não tenha o mesmo significado,[32] caminha e se inter-relaciona com a cidadania para que juntas possam combater eficazmente a corrupção. Sem elas, nenhum sistema seria apto a essa finalidade.

5 CONCLUSÕES

Reza o artigo 1º, inciso II, da Constituição da República Federativa do Brasil: "A República Federativa do Brasil, formada pela união indissolúvel dos Estados e Municípios e do Distrito Federal, constitui-se em Estado Democrático de Direito e tem como fundamentos: [...] II – a cidadania."

Conforme se vislumbra, há um campo fértil para trabalhar o combate à corrupção, cujo grande inimigo, no entanto, como está sendo perseguido, é seu.

O arcabouço legislativo e organizatório parece, inicialmente, ser exemplar e importante. Com efeito, ele é imprescindível, ainda mais o Direito

[31] SILVA, Adriana Campos; STUDART, Paulo Henrique de Mattos; BARCELOS, Júlia Rocha de. Corrupção e reforma política. **In**: FORTINI, Cristina (Coord.). **Corrupção e seus múltiplos enfoques jurídicos**. Belo Horizonte: Editora Fórum, 2018, p. 363.

[32] "A palavra *democracia* – que advém das palavras gregas *demos* (povo) e *kratos* (poder) – é o regime político no qual existe acessibilidade dos governados ao centro decisório do Estado e a possibilidade do povo influenciar a gestão da coisa pública. Opõe-se, pois, aos regimes não democráticos, como os ditatoriais, autoritários e totalitários" (SILVA, Vinícius de Oliveira e. Corrupção, crime organizado e democracia. **In**: AZAMBUJA, Edson; BALLAN JÚNIOR, Octahydes; SILVA, Vinícius de Oliveira e. (Coord). **Combate à corrupção na visão do Ministério Público**. Prefácio de Carlos Fernando dos Santos Lima. Leme/SP: JH Mizuno, 2018, p. 283).

sendo positivo. Propostas não faltam.[33] Entretanto, caso o Poder não volte ao povo por meio do exercício da cidadania de forma proativa, ele continuará inócuo e ineficaz frente à existência massiva da corrupção.

Tão somente com um grande aprofundamento para gerarmos a mudança da cultura, pensada de forma individual e coletiva dentro de uma sociedade, com o implemento de políticas públicas e, notadamente, o interesse real de todos (ou da maioria) em querer combater a corrupção é que ela poderá diminuir e, quem sabe, um dia desaparecer.[34]

Embora o ideal fosse a aplicação de todos os aspectos de forma conjunta, a intenção é que, onde um aspecto falhar, outro possa se sobrepor; onde um carecer, outro possa suprir; onde um cair, outro possa levantá-lo; onde um trouxer impunidade, outro possa trazer a punição.

Não existe um desenvolvimento saudável de qualquer sociedade sem o efetivo exercício da cidadania.

Na verdade, pensa-se que se faz necessária a busca das respostas para as seguintes perguntas: O quê? Quem? Quais? Como? Por quê? Para quê? Quando? Onde?[35]

Afinal, precisa-se saber "o que" é (e "o que" não é) corrupção, "quem" são as pessoas que podem ser corruptas e corruptoras, assim como "quem"

---

[33] LIVIANU, Roberto. Corrupção: **Incluindo a Lei anticorrupção.** 2. ed. São Paulo: Quartier Latin, 2014, p. 129; KLITGAARD, Robert. **A corrupção sob controle.** Rio de Janeiro: Jorge Zahar, 1994, p. 39 e 41; "(a) *accountability* e articulação das instituições de proteção; (b) universalização dos serviços públicos; (c) valorização da burocracia; (d) alteração de padrões culturais de comportamento; (d) proteção a denunciantes; (e) conhecimento para a cidadania" (LEITE, Glauco Costa. **Corrupção política**: mecanismos de combate e fatores estruturantes no sistema jurídico brasileiro. Belo Horizonte: Del Rey, 2016, p. 165).

[34] "Com efeito, observamos que a corrupção, especialmente a corrupção política, sempre existiu, permanece nos dias atuais, e continuará existindo, em qualquer sociedade e tipo de governo, pois, onde houver a combinação ser humano-poder-dinheiro, estarão presentes os elementos necessários para a corrupção, exatamente na interface entre as esferas pública e privada e no equilíbrio entre tais elementos" (LEITE, Glauco Costa. **Corrupção Política**: mecanismos de combate e fatores estruturantes no sistema jurídico brasileiro. Belo Horizonte: Del Rey, 2016, p. 185).

[35] E outros "q", "p", "c", "o" e letras que possam surgir na cabeça do leitor.

pode fazer os comunicados contra estas e a "quem" ela pode se dirigir, "quais" atos, exemplificativamente, podem ser qualificados como corruptos, "como" o processo ocorrerá e como "essas" comunicações se darão, "por que" as pessoas deveriam denunciar os atos de corrupção e "por que" em determinado momento, "para que" elas fariam isso (Haveria algum benefício? "Qual"?), "quando" se consumaria a corrupção e "quando" o denunciante poderia comunicar, "onde" ocorre a corrupção e "onde" é que tudo se encaixa.

Enfim, tudo deve partir de uma transmissão clara aos indivíduos dos seus direitos, mas principalmente do empoderamento das pessoas, conscientizando-as de que o poder compete sobretudo a elas, e que os políticos e servidores públicos são os empregados, enquanto elas são os patrões destes.

Os agentes públicos (lembrando que entram nesse conceito os políticos) devem respeito e prestação de contas à população, a qual não deve se amedrontar ou recear ao pensar em exigir algo destes, já que, sem aquela, eles não estariam onde estão.

Recordemos que é a educação de qualidade (essa a que se refere não é a proveniente de escolas particulares em que os pais pagam milhares de reais para o estudo, em detrimento do pobre, que fica à mercê de um estudo pífio nos estabelecimentos públicos, mas sim a que ultrapassa os muros desses lugares) que mudará o meio social em que vivemos. Todas as áreas devem ter esse objetivo.

Dessa maneira, verifica-se que há inúmeros obstáculos para o combate à corrupção, sobre os quais se procurou, sem querer exaurir, pontuar neste trabalho uma solução para ultrapassá-los: a atuação proativa da cidadania.

Ante o exposto, espero ter deixado claro (e simplificadamente) para você, leitor(a), que será por meio do exercício da sua cidadania de forma ativa (e não mais passiva) que se permitirá, em suma, que alcancemos os objetivos fundamentais de nosso país estatuídos no artigo 3º da Constituição da República Federativa do Brasil.[36]

---

[36] "Art. 3º Constituem objetivos fundamentais da República Federativa do Brasil:
I – construir uma sociedade livre, justa e solidária;

REFERÊNCIAS

ALMEIDA, Arnaldo Quirino de. O Programa de Conformidade em face da Lei Anticorrupção. **Revista Consultor Jurídico**. 23 maio 2018. Disponível em: https://www.conjur.com.br/2018-mai-23/arnaldo-quirino-programa-conformidade-lei-anticorrupcao. Acesso em: 23 dez. 2019.

AS MENINAS. Xibom BomBom. **Xibom Bombom**. Universal Music, 1999.

BERGÉS, Mariano. **Acá no Pasa Nada**. Ciudad Autónoma de Buenos Aires: Bärenhaus, 2017.

BRASIL. **Constituição de 1824**. Disponível em: http://www.planalto.gov.br/ccivil_03/constituicao/constituicao24.htm. Acesso em: 30 dez. 2109.

________. **Constituição de 1891**. Disponível em: http://www.planalto.gov.br/ccivil_03/constituicao/constituicao91.htm. Acesso em: 30 dez. 2109.

________.**Constituição de 1934**. Disponível em: http://www.planalto.gov.br/ccivil_03/constituicao/constituicao34.htm. Acesso em: 30 dez. 2109.

________. **Constituição de 1937**. Disponível em: http://www.planalto.gov.br/ccivil_03/Constituicao/Constituicao37.htm. 30 dez. 2109.

________. **Constituição de 1946**. Disponível em: http://www.planalto.gov.br/ccivil_03/constituicao/constituicao46.htm. Acesso em: 30 dez. 2109.

________. **Constituição de 1967**. Disponível em: http://www.planalto.gov.br/ccivil_03/constituicao/constituicao67.htm. Acesso em: 30 dez. 2109.

________. **Constituição Federal de 1988**. Diário Oficial da União. Disponível em: http://www.planalto.gov.br/ccivil_03/constituicao/constituicao.htm. Acesso em: 30 dez. 2109.

________. Lei n. 13.019, de 31 de julho de 2014. **Diário Oficial da União**. Brasília, 2014. Disponível em: http://www.planalto.gov.br/ccivil_03/_Ato2011-2014/2014/Lei/L13019compilado.htm. Acesso em: 30 dez. 2109.

II – garantir o desenvolvimento nacional;
III – erradicar a pobreza e a marginalização e reduzir as desigualdades sociais e regionais;
IV – promover o bem de todos, sem preconceitos de origem, raça, sexo, cor, idade e quaisquer outras formas de discriminação."

________. Lei n. 10.684, de 30 de maio de 2003. **Diário Oficial da União.** Brasília, 2003. Disponível em: http://www.planalto.gov.br/ccivil_03/LEIS/2003/L10.684.htm. Acesso em: 30 dez. 2109.

________. Ministério Público Federal. 5ª Câmara de Coordenação e Revisão – Combate À Corrupção. Nota Técnica n, 1/2017. Nota Técnica sobre Acordo de Leniência e seus efeitos, elaborada pela Comissão Permanente de Assessoramento para Acordos de Leniência e Colaboração Premiada, vinculada à 5ª Câmara de Coordenação e Revisão do Ministério Público Federal. Disponível em: http://www.mpf.mp.br/atuacao-tematica/ccr5/notas-tecnicas/docs/nt-01-2017-5ccr-acordo-de-leniencia-comissao-leniencia.pdf. Acesso em: 30 dez. 2109.

________. Superior Tribunal de Justiça. **AgRg no HC: 386710 PR 2017/0018539-5**, Relator: Ministro Rogerio Schietti Cruz, Data de Julgamento: 23/04/2019, T6 – Sexta Turma, Data de Publicação: DJe 30 abr. 2019.

_______. Superior Tribunal de Justiça. **HC: 362478 SP 2016/0182386-0**, Relator: Ministro JORGE MUSSI, Data de Julgamento: 14/09/2017, T5 – Quinta Turma, Data de Publicação: DJe 20 set. 2017.

_______. Superior Tribunal de Justiça. **AgRg no AREsp: 1259739 – SP – 2018/0053274-8**, Relator: Ministro Joel Ilan Paciornik, Data de Julgamento: 30 maio 2019, T5 – Quinta Turma, Data de Publicação: DJe 11 jun. 2019.

_______. **Politize**. Disponível em: https://www.politize.com.br/4-projetos--de-iniciativa-popular-que-viraram-leis/.Acesso em: 26 dez. 2019.

_______. **Exame.** Disponível em: https://exame.abril.com.br/brasil/32-cidades-terao-manifestacoes-contra-corrupcao-e-impunidade-hoje/. Acesso em: 26 dez. 2019.

_______. **R7**. Disponível em: https://noticias.r7.com/embeds/gallery/56e5681e6745ee06fc003131#!/foto/1. Acesso em: 26 dez. 2019.

_______. **Uol.** Disponível em: https://noticias.uol.com.br/politica/ultimas--noticias/2016/12/04/rio-e-brasilia-ja-tem-manifestacao-contra-corrupcao.htm. Acesso em: 26 dez. 2019.

_______.**Estado de Minas**. Disponível em: https://www.em.com.br/app/noticia/internacional/2017/03/26/interna_internacional,857337/brasileiros-protestam-contra-a-corrupcao-em-manifestacoes-mais-dispers.shtml. Acesso em: 26 dez. 2019.

_______. **Estado de Minas**. Disponível em: https://www.em.com.br/app/noticia/internacional/2019/11/03/interna_internacional,1098025/entenda-o-que-explica-a-onda-de-manifestacoes-na-america-do-sul.shtml. Acesso em: 26 dez. 2019.

_______. **BBC**. Disponível em: https://www.bbc.com/portuguese/internacional-43522754. Acesso em: 26 dez. 2019.

_______. **El País**. Disponível em: https://brasil.elpais.com/brasil/2017/02/05/internacional/1486318942_794702.html. Acesso em: 26 dez. 2019.

_______. **Valor Globo**. Disponível em: https://valor.globo.com/mundo/noticia/2019/10/21/protestos-voltam-a-colocar-em-evidencia-o-risco-politico-na-america-latina.ghtml. Acesso em: 26 dez.2019.

_______. Veja Disponível em: https://veja.abril.com.br/mundo/final-de-semana-na-europa-e-marcado-por-protestos/. Acesso em: 26 dez. 2019.

CARVALHO FILHO, José dos Santos. **Manual de direito administrativo**. 28. ed. revista, ampliada e atualizada até 31/12/2014. São Paulo: Atlas, 2015.

CASTRO, Renata Ramos de. O novo marco regulatório das organizações do terceiro setor como ferramenta de combate à corrupção. In: FORTINI, Cristina (Coord.). **Corrupção e seus múltiplos enfoques jurídicos**. Belo Horizonte: Fórum, 2018.

CORRUPÇÃO **in** Michaelis. Dicionário de Língua Portuguesa. São Paulo: Melhoramentos, 2019.

HABIB, Sérgio. **Brasil**: quinhentos anos de corrupção: enfoque sócio-histórico-jurídico-penal. Porto Alegre: Fabris, 1994.

KLITGAARD, Robert. **A corrupção sob controle**. Rio de Janeiro: Jorge Zahar, 1994.

LEITE, Glauco Costa. **Corrupção política**: mecanismos de combate e fatores estruturantes no sistema jurídico brasileiro. Belo Horizonte: Del Rey, 2016.

LIVIANU, Roberto. **Corrupção**: incluindo a Lei Anticorrupção. 2.ª ed. São Paulo: Quartier Latin, 2014.

MOREIRA, Fábio Lucas. Breves anotações sobre a Lei Anticorrupção. **In: O compliance como instrumento de prevenção e combate à corrupção.** Porto Alegre: Livraria do Advogado, 2017.

OSORIO, Fabio Medina. Entrevista em **Migalhas**. 5 jan. 2018. Disponível em: https://www.migalhas.com.br/Quentes/17,MI271916,31047- Lei+anticorrupcao+exige+atuacao+integrada+do+Estado+para+evitar. Acesso em: 23 dez. 2019.

SILVA, Adriana Campos; STUDART, Paulo Henrique de Mattos; BARCELOS, Júlia Rocha de. Corrupção e reforma política. In: FORTINI, Cristina (Coord.). **Corrupção e seus múltiplos enfoques jurídicos**. Belo Horizonte: Fórum, 2018.

SILVA, José Afonso da. **Curso de direito constitucional positivo**. 37. ed. revista e atualizada. São Paulo: Malheiros, 2014.

SILVA, Vinícius de Oliveira e. Corrupção, crime organizado e democracia. In: AZAMBUJA, Edson; BALLAN JÚNIOR, Octahydes; SILVA, Vinícius de Oliveira e. (Coord). **Combate à corrupção na visão do Ministério Público**. Prefácio de Carlos Fernando dos Santos Lima. Leme/SP: JH Mizuno, 2018.

SPAGNOLO, Giancarlo, NYRERÖD. Recompensas para denunciantes no combate à corrupção? Tradução de Reinado Diogo Luz. **In**: FORTINI, Cristina (Coord). **Corrupção e seus múltiplos enfoques jurídicos**. Belo Horizonte: Fórum, 2018.

WARDE, Walfrido. **O espetáculo da corrupção**: como um sistema corrupto e o modo de combatê-lo estão destruindo o país. Rio de Janeiro: LeYa, 2018.

A CORRUPÇÃO NO BRASIL E A OFENSA AO PRINCÍPIO DA PROIBIÇÃO DA PROTEÇÃO DEFICIENTE NA TUTELA DO BEM JURÍDICO RELEVANTE

Tiony Barros[1]

Resumo: A República Federativa do Brasil tem como fundamento do Estado Democrático de Direito a dignidade da pessoa humana, estabelecendo já nas primeiras linhas do texto constitucional que "todo o poder emana do povo, que o exerce por meio de representantes eleitos ou diretamente", nos termos da Constituição. E o que têm feito os nossos representantes? O momento é de reflexão. Aquele que, por vontade constitucional, ficou com a missão de representar o povo, e efetivar direitos, tem usado e abusado do poder para sangrar a máquina pública em proveito próprio e de terceiros. A corrupção é como um corte na jugular, quase impossível de estancar, devendo ser combatida de forma preventiva e repressiva. De forma preventiva, o Estado deve fortalecer suas instituições e investir seriamente na educação das pessoas, em especial as crianças, pois ainda estão em desenvolvimento. De forma repressiva, deve o Estado dar condições ao julgador, por meio de leis adequadas e necessárias, para possibilitar a proteção de um bem jurídico relevante de forma eficiente. A resposta estatal para

[1] Advogado. Graduado pela Universidade Paulista - Unip - Bauru/SP (2003). Pós-Graduado em Direito Público com ênfase em Direito Tributário pela Instituição Toledo de Ensino – ITE – Bauru/SP. Pós-Graduado em Direito Municipal pela Universidade Anhanguera – Uniderp. Pós-Graduando em Direito Difuso e Coletivo pelo Curso CEI. Professor do Curso de Direito da Faculdade Eduvale de Avaré/SP. Contato: barrosti@hotmail.com

uma conduta criminosa não deve agradar ou atender ao clamor social, mas proteger o bem jurídico relevante. Mas como proteger de forma eficiente? A resposta não é simples, ante a complexidade do caso. Quiçá em curto prazo, poderíamos aumentar a dose de interferência do Direito Penal na vida das pessoas, transformando o crime de corrupção em crime hediondo, visando sempre à proteção de um bem jurídico. Já em longo prazo, fortalecer as instituições e investir em educação.

Palavras-chave: Corrupção. Crime hediondo. Direito Penal.

1 INTRODUÇÃO

O fenômeno da corrupção sempre esteve no seio da sociedade desde os primórdios, sendo um problema não só do Brasil, mas também mundial. Atualmente, o tema vem ganhando espaço na mídia brasileira, em razão do julgamento do caso do Mensalão, ou seja, escândalo de corrupção política com compra de votos de parlamentares, julgado mediante a Ação Penal 470 no Supremo Tribunal Federal e a Operação Lava-Jato, que levou pessoas poderosas e políticos influentes para a cadeia. A mídia brasileira tem noticiado, todos os dias, casos e mais casos.

Quando falamos em corrupção, logo pensamos em uma organização criminosa para esse fim. Às vezes, realmente ocorre dessa forma, mas isso está longe de ser a regra. A corrupção pode ocorrer entre duas pessoas apenas, objetivando o mesmo fim, ou seja, o desvio do dinheiro público das mais variadas formas.

Muitas vezes, a corrupção está enraizada em vários setores públicos e, quando bem organizada, é de difícil percepção, o que dificulta a descoberta e facilita o desvio de milhões, bilhões. Pessoas que são pagas para preservar o sistema são as primeiras a camuflar dados, possibilitando e contribuindo para a sangria dos cofres públicos, a riqueza de alguns, a pobreza de milhões e a impossibilidade de efetivar direitos e garantias fundamentais positivadas na Constituição Federal, para resguardar o interesse público primário, a saúde, a educação, o social, a segurança pública etc.

A conduta de corromper tem desfecho na esfera administrativa, civil e criminal. Cada esfera do direito tem a obrigação legal de tutelar o bem jurídico, concedendo ao julgador meios para que essa proteção seja eficiente, dando uma resposta à altura para aqueles que violam as regras. Apenas a título de exemplo, podemos citar meios de controle da corrupção na esfera administrativa, através das comissões parlamentares de inquérito, da Comissão Processante e do impeachment. Já na esfera judicial, a Lei de Improbidade Administrativa, mediante ação civil pública, e a Lei de Ação Popular, por intermédio da ação popular, são instrumentos judiciais colocados à disposição dos seus legitimados para proteger o interesse público.

Pois bem. Interessa-nos aqui a tutela do bem jurídico relevante, por meio do direito penal, e, nesse ponto, o legislador tem papel importante e fundamental na proteção do bem jurídico, pois é ele o responsável em legislar, criando mecanismos efetivos para o combate à corrupção, desde a fase do inquérito policial (mediante os meios de investigação), passando pela fase da sentença penal condenatória e pela fase da execução penal, já no cumprimento da sentença penal.

A corrupção dentro de qualquer órgão público tem natureza transindividual, atingindo um número indeterminado de pessoas, trazendo consequências e reflexos na grande maioria das vezes irreparáveis, pois o dinheiro público desviado nunca é devolvido em sua totalidade. Não é novidade para ninguém que o desvio do dinheiro público, seja a que título for, causa prejuízo a milhares de cidadãos.

O combate à corrupção deve ser feito de forma eficiente, pois, quando falta honestidade na gestão da coisa pública, o Estado não consegue efetivar, por exemplo, os direitos sociais previstos na Constituição Federal.

2 CONCEITO

Importante salientar que, no Brasil, o combate à corrupção é feito pela esfera civil, através da Lei de Improbidade Administrativa, pela esfera extrajudicial, também administrativa, por meio das comissões parlamentares de inquérito ou processante, e pela esfera criminal, mediante o Código Penal e as Leis Penais Extravagantes.

A palavra *corrupção* vem definida por De Plácido e Silva da seguinte forma:

> **CORRUPÇÃO.** Derivado do latim *corruptio,* de *corrumpere* (deitar a perder, estragar, destruir, corromper), etimologicamente possui o sentido de ação de depravar (corrupção de menores), de *destruir* ou *adulterar* (corrupção de alimentos). Seja no primeiro ou no segundo caso, se a *corrupção* se mostra ação culposa, isto é, se se promove com o ânimo ou intenção dolosa, constitui crime qualificado e punível pela lei penal (Cód. Penal, arts. 271, 272 e 218)[2].

Emerson Garcia e Rogério Pacheco Alves conceituam corrupção da seguinte forma:

> Sob o prisma léxico, múltiplos são os significados do termo *corrupção*. Tanto pode indicar a ideia de destruição como a mera degradação, ocasião em que assumirá uma perspectiva natural, como acontecimento efetivamente verificado na realidade fenomênica, ou meramente valorativa.
>
> Especificamente em relação à esfera estatal, a corrupção indica o uso ou a omissão, pelo agente público, do poder que a lei lhe outorgou em busca da obtenção de uma vantagem indevida para si ou para terceiros, relegando a plano secundário os legítimos fins contemplados na norma.[3]

Salta aos olhos da população, causando reprovação e revolta, o desvio de milhões ou bilhões de dinheiro público que poderiam ser investidos em saúde, educação, lazer, social etc. Mas não é só a corrupção política que deve ser combatida de forma incansável, mas, sim, toda corrupção moral também deve ser repelida, *v.g.* a violação de regras básicas da sociedade: estacionar na vaga de idoso; receber troco errado e não falar, entre outras.

Garcia e Alves assim descrevem:

---

[2] DE PLÁCIDO E SILVA. **Vocabulário jurídico.** Atualizado por Sagib Slaib Filho e Gláucia Carvalho, 27. ed. Rio de Janeiro: Forense, 2008, p. 392.

[3] GARCIA, Emerson; ALVES, Rogério Pacheco. **Improbidade administrativa**, 3. ed. revista e ampliada. Rio de Janeiro: Lumen Juris, 2006, p. 5.

> A corrupção está associada à fragilidade dos padrões éticos de determinada sociedade, os quais se refletem sobre a ética do agente público. Sendo este, normalmente, um mero "exemplar" do meio em que vive e se desenvolve, um contexto social em que a obtenção de vantagens indevidas é vista como prática comum dentre os cidadãos, em geral, certamente fará com que idêntica concepção seja mantida pelo agente nas relações que venha a estabelecer com o Poder Público. Um povo que preza a honestidade terá governos honestos. Um povo que, em seu cotidiano, tolera a desonestidade e, não raras vezes, a enaltece, por certo terá governantes com pensamento similar.[4]

Diante desse quadro, o combate à corrupção não é tarefa fácil, pois a mudança de comportamentos, de aceitação, deve partir do próprio povo.

Sábias palavras consignadas em voto, proferidas pelo Desembargador Federal Antonio Ivan Athié, no julgamento do HC 0001249-27.2019.4.02.0000, TRF 2ª, conforme abaixo:

> Ressalto que não sou contra a chamada "Lava-jato", ao contrário, também quero ver nosso país livre da corrupção que o assola. Todavia, sem observância das garantias constitucionais, asseguradas a todos, inclusive aos que a renegam aos outros, com violação de regras não há legitimidade no combate a essa praga.[5]

Como bem sustentado acima, a corrupção é uma praga, e o seu combate necessita do empenho e esforço de todos, com mecanismos jurídicos adequados e necessários para o bom combate, sem violar os direitos e garantias fundamentais dos acusados.

---

[4] **Idem, ibidem**, p. 7.

[5] BRASIL. Tribunal Regional Federal da 2ª Região. Habeas Corpus Criminal – Turma Espec. I – Penal, Previdenciário e Propriedade Industrial 0001249-27.2019.4.02.0000 (2019.00.00.001249-0). **In**: VALENTE, Fernanda. Leia a decisão de soltura do ex-presidente Temer e outros investigados. **CONJUR,** 25 de março de 2019, 16h06. Disponível em: https://www.conjur.com.br/2019-mar-25/leia-decisao-soltura-temer-outros-investigados. Acesso em: 27 mar. 2019.

3 O DIREITO PENAL E A PROTEÇÃO DO BEM JURÍDICO RELEVANTE

Nem todo bem jurídico violado interessa ao Direito Penal. A missão, função do Direito Penal é a proteção de bens jurídicos relevantes. A razão disso é que o Estado deve intervir minimamente na vida do cidadão por meio do Direito Penal, pois o que temos em jogo é o direito fundamental à liberdade.

O Direito Penal tem papel fundamental na sociedade, pois é uma das formas de controle social, objetivando a convivência harmônica e a paz entre os povos. Uma das funções ou missão do Direito Penal é a proteção de bens jurídicos relevantes.

Cleber Masson traz, com peculiar clareza, a definição do Direito Penal como proteção de bem jurídico:

> O Direito Penal tem como função a **proteção de bens jurídicos,** isto é, valores ou interesses reconhecidos pelo Direito e imprescindíveis à satisfação do indivíduo ou da sociedade.
> Apenas os interesses **mais relevantes** são erigidos à categoria de bens jurídicos penais, em face do caráter fragmentário e da subsidiariedade do Direito Penal. O legislador **seleciona,** em um Estado Democrático de Direito, os bens especialmente relevantes para a vida social e, por isso mesmo, merecedores da tutela penal.
>
> Dessa forma, a noção de bem jurídico acarreta na realização de um **juízo de valor positivo** acerca de determinado objeto ou situação social e de sua importância para o desenvolvimento do ser humano. E, para coibir e reprimir condutas lesivas ou perigosas a bens jurídicos fundamentais, a lei penal utiliza e rigorosas formas de reação, quais sejam, penas e medidas de segurança.
>
> A proteção de bens jurídicos é a **missão precípua,** que **fundamenta e confere legitimidade** ao Direito Penal.[6]

[6] MASSON, Cleber. **Direito penal:** parte geral. Esquematizado. 13. ed. revista, atualizada e ampliada. Rio de Janeiro: Forense. São Paulo: Método, 2019, p. 8, v. 1.

Percebam que não é qualquer bem jurídico que merece a proteção do Direito Penal, mas somente os bens jurídicos relevantes, ou seja, bens jurídicos indispensáveis ao cidadão, como saúde, educação, segurança pública, patrimônio, vida, liberdade sexual, entre outros, objetivando também o respeito à dignidade da pessoa humana. Isso se dá em razão do princípio da intervenção mínima e dos princípios decorrentes, ou seja, fragmentariedade e subsidiariedade.

Novamente, os ensinamentos de Cleber Masson revelam-se de extrema importância:

> **2.2.8. Princípio da intervenção mínima**
> No campo penal, o princípio da reserva legal não basta para salvaguardar o indivíduo. O Estado, respeitada a prévia legalidade dos delitos e das penas, pode criar tipos penais iníquos e instituir penas vexatórias à dignidade da pessoa humana.
>
> Para enfrentar esse problema, estatuiu a Declaração dos Direitos do Homem e do Cidadão, de 1979, em seu art. 8º, que a lei somente deve prever as penas estrita e evidentemente necessárias. Surgia o princípio da intervenção mínima ou da **necessidade,** afirmando ser legítima a intervenção penal apenas quando a criminalização de um fato se constitui **meio indispensável para a proteção de determinado bem ou interesse,** não podendo ser tutelado por outros ramos do ordenamento jurídico.
>
> [...]
>
> A intervenção mínima tem como **destinatários principais o legislador e o intérprete do Direito.** Àquele recomenda moderação no momento de eleger as condutas dignas de proteção penal, abstendo-se de incriminar qualquer comportamento. Somente deverão ser castigados aqueles que não puderem ser contidos por outros ramos do Direito. Como enfatiza Claus Roxin, "é evidente que nada favorece tanto a criminalidade como a penalização de qualquer bagatela".[7]

No que diz respeito ao conceito de bem jurídico a ser protegido pelo Direito Penal, o Professor Claus Roxin, com a precisão cirúrgica de sempre, nos ensina:

---

7 **Idem, ibidem**, p. 42-43.

> **5 Conceito de bem jurídico**
> Encontramo-nos de novo frente a uma discussão básica e apaixonante em cujo marco eu me incluo nos defensores do conceito de bem jurídico. Antes de ocupar-me de seus detratores, desejo expor minha própria concepção na forma concisa como aqui convém. Já que são tantas as opiniões sobre o que é um bem jurídico, sobre o tema somente se poderá discutir corretamente quando se deixe claro o que se entende por bem jurídico e de onde se deduz uma restrição do Direito Penal à proteção de ditos bens.
>
> [...]
>
> A função do Direito Penal consiste em garantir a seus cidadãos uma existência pacífica, livre e socialmente segura, sempre e quando estas metas não possam ser alcançadas com outras medidas político-sociais que afetem em menor medida a liberdade dos cidadãos.
>
> [...]
>
> De tudo isso resulta: em um Estado democrático de Direito, modelo teórico de Estado que eu tomo por base, as normas jurídico-penais devem perseguir somente o objetivo de assegurar aos cidadãos uma coexistência pacífica e livre, sob a garantia de todos os direitos humanos. Por isso, o Estado deve garantir, com os instrumentos jurídico-penais, não somente as condições individuais necessárias para uma coexistência semelhante (isto é, proteção da vida e do corpo, da liberdade de atuação voluntária, da propriedade etc.), mas também as instituições estatais adequadas para este fim (uma administração de justiça eficiente, um sistema monetário e de impostos saudáveis, uma administração livre de corrupção etc.), sempre e quando isso não se possa alcançar de outra forma melhor.[8]

O Direito Penal seleciona as condutas reprováveis que merecem uma resposta do Estado e, nesse sentido, cria infração penal e estabelece sanção penal, objetivando a proteção de bens jurídicos relevantes. Isso ocorre quando os outros meios de controle social, sejam judiciais (por exemplo, Direito Administrativo, Civil) ou extrajudiciais (família, religião, associações, educação),

---

[8] ROXIN, Claus. **A proteção de bens jurídicos como função do direito penal**. Organização e tradução de André Luís Callegari e Nereu José Giacomelli. 2. ed. Porto Alegre: Livraria do Advogado, 2018, p. 16-18.

falharam na proteção desses bens relevantes. O Direito Penal deve intervir minimamente na vida das pessoas, pois o que está em jogo é um direito individual fundamental, a liberdade. A criação de crimes só deve ocorrer quando for estritamente necessária, ou seja, quando os outros ramos do Direito, ou as outras formas de controle social, não se mostrarem suficientes na proteção daquele bem.

Do princípio da intervenção mínima decorrem outros dois, isto é, os princípios da fragmentariedade e subsidiariedade. Nesse sentido, Cleber Masson, com a precisão de sempre, nos ensina:

> *2.2.8.1. Princípio da fragmentariedade ou caráter fragmentário do Direito Penal*
> Estabelece que nem todos os ilícitos configuram infrações penais, mas apenas os que **atentam contra valores fundamentais para a manutenção e o progresso do ser humano e da sociedade**. Em resumo, todo ilícito penal será também ilícito perante os demais ramos do Direito, mas a recíproca não é verdadeira.
>
> [...]
>
> *2.2.8.2. Princípio da subsidiariedade*
>
> De acordo com o princípio da subsidiariedade, a atuação do Direito Penal é cabível unicamente quando os outros ramos do Direito e os demais meios estatais de controle social tiverem se revelado impotentes para o controle da ordem pública.
>
> Em outras palavras, o Direito Penal funciona como um **executor de reserva**, entrando em cena somente quando os outros meios estatais de proteção mais brandos, e, portanto, menos invasivos da liberdade individual, não forem suficientes para a proteção do bem jurídico tutelado. Caso não seja necessário dele lançar mão, ficará de prontidão, aguardando ser chamado pelo operador do Direito para, aí sim, enfrentar uma conduta que coloca em risco a estrutura da sociedade.[9]

O Direito Penal é seletivo e, em razão disso, fragmentário. Significa dizer que apenas alguns fragmentos interessam ao Direito Penal, apenas aquelas

[9] MASSON, Cleber. **Direito penal.** Parte Geral. Esquematizado. 13. ed. revista, atualizada e ampliada Rio de Janeiro: Forense; São Paulo: Método, 2019, p. 43-44.

condutas que violarem um bem jurídico relevante, legitimando a intervenção do Direito Penal. Por outro lado, o Direito Penal é subsidiário, pois somente vai atuar quando os outros meios de controle social, sejam judiciais ou extrajudiciais, forem omissos ou falharem nessa proteção. É o verdadeiro soldado de reserva, aguardando ser convocado para, aí sim, intervir na vida das pessoas para proteger um bem jurídico relevante.

4 DO PRINCÍPIO DA PROPORCIONALIDADE E A PROIBIÇÃO DA PROTEÇÃO DEFICIENTE

O princípio da proporcionalidade, também conhecido como princípio da razoabilidade ou convivência das liberdades públicas, significa dizer que será feita uma análise entre a conduta praticada e a pena aplicada, devendo guardar relação de equilíbrio, proporcionalidade entre elas. Tal princípio aparece em diversos incisos da Constituição Federal, quando, por exemplo, proíbe determinados tipos de sanções, conforme artigo 5º, XLVII, bem como quando determina no texto constitucional a individualização da pena, artigo 5º, XLVI, entre outros.

Quando o legislador cria uma norma penal incriminadora, essa tem caráter geral e imperativa. Nesse sentido, é preciso avaliar se a criação de infração penal será vantajosa para a sociedade, pois, após a criação, existirá um mandamento para essa sociedade, uma ameaça de punição para todos. Mesmo a norma tendo caráter geral, voltada para a coletividade, nem todos sofrerão as suas consequências.

O princípio da proporcionalidade possui três subprincípios: adequação, necessidade e proporcionalidade em sentido estrito. Adequação, no sentido de que o Direito Penal deve ser o meio apto e eficaz a tutelar aquele bem jurídico relevante. Necessidade, no sentido de que o Direito Penal é subsidiário, o soldado de reserva, só atuando no fracasso dos outros meios ou ramos de controle da sociedade. E, finalmente, proporcionalidade em sentido estrito, sugerindo que deve haver um equilíbrio, razoabilidade entre a conduta praticada violadora do direito penal objetivo e a sanção penal aplicada.

Podemos dizer que o princípio da proporcionalidade possui três destinatários. O primeiro é o legislador (proporcionalidade abstrata), pois, no momento da criação da infração penal, o poder legiferante deve respeitar e observar a proporcionalidade entre a conduta tipificada e a pena sugerida imposta. Tem como segundo destinatário o Juiz (proporcionalidade concreta), pois é nessa fase que o juiz da ação penal vai aplicar a pena no caso concreto, devendo respeitar os limites impostos pela lei. E, por final, temos o terceiro destinatário, os órgãos da execução criminal (proporcionalidade executória), onde devem ser observadas as regras de Lei de Execução Penal, levando em consideração as condições pessoais e o mérito do condenado. Verifica-se que, desde a criação da lei penal incriminadora até o seu cumprimento, devem os operadores do direito criar tipos penais, aplicar sanção penal e executar a sentença penal condenatória, respeitando o princípio da proporcionalidade.

Quanto à origem do princípio da proporcionalidade, a doutrina tem assim se manifestado. Victor Valente, sobre o princípio da proporcionalidade, com clareza consignou:

> **4.10. Proporcionalidade**
> Originariamente, o **princípio da proporcionalidade** passou a ser adotado pelo Código de Hamurabi (Lei Mosaica ou de Talião – em que "Talião" vem de *"talis"*, consistindo em "retaliação"), como forma de atribuir sentido *"ao olho por olho, dente por dente"*, é dizer, à relação entre a culpa e castigo.
>
> Sob o ângulo do Direito brasileiro, o princípio da proporcionalidade encontra fundamento no artigo 5º, incisos XLII, XLIII, XLIV, XLVI e XLVII, da Constituição Federal.[10]

Rogério Greco, sobre a origem do princípio da proporcionalidade, se manifestou:

> Muito se tem discutido ultimamente sobre o princípio da proporcionalidade, cujas raízes, embora remontem à Antiguidade, somente

---

[10] VALENTE, Victor. **Direito penal**: fundamentos preliminares e parte geral. Salvador/Bahia: *Jus*PODIVM, 2018, p. 109.

conseguiram firmar-se durante o período iluminista, principalmente com a obra intitulada *Dos Delitos e das Penas,* de autoria do Marquês de Beccaria, cuja primeira edição veio a lume em 1764. Em seu § XL-VII, Cesare Bonessana concluiu que, "para não ser um ato de violência contra o cidadão, a pena deve ser, de modo essencial, pública, pronta, necessária, a menor das penas aplicável nas circunstâncias referidas, *proporcionada ao delito* e determinada pela lei".[11]

Por sua vez, Cleber Masson nos ensina:

> **2.2.9. Princípio da proporcionalidade**
> De acordo com o princípio da proporcionalidade, também conhecido como **princípio da razoabilidade** ou da **convivência das liberdades públicas,** a criação de tipos penais incriminadores deve constituir-se em **atividade vantajosa** para os membros da sociedade, eis que impõe um ônus a todos os cidadãos, decorrentes da ameaça de punição que a eles acarreta. Sua origem normativa remonta aos itens 20 e 21 da Magna Carta do Rei João sem Terra, de 1215.
>
> Nos moldes atuais, foi desenvolvido inicialmente na Alemanha, sob inspiração de pensamentos jusnaturalistas e iluministas, com os quais se afirmaram as ideias de que a limitação da liberdade individual só se justifica para a concretização de interesses coletivos superiores.
>
> O princípio da proporcionalidade funciona como **forte barreira impositiva de limites ao legislador**. Por corolário, a lei penal que não protege um bem jurídico é ineficaz, por ser tratar de intervenção excessiva na vida dos indivíduos em geral.[12]

Em que pese a divergência doutrinária quanto à origem do princípio da proporcionalidade, e a sua similitude ou não com o princípio da razoabilidade, o fato é que tal princípio tem grande importância no Direito Penal, pois impõe ao Estado o dever de observar o equilíbrio entre a conduta praticada e a sanção imposta, sob pena de violação de outros princípios.

---

[11] GRECO, Rogério. **Curso de direito penal:** parte geral. 13. ed. Niterói, RJ: Impetus, 2011, p. 75. v. 1.

[12] MASSON, Cleber. **Direito penal**: parte geral. Esquematizado. 13. ed., revista, atualizada e ampliada. Rio de Janeiro: Forense; São Paulo: Método, 2019, p. 45, v. 1.

O Direito Penal é seletivo e, após analisar o comportamento humano, seleciona os comportamentos humanos que merecem sofrer interferência do Estado e, dessa forma, rotula esses comportamentos indesejados como infração penal, que receberão uma resposta do Estado, ou seja, a sanção penal, como forma de prevenção e reprovação, objetivando a proteção de um bem jurídico relevante, pois a violação poderá causar uma desarmonia na sociedade.

É importante destacar que atualmente o princípio da proporcionalidade deve ser analisado sob uma dupla face. É importante mencionar também que é nesse momento que o combate à corrupção ganha maior relevância, pois cabe ao Poder Legislativo, no momento da elaboração e criação das leis (proporcionalidade abstrata), fazer uma análise geral do comportamento humano indesejado selecionado e a sanção que será aplicada.

Dessa forma, em razão dessa dupla face, o princípio da proporcionalidade deve ser analisado sob dois aspectos. A primeira face diz respeito ao princípio da proporcionalidade na modalidade proibição ao excesso (garantismo negativo), no sentido de que é vedado estabelecer e aplicar penas exageradas e desnecessárias. A segunda face diz respeito ao princípio da proporcionalidade na modalidade proibição da proteção deficiente (garantismo positivo), no sentido de que o Estado será omisso quando se omite ou quando não adota medidas suficientes para garantir a tutela do bem jurídico relevante. E, nesse momento, o que nos interessa é a proporcionalidade na modalidade proibição da proteção deficiente (garantismo positivo). No momento em que o Direito Penal seleciona uma conduta e o legislador a transforma em infração penal, a proteção do bem jurídico relevante deve ser eficiente, pois a resposta estatal deve ter caráter preventivo e retributivo, consoante artigo 59 do Código Penal.

Sobre o princípio da proporcionalidade na modalidade proibição da proteção deficiente, Cleber Masson, citando Paulo Queiroz, manifestou-se:

> Se de um lado o princípio da proporcionalidade impõe a proibição do excesso, de outro lado este postulado também impede a **proteção insuficiente de bens jurídicos,** pois não tolera a punição abaixo da medida correta. Nas palavras de Paulo Queiroz:

> Convém notar, todavia, que o princípio da proporcionalidade compreende, além da proibição de excesso, a proibição de insuficiência da intervenção jurídico-penal. Significa dizer que se, por um lado, deve ser combatida a sanção desproporcional porque excessiva, por outro lado, cumpre também evitar a resposta penal que fique muito aquém do seu efetivo merecimento, dado o seu grau de ofensividade e significação político-criminal, afinal a desproporção tanto pode dar-se para mais quanto para menos.[13]

O Tribunal Regional Federal da 4ª Região, no Incidente de Arguição de Inconstitucionalidade nº 5034205-88.2018.4.04.0000/RS, de Relatoria do Desembargador Federal Leandro Paulsen, declarou inconstitucional o artigo 1º, inciso XIV, do Decreto 8.172/13, que autoriza a concessão de indulto coletivo pelo Presidente da República a réus condenados criminalmente.

Uma das teses defendidas pelo Desembargador é a proibição da proteção deficiente, conforme citamos abaixo parte do voto.

> A proteção aos bens jurídicos tutelados não se dá mais com sacrifício de direitos fundamentais; ao contrário, os afirma e respeita, tanto os dos acusados, como os das vítimas e os de todos os integrantes da sociedade.
>
> [...]
>
> Ademais, a doutrina contemporânea identifica, no sistema constitucional, não apenas a existência de um "garantismo negativo", mas também a conformação de um "garantismo positivo", ou proibição de proteção insuficiente. Em suma, a atuação estatal somente será proporcional e adequada quando, além de observar todos os direitos individuais daquele que se veja na condição de réu ou investigado em processo criminal, garanta a proteção dos direitos fundamentais de toda a sociedade, o que significa observância das leis penais e correta aplicação das sanções pertinentes àqueles que violem os bens jurídicos mais importantes tutelados pelo direito.
>
> [...]

[13] MASSON, Cleber. **Direito penal**: parte geral. Esquematizado. 13. ed. revista, atualizada e ampliada. Rio de Janeiro: Forense; São Paulo, MÉTODO, 2019, p. 45.

> Note-se que os indivíduos que compõem a sociedade têm direito à proteção dos valores que constituem bens jurídicos resguardados pela lei penal e a que não haja insuficiência na reação às suas violações. O Estado tem um dever de proteção que impõe a tutela aos bens juridicamente protegidos, dever esse a ser cumprido com observância da "proibição de proteção deficiente". Há de se encontrar a justa medida: a tutela estatal não pode "intervir excessivamente nos direitos fundamentais do indivíduo afetado", sob pena de violar a proibição de excesso revelada pela desproporcionalidade da restrição (Übermassverbot), mas também não pode ficar aquém do necessário à proteção dos bens juridicamente protegidos, sob pena de violar a proibição de insuficiência (Untermassverbot). Em vez de excesso ou da deficiência, a eficiência (FELDENS, Luciano. Direitos Fundamentais e Direito Penal: A Constituição Penal. 2ª ed. Porto Alegre: Ed. Livraria do Advogado, 2012, p. 166/171).[14]

No julgamento acima, ficaram vencidos os Desembargadores Federais Victor Laus, Celso Kipper e Rogerio Favreto.

Em que pese o fato de não comungar da tese sustentada no voto vencedor quanto à inconstitucionalidade, o cerne da questão é que o Direito Penal, ao selecionar uma conduta e classificá-la como crime, objetivando a proteção de um bem jurídico relevante, deve fazê-lo de forma eficiente.

O crime de corrupção é um problema mundial. No Brasil, o tema está longe de ser novidade. Contudo, nos últimos anos, a mídia tem noticiado escândalos bilionários, envolvendo uma parte da classe política com alguns empresários, unidos com a única finalidade de desviar dinheiro público e, como consequência, sacrificando a efetivação de direitos e garantias fundamentais da sociedade. Não é novidade para ninguém que o desvio do dinheiro público prejudica setores mais sensíveis da sociedade, como saúde, educação,

[14] RIO GRANDE DO SUL. Incidente de Arguição de Inconstitucionalidade n. 5034205-88.2018.4.04.0000/RS. Tribunal Regional Federal da 4ª Região. In: MIGALHAS. **TRF da 4ª região declara indulto natalino de 2013 inconstitucional**. Sexta-feira, 11 de janeiro de 2019. Disponível em: https://www.migalhas.com.br/Quentes/17,MI294126,-21048-TRF+da+4+regiao+declara+indulto+natalino+de+2013+inconstitucional. Acesso em: 10 mar. 2019.

social, segurança pública etc. A sociedade cada vez mais tem externado sua indignação por meio de manifestos. O Brasil sangra a sociedade, impondo e arrecadando trilhões de impostos, pois a torneira da corrupção está difícil de fechar. E mesmo arrecadando trilhões de impostos, o país não consegue efetivar direitos e garantias fundamentais de forma eficiente, basta olhar a situação da saúde pública no Brasil, estradas, educação etc.

A nosso sentir, a corrupção é um gênero, surgindo várias espécies de corrupção. Apenas a título de exemplo, podemos citar o tráfico de influência (artigo 332, CP), corrupção ativa (artigo 333, CP), corrupção passiva (artigo 317, CP), peculato (artigo 312, CP), emprego irregular de verbas ou rendas públicas (artigo 315, CP), entre outros.

O país vive a fase da hipertrofia do Direito Penal em razão do populismo penal midiático, ou seja, a população clama por mais leis e penas mais severas, acreditando que haverá a redução da criminalidade, e o legislador responde criando mais crimes e aumentando penas. Nesse sentido, as palavras do Professor Gabriel Habib:

> 2. Direito Penal Máximo, Movimento de Lei e Ordem e lei de crimes hediondos. O legislador brasileiro da década de 1990, influenciado por toda uma ideia de Direito Penal Máximo, Movimento de Lei e Ordem (*Law and Order*), bem como pela Teoria das Janelas Quebradas (*Broken Windows Theory*), implantou um movimento de política criminal bastante severo como forma de tentar diminuir a criminalidade. Para isso, criou tipos penais, aumentou penas de tipos penais já existentes, recrudesceu o regramento do regime de penas para alguns crimes etc. O *Direito Penal Máximo* constitui justamente o oposto do Direito Penal Mínimo, e traz em si a ideia de que o Direito Penal é a solução para todos os problemas existentes na sociedade. Por tal movimento, o Direito Penal é o meio de controle social mais eficaz por restringir o direito de liberdade do ser humano, devendo, portanto, ser a solução adotada sempre em primeiro lugar. O *Movimento de Lei e Ordem* (*Law and Order*) foi um movimento idealizado por Ralf Dahrendorf, que surgiu como uma ideia da repressão, para o qual a pena se justifica por meio das ideias de retribuição e castigo. Os adeptos desse movimento pregam que somente leis severas, que imponham longas penas privativas

> de liberdade ou até mesmo a pena de morte, têm o condão de controlar e inibir a prática de delitos. Dessa forma, os crimes de maior gravidade devem ser punidos com penas longas e severas, a serem cumpridas em estabelecimentos prisionais de segurança máxima. Foi, portanto, nesse contexto que surgiu a lei de crimes hediondos.[15]

Com o clamor social e diante da resposta do legislador, surge a função simbólica do Direito Penal, muito bem delineada por Cleber Masson:

> A função simbólica é inerente a todas as leis, não dizendo respeito somente às de cunho penal. Não produz efeitos externos, mas somente **na mente dos governantes e dos cidadãos**.
> Em relação aos primeiros, acarreta a sensação de terem feito algo para a proteção da paz pública. No tocante aos últimos, proporciona a falsa impressão de que o problema da criminalidade se encontra sob o controle das autoridades, buscando transmitir à opinião pública a impressão tranquilizadora de um legislador atento e decidido.
>
> Manifesta-se, comumente, no **direito penal do terror**, que se verifica com a **inflação legislativa** (**Direito Penal de emergência**), criando-se exageradamente figuras penais desnecessárias, ou então com o aumento desproporcional e injustificado das penas para os casos pontuais (**hipertrofia do Direito Penal**).
>
> A função simbólica deve ser afastada, pois, em curto prazo, cumpre funções educativas e promocionais dos programas de governo, tarefa que não pode ser atribuída ao Direito Penal. Além disso, em longo prazo resulta na perda de credibilidade do ordenamento jurídico, bloqueando as suas funções instrumentais.[16]

E, citando Ney Moura Teles, Masson fecha a questão:

> Querer combater a criminalidade com o Direito Penal é querer eliminar a infecção com analgésico.[17]

---

[15] HABIB, Gabriel. **Leis Penais Especiais.** 10. ed, atualizada e reformada. Salvador/Bahia: JusPODIVM, 2018, p. 470-471.

[16] MASSON, Cleber. **Direito Penal.** Vol. 1. Parte Geral. Esquematizado. 13. ed., rev., atual.e ampl. Rio de Janeiro: Forense; São Paulo, MÉTODO, 2019, p. 9-10.

[17] Ibidem, p. 10.

Sabemos que não se combate ou reduz a criminalidade aumentando a pena ou criando novos crimes, mas, sim, com políticas públicas sérias de controle da criminalidade, com investimentos sérios e efetivos na educação, saúde, geração de emprego, distribuição de renda etc., mas isso em longo prazo.

Em curto prazo e de forma imediata, o crime de corrupção no Brasil deve passar por uma readequação legislativa, um estudo profundo e sério, não para atender ao clamor social, mas, sim, para proteger o bem jurídico tutelado, o dinheiro público de forma eficiente. E não é por falta de leis. Como mencionado acima, e a título de exemplo, temos várias leis no país que têm a missão de tutelar o bem público. Contudo, a corrupção continua sendo tratada como crime comum e, nesse ponto, deficiente a proteção, devendo ser elevada a crime hediondo, com alteração do artigo 1º da Lei n. 8072/90, com todas as consequências legais.

Em 5/7/2013, foi apresentado PL 5900/2013 – Origem PLS 204/2011 – Autor: Senador Pedro Taques – PDT/MT, com a seguinte ementa:

> **Ementa**
> Altera o art. 1º da Lei n. 8.072, de 25 de julho de 1990 (Lei dos Crimes Hediondos), para prever os delitos de peculato, concussão, excesso de exação, corrupção passiva e corrupção ativa, além de homicídio simples e suas formas qualificadas, como crimes hediondos; e altera os arts. 312, 316, 317 e 333 do Decreto-Lei n. 2.848, de 7 de dezembro de 1940 (Código Penal), para aumentar a pena dos delitos neles previstos.[18]

A título de exemplo quanto à alteração do Projeto de Lei 5900/2013, o crime de corrupção passiva (artigo 317 do CP), além de ser transformado em crime hediondo, passaria a ter a seguinte redação:

> Corrupção passiva
> Art. 317. ....

[18] BRASIL. Câmara dos Deputados. **PL 5900/2013**. Disponível em: https://www.camara.leg.br/proposicoesWeb/fichadetramitacao?idProposicao=583945. Acesso em: 25 mar. 2019.

> Pena – reclusão, de 4 (quatro) a 12 (doze) anos, e multa. ....
>
> ....
>
> § 3º A pena é aumentada em até 1/3 (um terço) na hipótese de expressivo dano causado por agente político ou ocupante de cargo efetivo de carreira de Estado. (NR).[19]

Atualmente, o crime de corrupção previsto no Código Penal estabelece pena de reclusão de 2 (dois) a 12 (doze) anos, e multa, conforme abaixo:

> **Corrupção passiva**
>
> [...]
>
> Pena – reclusão, de 2 (dois) a 12 (doze) anos, e multa.[20]

Nos termos do projeto citado acima, a ideia é alterar também o preceito secundário da norma penal, aumentando a pena-base, que passaria a ser de 4 (quatro) a 12 (doze) anos de reclusão. Na redação atual, a pena não é insignificante, pois, atento ao sistema trifásico (Sistema Nelson Hungria) de aplicação da pena privativa de liberdade, verifica-se que o julgador, na primeira fase de aplicação da pena, pode e deve, de acordo com o artigo 59 do Código Penal, fixar a pena-base entre o mínimo de 2 anos e o máximo de 12 anos. Isso na primeira fase, restando ainda duas fases para chegar à pena definitiva.

Contudo, consta na tramitação do projeto que, na data de 8/4/2014, foi retirado de pauta, de ofício. Estão apensados a este projeto outros 32 (trinta e dois) que versam sobre temas semelhantes.

Apensado ao projeto supramencionado, na Câmara dos Deputados, existe o PL 9712/2018, de autoria do Deputado Jaime Martins (PSD/MG), apresentado em 6/3/2018 para modificar a Lei de Crimes Hediondos e acrescentar crimes de corrupção que importem em prejuízo para a Administração Pública.

---

[19] BRASIL. Câmara dos Deputados. **PL 5900/2013**. Disponível em: https://www.camara.leg.br/proposicoesWeb/fichadetramitacao?idProposicao=583945. Acesso em: 25 mar. 2019.

[20] BRASIL. Decreto-Lei n. 2.848, de 7 de dezembro de 1940. **Código Penal**. Disponível em: http://www.planalto.gov.br/ccivil_03/decreto-lei/Del2848compilado.htm. Acesso em: 10 mar. 2019.

O artigo 2º do Projeto de Lei 9712/2018 possui a seguinte redação:

> Art. 2º. O art. 1º da Lei n. 8.072, de 25 de julho de 1990, passa a vigorar acrescido do seguinte inciso IX:
> "Art. 1º ....
> IX – peculato (art. 312, caput e § 1º), inserção de dados falsos em sistema de informações (art. 313-A), concussão (art. 316, *caput*), excesso de exação qualificado pelo desvio (art. 316, § 2º), corrupção passiva (art. 317, caput e § 1º) e corrupção ativa (art. 333, *caput* e parágrafo único), e corrupção ativa em transação comercial internacional (art. 337-B, *caput* e parágrafo único) quando a vantagem ou o prejuízo para a administração pública for igual ou superior a um salário mínimo vigente à época do fato. (NR).[21]

Em respeito ao princípio da proporcionalidade na modalidade proibição do excesso, na justificativa do projeto, o Deputado deixou consignado:

> Os grandes esquemas de corrupção revelados em passado recente, aliados aos crimes de média e pequena monta que são frequentemente noticiados em nosso país em detrimento do erário público, mostram a necessidade premente de se inserirem os crimes de corrupção na Lei de Crimes Hediondos sempre que houver prejuízo para os cofres públicos.
> Minha proposta, contudo, insere na Lei em questão os crimes apenas quando o prejuízo sofrido pela administração pública for superior a um salário mínimo. Isto tem uma razão de ser. Às vezes acontecem, principalmente com o crime de peculato, crimes em que são utilizados bens ou valores públicos inexpressivos. Não que não devamos combater essa prática, mas é que às vezes tais crimes são cometidos por pessoas de menos instrução ou de menor poder aquisitivo, e em situações em nada semelhantes aos esquemas de corrupção noticiados pela imprensa brasileira.[22]

---

[21] BRASIL. Câmara dos Deputados. **PL 9712/2018.** Disponível em: https://www.camara.leg.br/proposicoesWeb/fichadetramitacao?idProposicao=2168869. Acesso em: 25 mar. 2019.

[22] **Idem, ibidem.**

O objetivo dos projetos, na grande maioria, é alterar a pena-base para no mínimo quatro anos, pois, dessa forma, o eventual condenado já estaria com um pé no regime semiaberto.

Contudo, a fúria legislativa, atenta aos anseios da sociedade, deve ter cautela. São importantes estudos profundos sobre a necessidade e a utilidade na majoração das penas, pois o Direito Penal atua na liberdade das pessoas e isso exige um estudo detalhado e minucioso. A lei precisa ser necessária e adequada. O legislador deve ter prudência para diferenciar uma conduta que desvie um salário mínimo da Administração daquela que desvia milhões.

Considerando a gravidade do crime de corrupção, pois atinge toda a coletividade, não permitindo a efetivação de direitos e garantias fundamentais, o legislador deve olhar essa conduta, com outros olhos, ou seja, maior grau de reprovabilidade da conduta.

Importante citarmos também que o Presidente da República sancionou a Lei 13.964, de 24 de Dezembro de 2019, o chamado "pacote anticrime", entrando em vigor após decorridos 30 dias de sua publicação. A ideia do pacote anticrime é o endurecimento das penas e da progressão de regime. Vejamos a lei.

> Art. 2º O Decreto-Lei n. 2.848, de 7 de dezembro de 1940 – Código Penal, passa a vigorar com as seguintes alterações:
> [...]
>
> "Art. 75. O tempo de cumprimento das penas privativas de liberdade não pode ser superior a 40 (quarenta) anos.
>
> § 1º Quando o agente for condenado a penas privativas de liberdade cuja soma seja superior a 40 (quarenta) anos, devem elas ser unificadas para atender ao limite máximo deste artigo.
>
> .... (NR)
>
> "Art. 83. ....
>
> ....
>
> III – comprovado:
>
> a) bom comportamento durante a execução da pena;
>
> b) não cometimento de falta grave nos últimos 12 (doze) meses;
>
> c) bom desempenho no trabalho que lhe foi atribuído; e

d) aptidão para prover a própria subsistência mediante trabalho honesto;

[...]

Art. 4º A Lei n. 7.210, de 11 de julho de 1984 (Lei de Execução Penal), passa a vigorar com as seguintes alterações:

[...]

"Art. 112. A pena privativa de liberdade será executada em forma progressiva com a transferência para regime menos rigoroso, a ser determinada pelo juiz, quando o preso tiver cumprido ao menos:

I – 16% (dezesseis por cento) da pena, se o apenado for primário e o crime tiver sido cometido sem violência à pessoa ou grave ameaça;

II – 20% (vinte por cento) da pena, se o apenado for reincidente em crime cometido sem violência à pessoa ou grave ameaça;

III – 25% (vinte e cinco por cento) da pena, se o apenado for primário e o crime tiver sido cometido com violência à pessoa ou grave ameaça;

IV – 30% (trinta por cento) da pena, se o apenado for reincidente em crime cometido com violência à pessoa ou grave ameaça;

V – 40% (quarenta por cento) da pena, se o apenado for condenado pela prática de crime hediondo ou equiparado, se for primário;

VI – 50% (cinquenta por cento) da pena, se o apenado for:

a) condenado pela prática de crime hediondo ou equiparado, com resultado morte, se for primário, vedado o livramento condicional;

b) condenado por exercer o comando, individual ou coletivo, de organização criminosa estruturada para a prática de crime hediondo ou equiparado; ou

c) condenado pela prática do crime de constituição de milícia privada;

VII – 60% (sessenta por cento) da pena, se o apenado for reincidente na prática de crime hediondo ou equiparado;

VIII – 70% (setenta por cento) da pena, se o apenado for reincidente em crime hediondo ou equiparado com resultado morte, vedado o livramento condicional.

§ 1º Em todos os casos, o apenado só terá direito à progressão de regime se ostentar boa conduta carcerária, comprovada pelo diretor do estabelecimento, respeitadas as normas que vedam a progressão.

§ 2º A decisão do juiz que determinar a progressão de regime será sempre motivada e precedida de manifestação do Ministério Público e do

> defensor, procedimento que também será adotado na concessão de livramento condicional, indulto e comutação de penas, respeitados os prazos previstos nas normas vigentes.[23]
>
> [...]

Tornar o crime de corrupção crime hediondo está longe de ser uma solução para algo enraizado em alguns Poderes da República, mas é uma medida, em curto prazo, importante.

O crime hediondo recebe um tratamento diferenciado do legislador, isto é, mais severo em relação aos demais delitos. Algumas das consequências dessa hediondez vêm positivadas no artigo 5º, inciso XLIII, dispondo que a lei considerará crimes inafiançáveis e insuscetíveis de graça ou anistia os crimes definidos como hediondos, para os quais o legislador criou a Lei n. 8.072/90 para atender ao mandado de criminalização. Podemos ainda mencionar outras consequências da hediondez, como atualmente o pacote anticrime trouxe vários percentuais e critérios para a progressão de regime nos crimes hediondos ou equiparados, conforme demonstrado acima. Nos casos de prisão temporária (Lei n. 7.960/1989), a lei de crimes hediondos prevê, no artigo 2º, § 4º, prazo de 30 dias, prorrogável por igual período em caso de extrema e comprovada necessidade. Para os crimes comuns, a Lei n. 7.960/1989 prevê prazo decinco dias, prorrogável por igual período em caso de extrema e comprovada necessidade.

O combate à corrupção deve ser tratado de forma séria e eficiente pelo legislador. É evidente, público e notório que o cidadão não suporta mais tanto desvio de dinheiro público, sem uma resposta à altura dos poderes constituídos. Por outro lado, é de extrema importância e necessária a investigação e punição dos responsáveis. Entrementes, a eventual punição deve respeitar e observar os direitos e garantias fundamentais. A punição só é legítima quando o procedimento respeita direitos e garantias do cidadão.

---

23 BRASIL. Lei n. 13.964, de 24 de dezembro de 2019. Disponível em: http://www.planalto.gov.br/ccivil_03/_ato2019-2022/2019/lei/L13964.htm. Acesso em: 14 ago. 2020.

5 CONSIDERAÇÕES FINAIS

Enquanto o Estado não investe em política pública séria no combate aos crimes em geral, e em especial o crime de corrupção, mostra-se importante e necessária no momento histórico que vive o país a elevação do crime de corrupção nas diversas modalidades à categoria de crime hediondo, com todas as consequências mencionadas acima. Medida justa e necessária para tentar inibir a conduta em curto prazo desse fantasma real que assombra nosso país. Ocorre que, ante o caráter subsidiário do Direito Penal, aliado ao fato de que é o soldado de reserva, os poderes constituídos devem ter a responsabilidade de criar mecanismos para o combate da criminalidade, utilizando-se de outros meios de controle social (extrajudicial), com políticas públicas sérias e investimento eficaz nesse combate. Conforme noticiado em vários meios de comunicação, o país vive um momento histórico, jamais vivido anteriormente. Políticos e pessoas influentes estão sendo investigados, alguns já condenados e presos em razão do desvio do dinheiro público. Em longo prazo, o Estado deve investir em educação de forma séria e efetiva, devendo cumprir o disposto no artigo 6º da Carta da República. Combater a corrupção deveria ser um objetivo de todos. A elevação à categoria de crime hediondo não significa que haverá redução da criminalidade, mas é um caminho, mais um instrumento para tentar reduzir e combater. Por outro lado, é necessário termos em mente que eventual alteração legislativa não pode retroagir para atingir condutas praticadas antes da edição da norma, em respeito ao princípio da anterioridade e atento ao fato de que a lei penal só retroage para beneficiar o réu.

Aquelas condutas que causam maior reprovação pela sociedade devem receber tratamento diferenciado. A Constituição Federal, objetivando a proteção de bens e garantias fundamentais, estabeleceu no artigo 5º, XLIII que alguns crimes serão considerados hediondos. Assim, quando o Direito Penal seleciona uma conduta e cria uma infração penal, tem por objetivo tutelar um bem jurídico, e essa proteção deve ser eficiente, sob pena de a lei não atingir seu objetivo, a proteção do bem jurídico e, como consequência, a proteção da sociedade. Com a elevação da corrupção à categoria de crime hediondo, haverá redução, combate efetivo a esse fenômeno ou teremos a efetivação da função simbólica do Direito Penal?

REFERÊNCIAS

BRASIL. Decreto-Lei n. 2.848, de 7 de dezembro de 1940. **Código Penal**. Disponível em: http://www.planalto.gov.br/ccivil_03/decreto-lei/Del-2848compilado.htm. Acesso em: 10 mar. 2019.

BRASIL. Tribunal Regional Federal da 2ª Região. Habeas Corpus Criminal - Turma Espec. I – Penal, Previdenciário e Propriedade Industrial 0001249-27.2019.4.02.0000 (2019.00.00.001249-0). In: VALENTE, Fernanda. Leia a decisão de soltura do ex-presidente Temer e outros investigados. **CONJUR**, 25 mar. de 2019, Disponível em: https://www.conjur.com.br/2019-mar-25/leia-decisao-soltura-temer-outros-investigados. Acesso em: 27 mar. 2019.

BRASIL. **Lei n. 13.964**, de 24 de dezembro de 2019. Disponível em: http://www.planalto.gov.br/ccivil_03/_ato2019-2022/2019/lei/L13964.htm. Acesso em: 14 ago. 2020.

BRASIL. **Lei n. 8.072**, de 25 de julho de 1990. Disponível em: http://www.planalto.gov.br/ccivil_03/LEIS/L8072.htm. Acesso em: 26 mar. 2019.

BRASIL. Ofício n. 1.563 (SF). Brasília, em 4 de julho de 2013. Disponível em: https://www.camara.leg.br/proposicoesWeb/prop_mostrarintegra?codteor=1107064&filename=PL+5900/2013. Acesso em: 25 mar. 2019.

BRASIL. **Projeto de Lei n. de 2018**. Disponível em: https://www.camara.leg.br/proposicoesWeb/prop_mostrarintegra?codteor=1642724&filename=PL+9712/2018. Acesso em: 25 mar. 2019.

BRASIL. Câmara dos Deputados. **PL 5.900/2013**. Disponível em: https://www.camara.leg.br/proposicoesWeb/fichadetramitacao?idProposicao=583945. Acesso em: 25 mar. 2019.

BRASIL. Câmara dos Deputados. **PL 9.712/2018**. Disponível em: https://www.camara.leg.br/proposicoesWeb/fichadetramitacao?idProposicao=2168869. Acesso em: 25 mar. 2019.

DE PLÁCIDO E SILVA. **Vocabulário Jurídico**. Atualizado por Sagib Slaib Filho e Gláucia Carvalho, 27. ed. Rio de Janeiro: Forense, 2008.

GARCIA, Emerson; ALVES, Rogério Pacheco. **Improbidade administrativa**, 3ª ed. revista e ampliada. Rio de Janeiro: Lumen Juris, 2006.

GRECO, Rogério. **Curso de direito penal parte geral**. 13. ed. Niterói, RJ: Editora Impetus, 2011. v. 1.

HABIB, Gabriel. **Leis Penais Especiais**. 10. ed. atualizada e reformada. Salvador /Bahia: JusPODIVM, 2018.

MASSON, Cleber. **Direito penal**.:. parte geral. Esquematizado. 13. ed., rev., atual.e ampl. Rio de Janeiro: Forense; São Pauo, MÉTODO, 2019.

MIGALHAS. **TRF da 4a região declara indulto natalino de 2013 inconstitucional**. Sexta-feira, 11 de janeiro de 2019. Disponível em: https://www.migalhas.com.br/Quentes/17,MI294126,21048-TRF+da+4+regiao+declara+indulto+natalino+de+2013+inconstitucional. Acesso em: 10 mar. 2019.

POMPEU, Ana. Governo desmembra "pacote anticrime" em três PLs a serem levados ao Congresso. **Conjur**. 19 de fevereiro de 2019, 12h40. Disponível em: https://www.conjur.com.br/2019-fev-19/governo-desmembra-pacote--anticrime-tres-projetos-lei. Acesso em: 29 mar. 2019.

RIO GRANDE DO SUL. Incidente de Arguição de Inconstitucionalidade n. 5034205-88.2018.4.04.0000/RS. Tribunal Regional Federal da 4ª Região. In: MIGALHAS. **TRF da 4a região declara indulto natalino de 2013 inconstitucional**. Sexta-feira, 11 de janeiro de 2019. Disponível em: https://www.migalhas.com.br/Quentes/17,MI294126,21048-TRF+da+4+regiao+declara+indulto+natalino+de+2013+inconstitucional. Acesso em: 10 mar. 2019.

ROXIN, Claus. **A proteção de bens jurídico como função do direito penal.** Organização e tradução de André Luís Callegari e Nereu José Giacomelli. 2. ed. Porto Alegre: Livraria do Advogado, 2018.

VALENTE, Victor. **Direito penal**: fundamentos preliminares e parte geral. Salvador/Bahia: *Jus*PODIVM, 2018.

LEI ROUANET aspectos relevantes na garantia ao lazer e seus reflexos em práticas de corrupção

Raquel Marrafon Nicolosi[1]
André Luis Mattos Silva[2]

Resumo: Esse capítulo traz uma reflexão de como a corrupção pode afetar direitos fundamentais. Portanto, primeiro faz uma breve contextualização do lazer enquanto direito humano e sua intersecção com a cultura, por meio da lei Rouanet. Assim, o presente trabalho versa exclusivamente sobre o lazer e traz o impacto da corrupção nesse direito

---

[1] Professora do Instituto Federal de Educação, Ciência e Tecnologia de São Paulo, Campus de Avaré. Graduada em Turismo pela Universidade Estadual Paulista (UNESP-2007) e licenciada em geografia pela Universidade Metropolitana de Santos (Unimes-2014) e graduada em Direito pela Associação Educacional do Vale da Jurumirim (2019). Mestre em Direccion y Planificacion del Turismo (2009) pela Universidade de Santiago de Compostela (Espanha/convalidação mestrado em geografia/Unesp).

[2] Possui graduação em Direito pela Universidade Paulista (2004). Especialização em Direito Previdenciário pela Universidade Anhanguera. Mestre em Função Social do Direito pela Faculdade Autônoma de Direito de São Paulo (FADISP). Atualmente, é professor de Direito Previdenciário, Sociologia Jurídica e Direito Digital na Faculdade Eduvale de Avaré-SP. Também atua como coordenador de projetos na mesma instituição. É professor titular da cadeira de legislação junto ao IFSP Avaré. Tem experiência na área de Direito Constitucional, Direito do Consumidor, Direito Trabalhista, Direito Previdenciário, além de ênfase em Sociologia e Filosofia Jurídica. Compõe o banco de avaliadores do INEP-MEC desde 2018.

ao analisar caso da Lei Rouanet deflagrado na operação Boca Livre. Verifica-se que a Lei Rouanet impactou positivamente o direito ao lazer, uma vez que possibilitou à população executar atividades culturais em diferentes espaços nas últimas décadas. Ao se analisar a lei, constatou-se que a mesma prevê mecanismos de admissão, acompanhamento e fiscalização de projetos culturais, e inclusive endossa condutas que serão tipificadas como crimes. Mas isso não foi o suficiente para que ela não fosse utilizada para fins criminosos. No entanto, o Estado possui mecanismos capazes de enfrentar a corrupção desde que a maioria dos cidadãos exerça a cidadania, cumprindo com seus deveres e exigindo seus direitos, mesmo que, para isso, seja necessário provocar os entes Públicos. Cabe pontuar que a metodologia utilizada para esse texto foi à revisão bibliográfica, seguida de aplicação de questionário semi-estruturado, via *e-mail*, com a delegada federal responsável pela operação Boca Livre, para aprofundar o assunto.

Palavras-chave: lazer; Lei Rouanet; corrupção.

1 O LAZER COMO DIREITO HUMANO

O lazer é considerado um direito fundamental das pessoas, está expresso na Constituição Federal da República Federativa do Brasil de 1988. Por se tratar de um direito fundamental, o lazer deve ser oferecido por práticas positivas do Estado. Assim, fica evidente que o direito ao lazer não deve ser visto com um olhar estigmatizado, pois ele contribui com a qualidade de vida de um povo, com desenvolvimento individual e coletivo dos cidadãos, como instrumento de inclusão social etc. No contexto jurídico, o lazer está, entre outros aspectos, relacionado com a dignidade da pessoa humana e com o desenvolvimento da personalidade.

A Declaração Universal dos Direitos Humanos da ONU (1948), em seu artigo 24, positivou o lazer como um dos direitos indeclináveis para manutenção da dignidade humana, atrelado aos direitos fundamentais (MENIN, 2018; CARDOSO, 2013). Além disso, está previsto como direito humano (IBID). Outros documentos internacionais que tutelam o lazer são os Pactos Internacionais dos Direitos Civis e Políticos e dos Direitos Econômicos, Sociais e Culturais (CARDOSO, 2013).

No cenário nacional, o direito ao lazer é considerado um direito fundamental pela CF/88. Essa Constituição tem uma visão humanística, pela qual valoriza a dignidade da pessoa humana e protege os direitos fundamentais, de tal forma que são considerados cláusula pétrea (artigo 60 da CF/88), "que não pode sequer ser objeto de proposta de emenda constitucional que vise sua abolição" (DELGADO, PIMENTA E NUNES, 2019, p. 503). Isso significa que o "sistema jurídico passa a se orientar pela dignidade da pessoa humana, diretriz cardeal de todo o ordenamento jurídico" (IBIDEM, p. 503), delimitando, assim, a ação do estão sobre a população desse território e atuação de terceiros em prol do bem-estar social.

De acordo com Duarte (2009 p. 77), o direito ao lazer "é condição e consequência do exercício de uma cidadania ativa e efetiva". Ele é responsável pelo desenvolvimento humano e "fundamental para todos os seres". É um dos meios pelos quais o indivíduo pode se desenvolver como cidadão pertencente a um coletivo, bem como de forma individual, em que traz mudanças para a sociedade e para si mesmo, e está diretamente associado a qualidade de vida (BORGES, 2016 p. 1431). Cabe mencionar que a cidadania também é um fundamento do Estado Democrático de Direito e está no artigo 1º da CF/88 (DUARTE, 2009).

Além disso, o direito ao lazer também está expresso nos seguintes artigos: 7º, como sendo um direito dos trabalhadores; no artigo 217, que o menciona como uma ferramenta de promoção social e de incentivo ao esporte; e no 227, que lhe atribui prioridade absoluta, sendo dever da família, da sociedade e do Estado garanti-la (NUNES, SIQUEIRA e GONÇALVES, 2019). Ademais, está em normas infraconstitucionais como na CLT (IBIDEM), no Estatuto da Criança e do Adolescente, no Estatuto do Idoso, entre outros. Portanto, o direito ao lazer constitui-se em um "direito humano e direito fundamental social" de todos os cidadãos (MENIN, 2018, p. 11) e "deve ser entendido como uma necessidade social" (BORGES, 2016 p. 1432), ainda que esse direito seja pouco explorado pelos doutrinadores (MENIN, 2018; DUARTE, 2009; PEREIRA, 2009).

Portanto, o direito ao lazer é multidimensional "dada a sua ingerência em múltiplas áreas da vida humana" (CARDOSO, 2013 p. 35), de modo que ele:

> perpassa o direito à autonomia, à liberdade e, portanto, o livre desenvolvimento da personalidade. Perpassa a dimensão coletiva e social, como elemento de convivência essencial, também a autorrealização, exigindo tutela estatal de efetividade e atua também e com a sadia qualidade de vida (IBIDEM, p. 39).

Entende-se lazer como direito social, atrelado à dignidade da pessoa humana e ao espaço pelo qual a pessoa pode se desenvolver, transformar-se e superar barreiras socialmente construídas; é o momento em que ela faz o quer enquanto pessoa livre de obrigações. No entanto, é recente o estudo do lazer e normalmente está associado a duas teorias, uma do Joffre Dumazedier (1973), na qual ele define o lazer no momento livre de obrigações, com três funções básicas: "o descanso, a diversão e o desenvolvimento", enquanto Norbert Elias e Eric Dunning (1996) conceituam "o lazer como fenômeno fundamental para o viver social" e ressaltam a "busca pela excitação e o relativo descontrole das emoções como características principais que estão no cerne dessas atividades", endossando as atividades feitas no momento livre (NODARI et at., 2016, p. 1).

Nesse contexto, pode-se dizer que a Lei Rouanet, em sua essência, contribui com a efetivação do direito ao lazer, uma vez que o Estado, por meio de uma política pública, oferece à população momentos de lazer, de descanso, desenvolvimento individual, transformação social e divertimento mediante apresentações culturais como teatro, circo, dança, desfiles de escola de samba, entre outros. De acordo com Schmidt e Alcântara (2010 p. 382), "o lazer e a cultura abarcam um espectro amplo de fenômenos da vida social, e, especialmente no que diz respeito à cultura, sua conceituação pode expandir-se de modo a incluir toda a vida social de um grupo, de uma coletividade ou uma sociedade". Cabe pontuar que o presente trabalho não visa restringir o lazer a uma dimensão cultural; no entanto, faz um recorte da Lei Rouanet como exemplo de uma das políticas públicas que contribuem com a efetivação desse direito constitucional, direito ao lazer, e incita uma reflexão de como a corrupção pode usurpar das leis e tornar distante a efetivação dos direitos humanos, como o lazer e a cultura. Endossa-se ainda que essa reflexão não enseja que o Estado seja o único responsável pela efetivação e consolidação desse direito fundamental.

2 ESTADO DEMOCRÁTICO E AS POLÍTICAS PÚBLICAS NO BRASIL

A Constituição da República Federativa do Brasil de 1988 traz consigo a concepção do Estado Democrático de Direito, no qual o direito é visto como "instrumento civilizatório, ao invés de instrumento de exclusão e segregação", motivo pelo qual ela preza pela democracia participativa e inclusiva, "envolvendo todos os atores sociais nas mais diversas perspectivas: política, social, econômica, cultural, jurídica e institucional" (DELGADO, PIMENATA E NUNES, 2019, p. 508). Portanto, a ideia de democracia não se restringe à representatividade política, mas engloba a ideia de "cidadania ampliada", ou seja, de democracia multidimensional que:

> envolve as múltiplas dimensões do fenômeno democrático, quer as políticas, as econômicas, as sociais, as institucionais, as jurídicas e as culturais. Envolve, portanto, a garantia dos direitos individuais e sociais fundamentais na promoção de uma sociedade livre, equânime (igualdade em sentido substancial), justa e solidária. Abrange, pois, o direito à saúde, à educação, ao trabalho digno e particularmente ao emprego, à Seguridade Social, à alimentação, ao transporte massivo de qualidade, à moradia, à cultura, ao **lazer**, entre outros. Direitos que estão em linha, a propósito, com o propugnado pelo art. 6º da Constituição Federal de 1988 (IBIDEM, p. 509)..

Esse artigo 6º da CF/88 positiva os direitos sociais que complementam o artigo anterior, artigo º do mesmo documento, uma vez que ele "consagra o princípio da dignidade da pessoa humana", já que garante "o direito à vida, à privacidade, à igualdade, à liberdade, à segurança e à propriedade" (PRONI e PRONI, 2017 p. 186).

O artigo quinto está submetido ao título II, "Dos Direitos e Garantias Fundamentais", que, por sua vez, está dividido em diferentes capítulos. De acordo com Proni e Proni (2017 p. 186), "esses direitos fundamentais são divididos em direitos individuais, coletivos, difusos e de grupos". Para eles, ambos os artigos, o quinto e o sexto, constituem a "base jurídica para uma cidadania plena" do Estado Democrático de Direito (IBIDEM, p. 186).

Nesse mesmo viés Nunes, Siqueira e Gonçalves (2019, p. 48) endossam que "a efetivação de uma sociedade livre, justa e solidária deve-se edificar o direito à vida com dignidade que a compõe num Estado Democrático de Direito, no qual todo poder emana do povo e deve agir para construir uma sociedade de direitos universalizados". Assim, fica evidente que a sociedade deve ter uma participação ativa dentro do Estado Democrático em busca de uma melhoria na ordem social.

Para Borges (2016, p. 1445), "a essência da Democracia funda-se na ideia de que a decisão deve abranger a escolha da maioria, de maneira a cumprir a função de ser modelo de governo eficiente para o povo". Nesse contexto, o direito ao lazer pode ser entendido como direito social capaz de transformar o Estado e garantir o bem-estar social e a dignidade da pessoa humana (NUNES, SIQUEIRA e GONÇALVES, 2019). Complementando esse posicionamento, Oliveira (2018, p. 128) endossa que o lazer é "instrumento de melhoria da qualidade de vida das pessoas, funcionando como mecanismo de proteção à saúde, integridade física e psíquica dos membros da sociedade, proporcionando o crescimento pessoal do sujeito".

Cabe pontuar que, ao ser considerado como um direito fundamental, ele tem uma dimensão positiva que obriga o Estado e os particulares a agirem em seu favor e o *status* negativo no qual ambos devem se abster e não violar a esfera individual (DUARTE, 2009), já que são direitos inerentes aos indivíduos. Nesse sentido, o Estado não deve interferir nas escolhas de cada cidadão, ou seja, "a tarefa estatal resta muito mais vinculada a assegurar a não interferência, através de proteção com conteúdo negativo, do que eventual função promocional" (OLIVEIRA, 2018 p. 158).

O Estado se manifesta por meio de políticas públicas com o objetivo de alterar determinada situação na sociedade e um momento de tempo específico. Assim, as políticas públicas para o presente estudo são entendidas como "ações estatais porque o sujeito ativo, seja no âmbito do planejamento, seja no de coordenação, é o Estado, ainda que a execução possa ser delegada a entes colaboradores da própria sociedade civil – ONGs" (HOMERCHER, 2012, p. 161). De acordo com essa mesma autora, ela deve ter com objetivo e o resultado alcançável deve ser mensurável e ter uma finalidade pública.

Conforme Silveira (2005 p. 23), "as políticas públicas de lazer correspondem a um conjunto de intervenções que se materializam em bem ou serviço de interesse público com o objetivo de assegurar o direito ao lazer". Essa mesma autora (IBIDEM, p. 23) pontua que o Estado faz propostas para o curto prazo, no qual endossa

> a relação de hegemonia, que subordina o lazer às indústrias esportiva, cultural e de entretenimento, que se limitam à mercantilização do esporte, à espetacularização, à construção de espaços lúdicos sem proposta significativa e à massificação das experiências.

Outro problema das políticas públicas no âmbito do lazer é a falta de continuidade na implementação das mesmas, após mudanças eleitorais (Duarte, 2009) e a falta de entendimento do que é o lazer, visto que é um conceito macro que interligado com diferentes direitos (DUARTE, 2009; SILVEIRA, 2015). Silveira (2015, p 27) pontua que o grande problema nesse entendimento conceitual por parte dos gestores públicos é a "apropriação do tempo livre pelo capital" que o transforma em tempo de consumo e de alienação e que de certa forma condiciona as ações estatais. Essa mesma autora verificou em seu estudo que o conceito de lazer é construído de forma divergente na sociedade, em função das realidades e dos contextos individuais. Ao analisar dados do IPEA relativos aos espaços de práticas culturais e sociais, em 2010, vê-se que os comércios estão bem localizados de acordo com a população, diferentemente da avaliação feita de praças, jardins, equipamentos esportivos, culturais e outros que foram considerados mal situados ou razoavelmente bem localizados (IBIDEM). Isso demonstra que as infraestruturas, advindas de políticas públicas, estão subordinadas à hegemonia do capital,; consequentemente, o lazer está sendo atrelado ao consumo e não ao desenvolvimento integral do cidadão e ao aumento da qualidade de vida. Importante mencionar que há diferentes trabalhos que analisam o posicionamento das infraestruturas nas cidades e o acesso a eles; entre esses trabalhos destaca-se o de Schmidt e Alcântara (2010, p. 381):

> As políticas públicas tendem a oferecer nada ou quase nada no que diz respeito aos bens culturais e ao lazer para populações pobres. São

> conhecidos os mapas de exclusão social na cidade de São Paulo: exibem de maneira gritante a presença rarefeita ou a total ausência dos convencionais equipamentos destinados à cultura (teatro, bibliotecas, cinemas, centros culturais, entre outros) nas periferias das cidades ondem mora a população de baixa renda.

De acordo com Silveira (2015 p. 152), o lazer deixou de ser algo educativo para ser momento propício ao consumo, e isso deixou a população indecisa na hora de reivindicar seus direitos, visto que "não sabe se deve ser satisfeita pelo Estado ou pelo mercado". Acredita-se que essa divergência conceitual também está nos entes públicos, como, por exemplo, na concepção da Lei Rouanet (Lei n. 8.313/1991), foco do presente estudo. Essa norma gerou crítica desde sua concepção; veja-se:

> [...] pois embora estivesse embasada no comando constitucional de incentivo à cultura e ao direito social ao lazer, é de conhecimento comum que também é utilizada como amparo jurídico para a facilitação de eventos cujo foco principal é o lucro, e isso às custas de "renúncia de receita" por parte do Estado (PAES e CONCEIÇÃO, 2019, p. 137).

Isso demonstra a utilização da lei para a hegemonia cultural do consumo e não propriamente para valorizar a cultura popular e propiciar acessibilidade cultural aos cidadãos, e sim difundir o que a indústria acredita que deve ser cultura e, consequentemente, a valorização de suas marcas por meio da promoção desses eventos. Nesse sentido, Schmidt e Alcântara (2010) salientam que há contradições nas representações, visto que, de um lado, está a comunidade periférica, muitas vezes vinculada às instituições do terceiro setor, e, do outro, os empresários que são beneficiados pela lei de incentivo fiscal.

O mecanismo de financiamento da cultura tem sido tema de discórdia entre uma parcela da população, pois endossam o uso indevido de dinheiro público pelo setor privado, incitando a inconstitucionalidade inclusive do Ministério da Cultura, responsável por sua gestão (MENEZES, 2016). No entanto, esse mesmo autor salienta que tal acontece devido ao desconhecimento da lei como um todo, e inclui os resultados e as informações parciais e errôneas veiculadas como se representassem a amplitude do projeto. Pontua ainda que há leis que promovem incentivos fiscais em diversas áreas, como no setor automobilístico, no esporte, na agricultura etc.

Por outro lado, destacam Schmidt e Alcântara (2010, p. 382):

> O investimento de verbas públicas vem privilegiando, nos últimos quase 20 anos, a política de incentivos fiscais, privatizando as iniciativas das áreas de cultura e lazer, com resultados que interessam, sobretudo, aos setores de marketing e publicidade das empresas beneficiadas.

Nesse mesmo sentido, Silva, Lelis e Costa (2017, p 30), ao estudarem a Lei Rouanet e os direitos culturais, endossam que ela tem beneficiado artistas já consagrados, e que tem se fortalecido devido à inércia do Estado, gerando "distorções e contradições quando comparadas aos preceitos constitucionais" relacionados à "democracia cultural", uma vez que prioriza a cultura de massas em detrimento das demais.

De todas as formas, esses trabalhos demonstram que as política públicas são percebidas de forma divergente entre os membros da sociedade e que os cidadãos não estão sendo beneficiados de forma igualitária. Assim, as comunidades periféricas têm recebido "promoções assistencialistas promovidas por organizações privadas, instituições beneficentes e religiosas que monopolizam, por meio de projetos aprovados no MINC, as verbas públicas" (SCHMIDT e ALCÂNTARA, 2010, p. 382).

3 A LEI ROUANET E OS REFLEXOS NO CAMPO DO LAZER

A Lei Rouanet, Lei n. 8.313, foi criada em 1991 e é uma lei federal de fomento à cultura por meio de incentivos fiscais destinados a promover espetáculos, como, por exemplo, produção de *shows*, projetos literários itinerantes, livros, museus, galerias, teatros, circo, ópera, produção cinematográfica, mímica, entre outras manifestações culturais (MinC, 2020[3]; BRASIL, 1991).

[3] Disponível em: http://leideincentivoacultura.cultura.gov.br/ Acesso em: 27 maio 2020.

Cabe pontuar que, "ao contrário de outros incentivos fiscais, muitas vezes definidos por decretos, ou medidas provisórias, a Lei Rouanet foi discutida, votada e aprovada no parlamento brasileiro, e continua em pleno vigor, mesmo que carente de reformas". (MENEZES, 2016 p. X). Essa lei foi sancionada pelo Presidente Collor e com ela foi instituído o Programa Nacional de Apoio à Cultura (Pronac).

Tal programa tem como objetivo "financiar e/ou viabilizar projetos culturais de pessoas físicas e jurídicas de natureza cultural, via captação e distribuição de recursos financeiros" (SADDI, 2010, p. 59). O artigo, segundo essa Lei (Lei n. 8.313/91), positiva que "o Pronac será implementado através dos seguintes mecanismos: I – Fundo Nacional da Cultura (FNC); II – Fundos de Investimento Cultural e Artístico (Ficart); III – Incentivo a projetos culturais." Em outras palavras:

> As modalidades de incentivo que compõem a lei estão divididas da seguinte forma: a) o "Mecenato", que trabalha através do mecanismo de incentivo fiscal, possibilitando que empresas públicas e privadas possam abater um percentual de seus impostos de renda ao patrocinarem projetos culturais. É, atualmente, a modalidade mais utilizada; b) o Fundo Nacional de Cultura (FNC), voltado a projetos que *a priori* não apresentem "atratividade ao mercado". Projetos financiados pelo FNC recebem até 80% da verba total para a concretização destes. Podem utilizar parte do fundo apenas instituições privadas sem fins lucrativos, instituições públicas e pessoas físicas. Essa modalidade, até então, vem sendo utilizada de forma mais pontual, em ações e programas como o DOCTV, de incentivo à produção de documentários no país; c) o Ficart, fundo de investimento voltado a atividades comerciais, onde o incentivador participa dos lucros e riscos do projeto (SADDI, 2010, p. 59).

Cabe salientar que, para o projeto estar apto a receber incentivo fiscal, o mesmo deve se passar pela Comissão Nacional de Incentivo à Cultura, formado por um grupo multidisciplinar composto por membros do setor cultural e do governo, que analisará seu mérito; se aprovado, será publicado no Diário Oficial da União, e consequentemente, estará apto a receber incentivos

(MARQUES, 2016). Essa mesma autora endossa que também há mecanismos de prestação de contas e de auditorias externas nas empresas que devem ser "registradas na Comissão de Valores Imobiliários"e que eles, juntamente com a exigência de se ter um projeto aprovado, são inovações da lei se comparados com a lei de incentivo fiscal anterior, destinada à cultura, a Lei Sarney (IBIDEM, p. 32).

De acordo com o artigo 18 da Lei n. 8313/91, tanto pessoas físicas como jurídicas podem propor projetos culturais, portanto:

> Art. 18. Com o objetivo de incentivar as atividades culturais, a União facultará às pessoas físicas ou jurídicas a opção pela aplicação de parcelas do Imposto sobre a Renda, a título de doações ou patrocínios, tanto no apoio direto a projetos culturais apresentados por pessoas físicas ou por pessoas jurídicas de natureza cultural, como através de contribuições ao FNC, nos termos do art. 5º, inciso II, desta Lei, desde que os projetos atendam aos critérios estabelecidos no art. 1º desta Lei.

Esse mesmo artigo em seus parágrafos primeiro, segundo e terceiro, permite o abatimento de 100% do valor gasto pelo patrocinador ou apoiador desde que estejam enquadrados no segmento taxativo do parágrafo terceiro. Assim:

> § 1º Os contribuintes poderão deduzir do imposto de renda devido as quantias efetivamente despendidas nos projetos elencados no § 3º, previamente aprovados pelo Ministério da Cultura, nos limites e nas condições estabelecidos na legislação do imposto de renda vigente, na forma de:
>
> a) doações; e
>
> b) patrocínios.
>
> § 2º As pessoas jurídicas tributadas com base no lucro real não poderão deduzir o valor da doação ou do patrocínio referido no parágrafo anterior como despesa operacional.
>
> § 3º As doações e os patrocínios na produção cultural, a que se refere o § 1º, atenderão exclusivamente aos seguintes segmentos:
>
> a) artes cênicas;
>
> b) livros de valor artístico, literário ou humanístico;
>
> c) música erudita ou instrumental;

> d) circulação de exposições de artes plásticas;
>
> e) doações de acervos para bibliotecas públicas e para museus. (NR)

Os demais projetos culturais serão abatidos de forma parcial de acordo com exposto no artigo 26 da referida Lei e conforme sua natureza jurídica, se pessoa física ou jurídica, e sua forma de investimento, que pode ser doação ou patrocínio.

> Art. 26. O doador ou patrocinador poderá deduzir do imposto devido na declaração do Imposto sobre a Renda os valores efetivamente contribuídos em favor de projetos culturais aprovados de acordo com os dispositivos desta Lei, tendo como base os seguintes percentuais: (Vide arts. 5º e 6º, Inciso II da Lei n. 9.532 de, 1997)
>
> I – no caso das pessoas físicas, oitenta por cento das doações e sessenta por cento dos patrocínios;
>
> II – no caso das pessoas jurídicas tributadas com base no lucro real, quarenta por cento das doações e trinta por cento dos patrocínios.
>
> § 1º A pessoa jurídica tributada com base no lucro real poderá abater as doações e patrocínios como despesa operacional.
>
> § 2º O valor máximo das deduções de que trata o *caput* deste artigo será fixado anualmente pelo Presidente da República, com base em um percentual da renda tributável das pessoas físicas e do imposto devido por pessoas jurídicas tributadas com base no lucro real.
>
> § 3º Benefícios de que trata este artigo não excluem ou reduzem outros benefícios, abatimentos e deduções em vigor, em especial as doações a entidades de utilidade pública efetuadas por pessoas físicas ou jurídicas.
>
> § 4º (VETADO)
>
> § 5º O Poder Executivo estabelecerá mecanismo de preservação do valor real das contribuições em favor de projetos culturais, relativamente a este Capítulo.

Isso demonstra que pessoas físicas e jurídicas podem propor e/ou incentivar projetos culturais. De acordo com o disposto no *site* do governo federal, destinado à Lei de Incentivo à Cultura, http://leideincentivoacultura.cultura.gov.br/o-que-e/, acessado em 25 de maio do presente ano:

desde a criação da Lei até agora (1991-2018), mais de 53 mil projetos foram realizados com apoio deste mecanismo, resultado de um investimento total de cerca de R$ 17 bilhões. De acordo com estudo feito pela Fundação Getulio Vargas em 2018, cada R$ 1 de renúncia de imposto concedida pela Lei de Incentivo à Cultura gera R$ 1,59 de retorno para a economia brasileira.

Esse estudo da FGV sobre o impacto da Lei Rouanet, de 1991 até 2018, foi encomendado pelo Ministério da Cultura e concluiu que essa lei tem movimentado a economia brasileira em 49,8 bilhões de reais, somando o impacto direito e indireto desses projetos.[4] Esse foi o primeiro estudo realizado sobre o impacto desta lei no cenário nacional (IBIDEM).

Outro ponto positivo demonstrado por tal estudo é que mais projetos foram aprovados no decorrer dos anos com valores menores que os do início, assim como demonstra o gráfico abaixo.

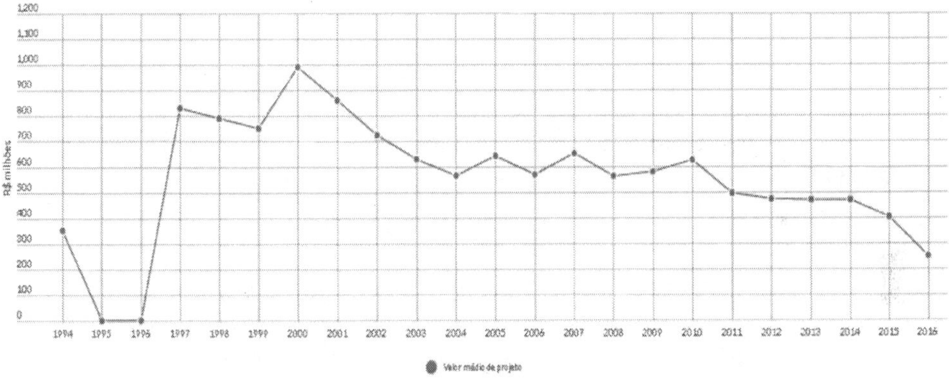

Gráfico 1 – Valor médio por projeto por ano
(R$ milhões, preços de maio de 2016)

Fonte: http://dapp.fgv.br/recursos-lei-rouanet-em-queda-desde-2010/. Acesso em: 30 maio 2020.

[4] Disponível em: http://cultura.gov.br/projetos-da-rouanet-injetaram-r-49-78-bilhoes-na-economia-em-27-anos/. Acesso em: 25 maio 2020

Esse estudo também demonstra a maior parte dos projetos realizados por meio de isenção fiscal de pessoas jurídicas que pelos quais, no ano de 2015, foi constatada uma concentração de 26% desses recursos em apenas 15 empresas, conforme gráfico a seguir:

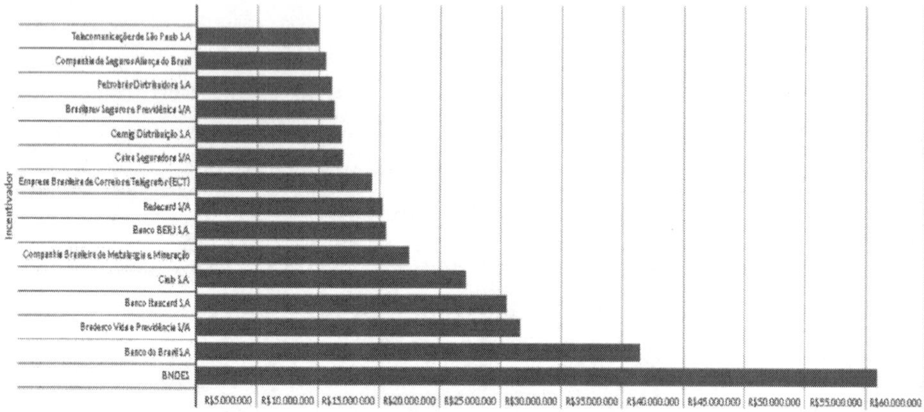

Gráfico 2 – Maiores empresas financiadoras de 2015.

Fonte: http://dapp.fgv.br/recursos-lei-rouanet-em-queda-desde-2010/. Acesso 30/05/20.

Tal como ilustrado no gráfico feito pela FGV-DAPP, o BNDS deixou de destinar mais de 50 milhões de reais aos cofres públicos, uma vez que foram investidos em projetos culturais. Conforme esse estudo,[5]

> a partir do gráfico, pode-se notar que a maior fonte de financiamento de projetos de cultura no âmbito da Lei Rouanet é o BNDES, com quase 56 milhões de reais que deixaram de ir aos cofres públicos. Apesar de esse montante ser suficiente para marcar o recorde de financiamento do ano, nem sempre foi assim. Outra empresa estatal já destinou muito mais recursos à Lei Rouanet em anos anteriores. A Petrobras chegou a aplicar mais de 400 bilhões de reais (atualizados para preços de 2016) em 2006.

[5] Disponível em: http://dapp.fgv.br/recursos-lei-rouanet-em-queda-desde-2010/. Acesso em: 25 maio 2020.

Além desses impactos positivos na economia nacional, como evidenciado pelo estudo da FGV, há um impacto positivo na esfera do lazer, visto que algumas atividades de lazer podem estar ligadas à esfera cultural, a qual o cidadão escolhe por iniciativa própria: ir ao museu, ao *show*, a exposições, parques etc. Acredita-se ainda que tal lei endossa o direito ao lazer positivado na Constituição Federal, uma vez que permite a consolidação parcial do lazer, dentro da esfera cultural, como uma política de Estado e não meramente de governos.

Em suma, para realizar a tramitação desses projetos culturais por intermédio da Lei Rouanet, qualquer pessoa, física ou jurídica, deve inseri-lo, por meio eletrônico, no Sistema de Apoio às Leis de Incentivo à Cultura (Salic). Na sequência, serão analisados os critérios objetivos de admissibilidade do projeto tanto previsto na referida lei quanto em instrução normativa vigente. Se cumpridos tais requisitos, a proposta se consolida como projeto por meio da publicação no *DOU*, e então poderá captar recursos. Posteriormente, será analisada por uma equipe técnica, que repassará seu parecer à Comissão Nacional de Incentivo à Cultura (CNIC), que por sua vez está vinculada ao Ministério da Cidadania, como comissão consultiva, motivo pelo qual tal ministério deve dar o parecer final sobre o projeto após a homologação da execução do projeto pela CNIC. A partir desse momento, o responsável pelo projeto pode buscar pessoas que estejam dispostas a incentivá-lo e, apenas quando tiver captado 20% do valor total previsto na planilha orçamentária do projeto, ele poderá ser iniciado efetivamente. Após finalizar o projeto, o proponente deve efetuar a respectiva prestação de contas, que será analisada incialmente pelo Ministério da Cultura.

Essa lei prevê em seu artigo 36: "O Departamento da Receita Federal, do Ministério da Economia, Fazenda e Planejamento, no exercício de suas atribuições específicas, fiscalizará a efetiva execução desta Lei, no que se refere à aplicação de incentivos fiscais nela previstos". Portanto, tal Ministério também fiscalizará a referida lei, além do Ministério da Cultura. Também, tal lei se preocupou em demarcar condutas não toleráveis e suas consequências, bem como alguns crimes, como é o caso dos artigos 38, 39 e 40:

> Art. 38. Na hipótese de dolo, fraude ou simulação, inclusive no caso de desvio de objeto, será aplicada, ao doador e ao beneficiário, multa

> correspondente a duas vezes o valor da vantagem recebida indevidamente.
>
> Art. 39. Constitui crime, punível com a reclusão de dois a seis meses e multa de vinte por cento do valor do projeto, qualquer discriminação de natureza política que atente contra a liberdade de expressão, de atividade intelectual e artística, de consciência ou crença, no andamento dos projetos a que se refere esta Lei.
>
> Art. 40. Constitui crime, punível com reclusão de dois a seis meses e multa de vinte por cento do valor do projeto, obter redução do imposto de renda utilizando-se fraudulentamente de qualquer benefício desta Lei.
>
> § 1º No caso de pessoa jurídica respondem pelo crime o acionista controlador e os administradores que para ele tenham concorrido.
>
> § 2º Na mesma pena incorre aquele que, recebendo recursos, bens ou valores em função desta Lei, deixa de promover, sem justa causa, atividade cultural objeto do incentivo.

Cabe pontuar que essa lei está regulamentada pelo Decreto n. 5.761 de 2006, que estabelece o sistema de execução do Pronac, além de dar outras providências.

4 O USO DAS POLÍTICAS PÚBLICAS DE LAZER COM FINS DE CORRUPÇÃO

Como demonstrado anteriormente, a Lei Rouanet impactou positivamente a economia brasileira e contribui com a efetivação do direito ao lazer na esfera cultural. No entanto, ela também tem sido usurpada por pessoas com finalidades diversas ao positivado na lei. Um caso notório é o da operação Boca Livre, conduzida pela polícia federal, em 2016, que investigou fraudes no sistema de renúncia fiscal, previsto na Lei Rouanet, envolvendo um conjunto de empresas ligado ao grupo Bellini Cultural, no qual se estima que os prejuízos à União ficaram entorno de 21 milhões (MPFSP, 2020[6]).

[6] Disponível em: http://www.mpf.mp.br/sp/sala-de-imprensa/noticias-sp/operacao-boca-livre-reus-ligados-ao-grupo-bellini-sao-condenados-por-fraudes-em-projetos-culturais

O Ministério Público Federal de São Paulo denunciou ao Ministério da Cultura em 2011 possíveis irregularidades envolvendo esse grupo e algumas empresas em projetos culturais, após receber uma denúncia anônima (INQUÉRITO POLICIAL n. 0001071-40.2016.4.03.6181); em 2014, o Ministério da Cultura solicitou à Controladoria Geral da União a apuração das denúncias feitas pelo MPFSP; portanto, comunicou à Polícia Federal de São Paulo por meio de notas técnicas que apurasse tais fraudes, de 1998 até 2016, momento no qual se instaurou a operação Boca Livre (MPF[7]).

Nas investigações conduzidas pela Polícia Federal havia indícios de que tais empresas agiam em conluio com o Grupo, ou seja, que a maior parte dos patrocinadores sabia das fraudes, e algumas vantagens, inclusive, eram exigidas nos contratos. Cabe pontuar que,

> na denúncia encaminhada pelo MPF/SP em 2011, destacam-se:
> a) "compra" de notas fiscais para apresentação ao Ministério da Cultura, a fim de justificar gastos com projetos culturais aprovados e inexecutados;
>
> b) superfaturamento de produtos e serviços, por meio da utilização de notas fiscais com sobrepreço;
>
> c) sonegação de impostos, pela omissão de registros nos livros exigidos pela lei fiscal;
>
> d) apresentação de projetos culturais iguais ou duplicados, junto ao MinC, em nome de diferentes pessoas físicas, parentes e amigos mais próximos, como Mônica Patte (prima de Tânia Regina Guertas), Bruno Vaz Amorim, Fábio Ralston e Amaral Crespo;
>
> e) mesma titularidade de empresas proponentes SOLUÇÃO CULTURAL, AMAZON BOOKS e MASTER em nome de Antônio Carlos Bellini Amorim e família, cujo nome fantasia é BELLINI CULTURAL;
>
> f) manutenção de um grupo de "facilitadores remunerados", por Antônio Bellini, junto ao Ministério da Cultura, para aprovação dos "mesmos projetos culturais", com citação de Arlício Santos, cujos contatos seriam através de ligações telefônicas fixas, celulares e rádio;

7 Disponível em: http://www.mpf.mp.br/sp/sala-de-imprensa/docs/boca-livre-denuncia_final.pdf/

> g) aprovação de "novos projetos", apenas com a "troca do título de projeto anterior". Assim, exemplificativamente, o projeto "Planeta Água" era tratado como Teatro Itinerante Arte e Ação/Sustentarte/Mata Viva é o mesmo Planeta Água; o projeto "Cinema para Caminhoneiros" era nomeado como Cinema Itinerante;
>
> h) luxuosidade extrema na realização da maior parte dos *shows*, em casas de espetáculos, como na Sala São Paulo ou HSBC para público fechado do patrocinador;
>
> i) Contratação, apenas, de renomadas orquestras sinfônicas que faziam parte dos shows, como Arte Viva e Júlio Medáglia, os quais seriam parceiros desde a fundação da produtora;
>
> j) edições de livros pagos pela Lei Rouanet, e que se repetiam, apenas com a troca do nome do "título". Estes livros eram superfaturados em suas notas fiscais e centenas deles não eram doados como exige a Lei Rouanet para as bibliotecas públicas. Foi citado que havia livros deteriorando-se em diversos endereços do denunciado.
>
> A evolução das investigações, no presente caso, apontou para a confirmação da maioria destas fraudes, com exceção dos fatos descritos nas "c" e "f". (INQUÉRITO POLICIAL n. 0001071-40.2016.4.03.6181 p. 04 e 05[8]).

Esse mesmo inquérito policial evidenciou que o Ministério da Cultura não teve condições de fiscalizar as prestações de contas do Grupo Bellini e que, em 2011, tal Ministério sugeriu o arquivamento do caso e a improcedência da representação do MPF em 2011. Assim, a falta de fiscalização desse órgão público responsável pelo projeto "propiciou o surgimento de associações e organizações criminosas, como a ora denunciada, com desvios de recursos públicos por mais de uma década e em valores que superam a casa dos R$ 21 milhões de reais" (IBIDEM, p. 7).

Esse mesmo inquérito (p. 9) relata as fases pelas quais o projeto deveria passar da sua aprovação até a prestação de contas.

---

[8] Disponível em: http://www.mpf.mp.br/sp/sala-de-imprensa/docs/boca-livre-denuncia_final.pdf/

> Dentro da dinâmica do processo de aprovação do projeto cultural, a proposta é submetida à Secretaria de Fomento e Incentivo à Cultura (SEFIC), pertencente ao MinC, que avalia a capacidade técnica do proponente (deve atuar há pelo menos dois anos na área cultural), a viabilidade de execução do projeto (apresentado num plano de execução específico), seus custos e, por fim, o atendimento à finalidade da Lei Rouanet, estabelecida no artigo 1º da Lei 8313/91. Após parecer favorável, a proposta é encaminhada ao CNIC (Comissão Nacional de Incentivo à Cultura), a qual, se também favorável, retorna à SEFIC para aprovação final. Com a aprovação, a proposta é transformada em projeto cultural, estipulando-se prazos para a captação de recursos, execução de seu objeto e prestação de contas, cabendo à SEFIC sua fiscalização durante a execução e a análise das prestações de contas.

Esse mesmo documento (p. 9) endossa:

> Dentre diversos pontos, a CGU apontou que, em 87,7% dos projetos registrados no Sistema de Apoio às Leis de Incentivo à Cultura (SALIC NET) foi identificada alguma situação de risco, desde relacionamentos suspeitos entre proponentes/patrocinadores/fornecedores, como de proponentes em situação inativa na Receita Federal e sem funcionários registrados.

Esses textos evidenciam que a lei está sendo descumprida e que o ente público responsável pela fiscalização não está fazendo como deveria, dando margens à corrupção.

Cabe pontuar que a pessoa que propõe e executa o projeto cultural, conforme a Lei Rouanet, é equiparada ao funcionário público por força do dispositivo 327 do Código Penal, pois está mexendo com dinheiro público, captados por meio de incentivos fiscais previstos na Lei Rouanet (IBIDEM).

O desenrolar desse caso foi finalizado com a sentença da juíza federal da terceira Vara Criminal Federal de São Paulo, em fevereiro deste ano, no qual foram condenados 12 pessoas envolvidas com o grupo Bellini Cultural, que tiveram pena de privação de liberdade, multas e o perdimento de bens e valores, de acordo com a nota no *site* da Justiça Federal, publicada no dia 9 de março de 2020.:

> Restou comprovado pelas provas existentes nos autos que o grupo Bellini e seus colaboradores tinham um sistema estruturado cujo principal escopo era a aprovação de projetos culturais por meio de pessoas jurídicas e físicas junto ao Minc para, posteriormente, utilizar as verbas captadas para realização dos projetos em benefício exclusivo das próprias empresas patrocinadoras, que por sua vez deduziram tais valores do quanto devido a título de imposto de renda de pessoa jurídica, afirma a juíza na decisão. Segundo a magistrada, foi constatada a existência de um esquema bem estruturado, que se iniciou nos anos 2000 e perdurou até a deflagração da operação da Polícia Federal em junho de 2016. "Verificou-se que os recursos captados por meio de patrocínio nos Pronacs (Programa Nacional de Apoio à Cultura) aprovados pelo grupo Bellini eram revertidos, integral ou parcialmente, em contrapartidas em benefício exclusivo das próprias empresas patrocinadoras, para além dos limites legais ou de forma expressamente contrária ao quanto preconizado pela Lei Rouanet."
>
> Com isso, os recursos acabavam se revertendo em eventos exclusivamente privados e fechados, tais como *shows* de artistas em festas particulares de aniversário ou confraternização de fim de ano das empresas patrocinadoras, ou ainda livros corporativos para promoção da própria empresa e distribuição junto a seus clientes e fornecedores, pagos com os recursos públicos da Lei Rouanet. "A utilização dos recursos não encontra respaldo legal, seja porque constituía benefício material exclusivo para a patrocinadora, seja porque constituía evento sem livre acesso ao público, seja porque contrariava os segmentos que poderiam ser objeto de incentivo fiscal", afirma Flávia Serizawa.
>
> Além disso, como o real propósito do grupo era a realização dos eventos privados que beneficiariam unicamente as patrocinadoras, muitos dos projetos culturais, tal como eram aprovados perante o MinC, sequer eram efetivamente executados. "Para tanto, contava com a ineficiência e desorganização do Minc em relação à fiscalização e prestação de contas, que chegava a demorar até 19 anos na análise da prestação de contas", diz a decisão.

Tal desfecho da Operação Boca Livre evidencia que a corrupção não foi favorecida pela Lei Rouanet em si e que a falta de fiscalização dos servidores públicos favoreceram atuação criminosa. A fim de corroborar o quanto já apresentado no presente estudo, apropriado reproduzir entrevista com a

Delegada da Polícia Federal Melissa Pastor sobre corrupção no caso da Lei Rouanet:

(Oportuno destacar que o primeiro contato com a delegada foi feito por telefone. Na sequência foi enviado à prévia do capítulo comum questionário semiestruturado, por *e-mail*, para que a delegada pudesse fazer suas considerações. O questionário tinha 4 perguntas sobre a Operação Boca Livre. Após transcrição do questionário, o mesmo foi enviaoda, por *e-mail*, para que a entrevistada pudesse dar sua anuência e/ou fazer alterações que considerassem cabíveis.)

O problema da corrupção demonstrado na operação Boca Livre pode ser atribuído à lei? –"Não. Especificamente nesta investigação constatou-se que a ausência de fiscalização por parte do Ministério da Cultura foi primordial para continuidade delitiva. A organização criminosa se utilizou de inúmeras fraudes. Na certeza de que as prestações de contas dos projetos culturais não eram de fato verificadas, uma das fraudes era a utilização de documentos de um projeto executado, tais como fotos, num outro projeto cultural, similar, não executado, em que todos os recursos eram desviados. Por mais de duas décadas não houve efetiva fiscalização".

Há alguma lacuna que deixou espaço para que a corrupção acontecesse? "Além de falta de fiscalização do MinC, o artigo 40 da Lei 8.313/91 não permite a punição devida para aqueles que desviam recursos dos projetos culturais. No caso da operação, o Juízo de 1ª instância acatou representação desta subscritora, que compreendia que no caso específico havia uma associação criminosa que praticava estelionato em face da União, na medida em que aprovava projetos no interesse de patrocinadores, e muitas vezes com o apoio desses, não os executava plenamente. Contudo, casos em que proponentes culturais desviarem recursos públicos que deveriam ser empregados em projetos, com vistas a democratizar o acesso à cultura, responderão por esse delito cuja pena é reclusão de até 2 meses e uma multa de até 20% do valor do projeto".

A corrupção corrói os direitos fundamentais do indivíduo? "Sem dúvidas. Tratando-se de desvio de recursos públicos que deveriam ter sido empregados na área da cultura, atenho-me que nesses casos fere-se o direito fundamental da igualdade, na concepção de que todos devem ter acesso a certos bens (culturais), com o objetivo de se combater a desigualdade social e econômica. Da mesma forma, fere-se o acesso de todos aos direitos culturais. A Lei Rouanet trouxe mecanismos para a concretude do disposto no artigo 215 da Constituição Federal, de que cabe ao Estado garantir a todos o pleno exercício dos direitos culturais e acesso às fontes da cultura nacional. Muitas pessoas que não teriam jamais condições de assistir a uma peça teatral foram contemplados com teatros itinerantes de Pronacs".

O que o cidadão pode fazer para auxiliar no enfrentamento à corrupção? "Acompanhar os projetos culturais de sua região pelo *site* SALIC-NET, que contempla todos os projetos culturais aprovados pelo Governo Federal e, caso verifique algo suspeito, denunciar. A Operação Boca Livre iniciou-se a partir de uma denúncia anônima".

5 CONSIDERAÇÕES FINAIS

A Lei Rouanet gerou benefícios econômicos como demonstrado na pesquisa realizada pela FGV nas últimas décadas, salientando que os valores renunciados pelos cofres públicos movimentaram diversos setores da economia. No entanto, os benefícios transcendem a dimensão econômica para esfera social/cultural e humana. Dessa forma, acredita-se que a Lei impactou positivamente no que diz respeito ao direito ao lazer, em sua dimensão cultural, visto que a população do território nacional teve durante esses últimos anos possibilidades de ir a diferentes espaços desfrutar de atividades culturais. De certa forma, demonstra uma preocupação do governo em fazer políticas de Estado que efetivem esse direito, ainda que não seja o objetivo central da referida Lei.

A Lei Rouanet não está falha em sua concepção, ainda que os resultados gerem dissenso entre os espectadores, pois ela prevê a valorização cultural por meio de incentivos fiscais, que por sua vez têm resultado em impactos econômicos positivos. Ocorre que algumas pessoas, físicas e/ou jurídicas, estão utilizando a lei para benefícios próprios e não para o fomento da diversidade cultural como disposto na lei.

No caso analisado, ficou constatado que, por falta de fiscalização do ente responsável pelo projeto cultural, algumas pessoas têm utilizado a lei para promoção empresarial e para angariar benefícios próprios, submetendo documentos divergentes dos permitidos na referida lei, de modo a causar uma lesão no Erário. No entanto, não se acredita que tal lei favoreça o crime; muito pelo contrário, a lei positiva os mecanismos de controle e endossa quais são as condutas criminosas.

Talvez fosse necessário rever o entendimento sobre o artigo 40 da referida lei, a fim de considerá-las como crime de estelionato contra a União, visto que se trata de dinheiro público e que, ao não cumprir o mencionado no projeto, o proponente estaria causando um dano aos direitos fundamentais do cidadão. Possivelmente, poderia aumentar o respeito pelos direitos sociais por parte dos proponentes do projeto. De todas as formas, acredita-se que mais importante que intensificar as penalidades é instruir o cidadão sobre seus direitos e deveres como pertencentes à República Federativa do Brasil, salientando a importância do seu papel ativo, em acompanhar e fiscalizar as ações do Estado, juntamente com os órgãos públicos, afinal uma Nação se fortalece quando a população e o Estado trabalham juntos a fim de promover o bem-estar social.

Além disso, ficou evidenciado que a Administração Pública, composta por diferentes instituições como o Ministério da Cultura, a Polícia Federal, o Ministério Público Federal e a Controladoria Geral da União podem fazer frente às organizações criminosas que usurparem de verbas públicas em benefícios divergentes dos previstos em lei, mesmo quando uma das instituições públicas não se dê conta por si só das ilicitudes. É esse trabalho em conjunto que permite que o direito positivado em benefício de todos não seja massacrado pela corrupção e/ou inércia de órgãos/servidores.

Cabe pontuar, ainda, que você, leitor, tem papel extremamente importante no combate à corrupção e que o caso em tela foi iniciado com uma denúncia anônima no Ministério Público. Por isso, seja consciente e exerça a cidadania, cumpra seus deveres e exija seus direitos, mesmo que para isso seja necessário acionar os entes públicos para que possam averiguar possíveis fraudes e desvios.

REFERÊNCIAS

BRASIL. **Constituição da República Federativa do Brasil.** Brasília, 1988, DF, Senado, 1998.

BORGES, Bruna Adeli. A materialização do desenvolvimento sustentável, o direito ao lazer e a ideia de democracia. **Revista Eletrônica Direito e Política**, Programa de Pós-Graduação Stricto Sensu em Ciência Jurídica da UNIVALI, Itajaí, v. 11, n. 3, 3º quadrimestre de 2016. Disponível em: http://biblioteca2.senado.gov.br:8991/F/?func=direct&doc_number=001082248&local_base=SEN01. Acesso em: 19 jul. 2019.

CARDOSO, Simone Tassinari. **O direito ao lazer no estado socioambiental.** Tese (doutorado) – Pontifícia Universidade Católica do Rio Grande do Sul, Programa de Pós-Graduação em Direito, 2011. Disponível em: http://tede2.pucrs.br/tede2/bitstream/tede/4175/1/437488.pdf. Acesso em: 17 jul. 2019.

CARVALHO, Regimênia M. B. de; VARGAS, Ângelo. O contexto histórico das políticas públicas de lazer no Brasil. **Licere**, Belo Horizonte, v. 13, n. 4, dez. 2010. Disponível em: https://periodicos.ufmg.br/index.php/licere/article/view/793/594. Acesso em: 21 maio 2020.

DUARTE, Bernardo Augusto Ferreira. Levando o direito ao Lazer a serio. **Revista do Tribunal de Contas Do Estado de Minas Gerais**, v. 73, n. 4, ano XXV, out./nov./dez. 2009. Disponível em: http://revista1.tce.mg.gov.br/Content/Upload/Materia/638.pdf Acesso em: 25/ maio 2019.

HOMERCHER, Evandro. As políticas públicas no contexto da lei de acesso à informação pública. IN: OLIVEIRA, Mara de; BERGUE, Sandro Trescastro (Orgs.). **Políticas públicas**: definições, interlocuções e experiências. Caixias do Sul, RS: Edusc, 2012, p. 141-164.

MARQUES, Francisca Fernanda Pereira de Souza. Incentivos fiscais federais: Lei Rouanet e a Lei de Incentivo ao Esporte, uma prática em prol da sociedade. Criciúma, SC: UNESC, 2016. Disponível em:http://repositorio.unesc.net/handle/1/4811.

MENIN, Daniela. A historicidade dos direitos humanos e os pensamentos de Bobbio e Arendt na construção do direito ao trabalho e ao lazer. **Akrópolis**, Umuarama/PR, v. 26, n. 1, p. 23-37, jan./jun. 2018. Disponível em: http://www.revistas.unipar.br/index.php/akropolis/article/view/6254/3764. Acesso em: 16 jul. 2019.

_______. **Direito social ao lazer no âmbito das relações de emprego**: uma análise à luz dos direitos humanos/ Dourados: UFGD, 2018. 154f. Dissertação (Mestrado em Fronteiras e Direitos Humanos) – Faculdade de Direito e Relações Internacionais, Universidade Federal da Grande Dourados. Disponível em: http://repositorio.ufgd.edu.br/jspui/bitstream/prefix/966/1/DanielaMenin.pdf. Acesso em: 17 jul. 2019.

NUNES, Danilo Henrique; SIQUEIRA, Dirceu Pereira; GONÇALVES, Thiago Florentino. O direito social ao lazer na transformação de estados constitucionais. **Revista Húmus**, v. 9, n. 25, 2019. Disponível em: http://www.periodicoseletronicos.ufma.br/index.php/revistahumus/article/view/10403. Acesso em: 10 jul. 2019.

PAES, José Eduardo Sabo; CONCEIÇÃO, Nayara Alves da. A congruência entre meios e fins na execução da Lei Rouanet. Revista TCE Contas, Palmas/TO, Edição I, Ano I, número I, p. 137-150, 2019. Disponível em: http://tce.to.gov.br/revista/index.php/tcecontas/article/view/1/14.

SCHMIDT, Mariana Luisa Sandoval; ALCÂNTARA, Maria de Lurdes Baldi de. A gente tem fome do quê? In: PATTO, Maria Helena Souza (Org.). A cidade negada: políticas públicas e forma de viver. São Paulo: Casa do Psicólogo, 2010, p. 379- 383.

SADDI, Liene Nunes. Políticas públicas culturais, mediações e cidadania: o caso da Lei Rouanet. Campinas /SP [s. n]. 2010. Disponível em: http://repositorio.unicamp.br/bitstream/REPOSIP/284932/1/Saddi_LieneNunes_M.pdf. Acesso em: 14 abr. 2020.

SILVA, Carla Ribeiro Volpini; LELIS, Henrique Rodrigues; DE LANNA COSTA, Pablo Henrique Hubner. A Lei Rouanet e os direitos culturais no Brasil. Revista Tributária e de Finanças Públicas, v. 135, p. 11-33, 2018. Disponível em: http://rtrib.abdt.org.br/index.php/rtfp/article/view/7/2.

O PAPEL DOS NOTÁRIOS E REGISTRADORES NA PREVENÇÃO E COMBATE AOS CRIMES DE LAVAGEM DE DINHEIRO PREVISTOS NA LEI N. 9.613, DE 3 DE MARÇO DE 1998

Fabiano José de Oliveira Silva[1]

Resumo: O presente trabalho tem como objeto de estudo o papel dos notários e registradores na prevenção e no combate aos crimes de "lavagem de dinheiro" previstos na Lei n. 9.613, de 1998, que tomou novas proporções com a recente edição, em 1º de outubro de 2019, do Provimento n. 88 do CNJ. A metodologia utilizada foi a revisão bibliográfica e normativa acerca da temática, com o objetivo de estabelecer os pressupostos constitucionais e legais que amparam a atuação dos notários e registradores na seara ora estudada. Para isso, buscamos o conceito e a tipificação penal da conduta de lavagem de dinheiro, trouxemos os conceitos e fundamentos do sistema global e nacional de combate aos referidos crimes, a fundamentação constitucional e legal da atividade notarial e registral e, por fim, nos debruçamos, de forma detalhada, sobre as disposições específicas do Provimento n. 88 do CNJ no que se refere à atuação dos notários e registradores na

[1] Registrador Civil das Pessoas Naturais e Tabelião de Notas e Professor de Direito Civil da Faculdade Eduvale de Avaré. Graduado em Direito pela Associação Educacional do Vale da Jurumirim – Faculdade Eduvale de Avaré (2011) e graduado em Música – Habilitação Regência pela Universidade do Sagrado Coração (2004). Especialista em Gestão Pública Municipal (Facespi – 2019); em Direito Civil (PUC Minas/2019) e em Direito Notarial e Registral (Cers/2020). Mestrando em Ciências Jurídicas e Políticas na Universidade Portucalense (Porto/Portugal).

prevenção e combate aos crimes de "lavagem de dinheiro" previstos na Lei n. 9.613, de 1998.

Palavras-chave: Notários. Registradores. Combate aos Crimes de lavagem de dinheiro.

1 O CRIME DE LAVAGEM DE DINHEIRO E O SISTEMA GLOBAL DE PREVENÇÃO E COMBATE À LAVAGEM DE CAPITAIS

Inicialmente, cabe esclarecer a origem e a simbologia do termo *lavagem de dinheiro*. Segundo o professor Renato Brasileiro,[2]

> a expressão *lavagem de dinheiro* tem origem nos Estados Unidos (*money laundering*), a partir da década de 1920, quando lavanderias na cidade de Chicago teriam sido utilizadas por *gangsters* para despistar a origem ilícita do dinheiro. Assim, por intermédio de um comércio legalizado, buscava-se justificar a origem criminosa do dinheiro arrecadado com a venda ilegal de drogas e bebidas.
>
> (...)
>
> A metáfora simboliza, na verdade, a necessidade de o dinheiro sujo, cuja origem corresponde ao produto de determinada infração penal, ser lavado por várias formas na ordem econômico-financeira com o objetivo de conferir a ele uma aparência lícita (limpa), sem deixar rastro de sua origem espúria.

Passo seguinte, buscamos na doutrina o conceito do crime de lavagem de dinheiro, que pode ser conceituado, segundo De Carli,[3] como "o processo de legitimação de capital espúrio, realizado com o objetivo de torná-lo apto para uso, e que implica, normalmente, em perdas necessárias".

---

[2] LIMA, Renato Brasileiro de. **Legislação criminal especial comentada**: 4. ed. revista, atualizada e ampliada. Salvador: JusPODIVM, 2016, p. 287.

[3] DE CARLI, Carla Veríssimo. **Lavagem de dinheiro**: ideologia da criminalização e análise do discurso. Porto Alegre, 2006, p. 113.

De acordo com o magistério de Marco Antônio de Barros,[4]

> lavagem é o método pelo qual uma ou mais pessoas, ou uma ou mais organizações criminosas, processam os ganhos financeiros ou patrimoniais obtidos com determinadas atividades ilícitas. Sendo assim, lavagem de capitais consiste na operação financeira ou transação comercial que visa ocultar ou dissimular a incorporação, transitória ou permanente, na economia ou no sistema financeiro do país, de bens, direitos ou valores que, direta ou indiretamente, são resultado de outros crimes, e a cujo produto ilícito se pretende dar lícita aparência.

No conceito de Rodolfo Tigre Maia,[5] lavagem de capitais é o

> o conjunto complexo de operações, integrado pelas etapas de conversão (*placement*), dissimulação (*layering*) e integração (*integration*) de bens, direitos e valores, que tem por finalidade tornar legítimos ativos oriundos da prática de aros ilícitos penais, mascarando esta origem para que os responsáveis possam escapar da ação repressiva da Justiça.

Atualmente, o tipo penal vem disposto no artigo 1º da Lei 9.613/98[6], com redação alterada pela Lei 12.683/2012, que diz:

> Lei 9.613/98 – Art. 1º Ocultar ou dissimular a natureza, origem, localização, disposição, movimentação ou propriedade de bens, direitos ou valores provenientes, direta ou indiretamente, de infração penal (Redação dada pela Lei n. 12.683, de 2012).

---

[4] BARROS, Marco Antônio de. **Lavagem de capitais e obrigações civis correlatas**: com comentários, artigo por artigo, à Lei n. 9.613/98. 3. ed. São Paulo: Revista dos Tribunais, 2012, p. 92.

[5] MAIA, Rodolfo Tigre. Lavagem de dinheiro. lavagem de ativos provenientes de crime: anotações às disposições criminais da Lei n. 9.613/98. São Paulo: Malheiros, 2004, p. 53.

[6] BRASIL, 1998. Lei n. 9.613, de 3 de março de 1998. Dispõe sobre os crimes de "lavagem" ou ocultação de bens, direitos e valores; a prevenção da utilização do sistema financeiro para os ilícitos previstos nesta Lei; cria o Conselho de Controle de Atividades Financeiras (Coaf) e dá outras providências. Brasília, DF: Presidência da República. Disponível em: http://www.planalto.gov.br/ccivil_03/Leis/L9613compilado.htm. Acesso em: 1º maio 2020.

A busca pela prevenção e combate à lavagem de dinheiro tem origem recente e é fundada na busca da sociedade internacional por coibir o tráfico internacional de drogas num primeiro momento.

Para isso, configurou-se um sistema global de prevenção à lavagem de capitais, a partir da assinatura de tratados internacionais, normas de ordem cogente, e de recomendações internacionais, fundamentadas em sólida base técnica, classificadas como normas internacionais não cogentes.

Essa sistematização internacional colaborou para o surgimento de modelos nacionais de prevenção e combate à lavagem de capitais uniformes, baseando-se, segundo as palavras de Rafael Brum Miron,[7]

> na priorização da investigação dos benefícios econômicos do ilícito, em detrimento do próprio ilícito. Para tanto, criam-se unidades de inteligência financeira que passam a receber informações de atos jurídicos suspeitos de diversos atores públicos ou privados, e as analisa no objetivo de identificar indícios de que recursos financeiros foram obtidos de forma ilegítima.

Três são os tratados internacionais que se destacam quando o tema é lavagem de capitais, sendo eles: a Convenção das Nações Unidas contra o Tráfico Ilícito de Entorpecentes e Substâncias Psicotrópicas, celebrada em Viena em data de 20 de dezembro de 1988, entrando em vigor internacional em 11 de novembro de 1990 (Convenção de Viena); a Convenção das Nações Unidas contra o Crime Organizado Transnacional, em 15 de novembro de 2000 (Convenção de Palermo); e a Convenção das Nações Unidas contra a Corrupção, em 31 de outubro de 2003 (Convenção de Mérida).

Renato Brasileiro de Lima,[8] ao comentar a gênese da Convenção de Viena, a primeira a prever o combate internacional à lavagem de dinheiro, leciona:

---

7 MIRON, Rafael Brum. **Notários e registradores no combate à lavagem de dinheiro**. Rio de Janeiro: Lumen Juris, 2018, p. 178.

8 LIMA, Renato Brasileiro de. **Legislação criminal especial comentada**: 4. ed. revista, atualizada e ampliada. Salvador: JusPODIVM, 2016, p. 285-286.

> A origem da citada convenção guarda relação com a preocupação dos Estados signatários com a magnitude e a crescente tendência da produção, da demanda e do tráfico ilícito de entorpecentes e de substâncias psicotrópicas, que representam uma grave ameaça à saúde e ao bem-estar dos seres humanos e que têm efeitos nefastos sobre as bases econômicas, culturais e políticas da sociedade. Origina-se, também, do reconhecimento dos vínculos existentes entre o tráfico ilícito e outras atividades criminosas organizadas, a ele relacionadas, que minam as economias lícitas e ameaçam a estabilidade, a segurança e a soberania dos Estados.
> Conscientes de que o tráfico ilícito gera consideráveis rendimentos financeiros e grandes fortunas que permitem às organizações criminosas transnacionais invadir, contaminar e corromper as estruturas da Administração Pública, as atividades comerciais e financeiras lícitas e a sociedade em todos os seus níveis, decidiu-se privar as pessoas dedicadas ao tráfico de drogas do produto de suas atividades criminosas e eliminar, pois, o principal incentivo a essa atividade.

Diante da ineficácia da persecução penal em relação ao tráfico de drogas, atividade criminosa primária, resolvem as nações criminalizar a lavagem de capitais, atividade criminosa derivada, como meio de controlar o fluxo financeiro da referida atividade, privando os autores da prática delitiva do proveito financeiro dela resultante, pois

> afinal de contas, para o crime organizado, o dinheiro em espécie representa grave entrave, em virtude do volume físico que ocupa, além das suspeitas que desperta em operações de valor elevado. Surge exatamente daí a necessidade de lavagem desse capital, criando para o Estado a oportunidade de identificar a origem criminosa desses valores, adotando medidas de modo a impedir seu aproveitamento pelo crime organizado ou mesmo inserção na economia legal, com disfarce de licitude.[9]

Em que pese a referida convenção sugerir a tipificação de crimes de lavagem de capitais decorrentes apenas do tráfico de drogas como prática delitiva primária, ela

---

[9] **Idem, ibidem**, p. 286.

> tem como mérito enumerar diretrizes para os Estados signatários, no que tange à tomada de decisão global pelo trato político-criminal e à cooperação para enfrentamento público da questão da lavagem de capitais provenientes do narcotráfico.[10]

Sua importância reside na estipulação de obrigatoriedade aos Estados signatários, no sentido de criminalizar a lavagem de capitais. O Brasil ratificou a Convenção das Nações Unidas contra o Tráfico Ilícito de Entorpecentes em 26 de junho de 1991, por meio do Decreto n. 154, de 26 de junho de 1991, e dessa ratificação originou-se a Lei n. 9.613/98, a denominada Lei sobre os Crimes de Lavagem de Dinheiro.

A Convenção de Palermo, denominada Convenção das Nações Unidas contra o Crime Organizado Transnacional, promulgada mediante o Decreto n. 5.015, de 12 de março de 2004, ampliou o rol dos crimes antecedentes à lavagem de capitais, até então restritos ao tráfico de drogas. Nesse sentido é a redação do artigo 6º, § 2º, *a*, do referido tratado[11], que dispõe que cada Estado Parte procurará adotar as medidas legislativas ou outras necessárias para caracterizar como infração penal a lavagem do produto da mais ampla gama possível de infrações principais. Destacamos ainda o artigo oito, trazendo disposições para que os Estados Partes da convenção adotem medidas visando à criminalização da corrupção.

Outros pontos que merecem destaque na Convenção de Palermo e que visam robustecer o sistema de combate à lavagem de dinheiro são:

> A previsão da criação de um serviço de informação financeira que funcione como centro nacional de coleta, análise e difusão de informação relativa a eventuais atividades de lavagem de dinheiro (artigo sete, § 1º, "b"), as denominadas Unidades de Inteligência Financeira (UIF), e;

---

[10] MIRON, Rafael Brum. **Notários e registradores no combate à lavagem de dinheiro**. Rio de Janeiro: Lumen Juris, 2018, p. 227.

[11] BRASIL, 2004. **Decreto n. 5.015**, de 12 de março de 2004. Promulga a Convenção das Nações Unidas contra o Crime Organizado Transnacional. Brasília, DF: Presidência da República. Disponível em: http://www.planalto.gov.br/ccivil_03/_ato2004-2006/2004/decreto/d5015.htm. Acesso em: 1º maio 2020.

> A adoção de normas de compliance, instituindo um regime de regulamentação e controle dos bancos e instituições financeiras não bancárias e, quando se justifique, de outros organismos especialmente susceptíveis de ser utilizados para a lavagem de dinheiro, dentro dos limites da sua competência, a fim de prevenir e detectar qualquer forma de lavagem de dinheiro, sendo nesse regime enfatizados os requisitos relativos à identificação do cliente, ao registro das operações e à denúncia de operações suspeitas (artigo sete, § 1º, "a").[12]

E, por fim, a Convenção de Mérida, também denominada como Convenção das Nações Unidas contra a Corrupção, promulgada pelo Decreto n. 5.687, de 31 de janeiro de 2006, ampliou significativamente os obrigados na cooperação com a prevenção e combate ao crime de lavagem de capitais, expandindo tal premissa às pessoas físicas, atribuindo aos Estados Partes que estabeleçam

> um amplo regimento interno de regulamentação e supervisão dos bancos e das instituições financeiras não bancárias, incluídas as pessoas físicas ou jurídicas que prestem serviços oficiais ou oficiosos de transferência de dinheiro ou valores e, quando proceder, outros órgãos situados dentro de sua jurisdição que sejam particularmente suspeitos de utilização para a lavagem de dinheiro, a fim de prevenir e detectar todas as formas de lavagem de dinheiro, e em tal regimento há de se apoiar fortemente nos requisitos relativos à identificação do cliente e, quando proceder, do beneficiário final, ao estabelecimento de registros e à denúncia das transações suspeitas (artigo 14, §1º, "a")[13].

O sistema global de prevenção e combate à lavagem de capitais foi edificado sobre os tratados internacionais, normas cogentes com força jurídica,

---

[12] BRASIL, 2004. **Decreto n. 5.015**, de 12 de março de 2004. Promulga a Convenção das Nações Unidas contra o Crime Organizado Transnacional. Brasília, DF: Presidência da República. Disponível em: http://www.planalto.gov.br/ccivil_03/_ato2004-2006/2004/decreto/d5015.htm. Acesso em: 1º maio 2020.

[13] BRASIL, 2006. **Decreto n. 5.687**, de 31 de janeiro de 2006. Promulga a Convenção das Nações Unidas contra a Corrupção, adotada pela Assembleia-Geral das Nações Unidas em 31 de outubro de 2003 e assinada pelo Brasil em 9 de dezembro de 2003. Brasília, DF: Presidência da República. Disponível em: http://www.planalto.gov.br/ccivil_03/_ato2004-2006/2006/decreto/d5687.htm. Acesso em: 1º maio 2020.

também chamadas no âmbito do Direito Internacional Público de *hard law*, porém não se restringem a elas. Conforme De Carli,[14]

> inúmeras organizações internacionais e regionais, bem como o resultado prático da sua atividade, na forma de pressões ou recomendações, têm fundamental importância. Terminam de dar forma ao regime com uma intrincada rede de mecanismos.

Ainda amparados em De Carli, constatamos que os compromissos assumidos pelos Estados frente a essas organizações ou frente a outros Estados são compromissos políticos e não jurídicos, são chamados de *soft law*, e dentro desse âmbito ocorrem os desenvolvimentos normativos que fazem o sistema global evoluir.

Dentre as citadas organizações, atualmente a de maior relevância é o Grupo de Ação Financeira contra a Lavagem de Dinheiro e o Financiamento do Terrorismo (GAFI/FATF). O Brasil foi admitido como membro do referido grupo no ano 2000.[15]

O GAFI[16] é

> uma organização intergovernamental cujo propósito é desenvolver e promover políticas nacionais e internacionais de combate à lavagem de dinheiro e ao financiamento do terrorismo.
> Periodicamente, o GAFI realiza avaliação dos países membros acerca da implementação de medidas de prevenção e combate à lavagem de dinheiro e ao financiamento do terrorismo.
>
> Criado em 1989, o GAFI é um organismo elaborador de políticas que atua visando a gerar a vontade política necessária para realizar

[14] DE CARLI, Carla Veríssimo. **Lavagem de dinheiro**: ideologia da criminalização e análise do discurso. Porto Alegre, 2006, p. 156-157.

[15] MIRON, Rafael Brum. **Notários e registradores no combate à lavagem de dinheiro.** Rio de Janeiro: Lumen Juris, p. 320.

[16] BRASIL, 2020. **Grupo de Ação Financeira contra a Lavagem de Dinheiro e o Financiamento do Terrorismo (Gafi/FATF)**. Brasília, DF: Ministério da Economia. Disponível em: http://www.fazenda.gov.br/assuntos/atuacao-internacional/prevencao-e-combate-a-lavagem-de-dinheiro-e-ao-financiamento-do-terrorismo/gafi. Acesso em: 1º maio 2020.

> reformas legislativas e regulatórias nessas áreas. Para cumprir este objetivo, o GAFI publicou as suas Recomendações.
>
> As 40 Recomendações do GAFI constituem-se como um guia para que os países adotem padrões e promovam a efetiva implementação de medidas legais, regulatórias e operacionais para combater a lavagem de dinheiro, o financiamento do terrorismo e o financiamento da proliferação, além de outras ameaças à integridade do sistema financeiro relacionadas a esses crimes. Hoje, esses padrões são adotados por mais de 180 países.

As referidas recomendações do Gafi "constituem-se em *soft laws*, mas são amplamente seguidas pelos Estados, seja por vontade política própria, seja por mecanismos e por coerção dos integrantes"[17] do grupo.

E, conforme Renato Brasileiro de Lima,

> o relatório da última avaliação do Brasil pelo Grupo de Ação Financeira Internacional (GAFI) (...) apontou inúmeras críticas:
> a) poucas condenações finais por lavagem de capitais;
>
> b) problemas sistêmicos no sistema judicial dificultam seriamente a capacidade de se obter condenações finais e penas;
>
> c) falta de responsabilização civil ou administrativa direta às pessoas jurídicas por crimes de lavagem de dinheiro;
>
> d) número de confiscos muito baixo, dados o tamanho da economia e o risco de lavagem de dinheiro;
>
> e) os sistemas de gerenciamento de ativos são deficientes, o que deprecia os bens apreendidos;
>
> **f) a não colocação de advogados, tabeliães, outras profissões jurídicas independentes, contadores, prestadores de serviços de assessoria e consultoria de empresas e corretores de imóveis como pessoas físicas como pessoas obrigadas a comunicar operações suspeitas; (grifo nosso)**
>
> g) as instituições financeiras não são expressamente proibidas de estabelecer ou manter relações de correspondência bancária com bancos de fachada;

17 MIRON, Rafael Brum. **Notários e registradores no combate à lavagem de dinheiro**. Rio de Janeiro: Lumen Juris, 2018, p. 338.

> h) estatísticas insuficientes sobre investigações, denúncias e condenaçõespor lavagem de capitais, bem como sobre o número de casos e os valores dos bens confiscados.

Como destacamos, uma das críticas do relatório de avaliação do GAFI acerca do Brasil foi a não inserção dos tabeliães e registadores como pessoas obrigadas a comunicar operações suspeitas, situação que deixa uma enorme brecha para a lavagem de dinheiro, tendo em vista que o recrudescimento da fiscalização do mercado financeiro faz com que os criminosos busquem outros meios de "lavagem" do dinheiro, dentre eles, por exemplo, o mercado imobiliário.

Em atenção a essas críticas, o Estado brasileiro buscou sanar tais deficiências e, para tanto, aprovou, em 9 de julho de 2012, a Lei n. 12.683, que alterou a Lei n. 9.613, de 3 de março de 1998, para tornar mais eficiente a persecução penal dos crimes de lavagem de dinheiro.

Ao comentar a lei alteradora, o professor Renato Brasileiro[18] elenca três principais mudanças trazidas ao ordenamento jurídico brasileiro, quais sejam:

> a) supressão do rol taxativo de crimes antecedentes: para além de revogar os incisos I a VIII do art. 1º da Lei n. 9.613/98, pondo fim ao rol taxativo de infrações antecedentes, a Lei n. 12.683/12 alterou a redação do *caput* do art. 1º, que passou a prever que a lavagem de capitais estará caracterizada quando houver a ocultação ou dissimulação de bens, direitos ou valores, provenientes, direta ou indiretamente, de infração penal, o que significa dizer que, doravante, toda e qualquer infração penal – crime ou contravenção penal – poderá figurar como antecedente da lavagem de capitais;
> b) fortalecimento do controle administrativo sobre setores sensíveis à reciclagem de capitais;
>
> c) ampliação das medidas cautelares patrimoniais incidentes sobre a lavagem de capitais e sobre as infrações antecedentes, além da regulamentação expressa da alienação antecipada, que tem o objetivo precípuo de assegurar a preservação do valor dos bens constritos.

[18] LIMA, Renato Brasileiro de. **Legislação criminal especial comentada**: 4. ed. revista, atualizada e ampliada. Salvador: JusPODIVM, 2016, p. 287.

Mudança que interessa ao presente estudo foi a inclusão do inciso XIII ao artigo 9º da Lei de Lavagem de Capitais, inserindo no rol dos obrigados a prestar informações os registros públicos, *"in verbis"*:

> Art. 9º Sujeitam-se às obrigações referidas nos arts. 10 e 11 as pessoas físicas e jurídicas que tenham, em caráter permanente ou eventual, como atividade principal ou acessória, cumulativamente ou não: (Redação dada pela Lei nº 12.683, de 2012)
> (...)
> XIII – as juntas comerciais e os **registros públicos**; (Incluído pela Lei n. 12.683, de 2012)[19]. (grifo nosso)

Destaque-se que a redação da referida inclusão não foi das mais técnicas, pois ao incluir a expressão *registros públicos*, pela literalidade, estaria se referindo apenas aos registradores de imóveis, civil das pessoas jurídicas e de títulos e documentos, não inserindo os tabeliães de notas e protestos. Isso porque, nos termos do artigo 236 da Constituição Federal, as atividades notarial e registral são distintas.

Estariam incluídos os Tabeliães de Notas, segundo uma leitura reducionista do inciso XIV, *a*, quando elenca como obrigados a prestar informações as pessoas físicas que prestem serviços de assessoria, consultoria, aconselhamento ou assistência, em operações de compra e venda de imóveis, estabelecimentos comerciais ou industriais ou participações societárias de qualquer natureza. Falamos em leitura reducionista porque o tabelião de notas não se resume a mero assessor, consultor ou conselheiro das partes.

Apesar de nossa crítica a essa visão reducionista quanto aos tabeliães de notas, parece ter sido essa a interpretação do CNJ, ao elaborar o Provimento n. 88, que regulamentou o papel dos notários e registradores na prevenção e combate aos crimes de lavagem de dinheiro, como veremos à frente.

---

[19] BRASIL, 1998. Lei n. 9.613, de 3 de março de 1998. Dispõe sobre os crimes de "lavagem" ou ocultação de bens, direitos e valores; a prevenção da utilização do sistema financeiro para os ilícitos previstos nesta Lei; cria o Conselho de Controle de Atividades Financeiras (Coaf), e dá outras providências. Brasília, DF: Presidência da República. Disponível em: http://www.planalto.gov.br/ccivil_03/Leis/L9613compilado.htm. Acesso em: 1º maio 2020.

Por tudo, amparados em Miron,[20] "entendemos que a interpretação exposta não é a que melhor atende a uma interpretação finalista ou sistemática da lei ou em consonância com as obrigações internacionais assumidas pelo Brasil".

Isso porque em que pese o artigo 236 da Constituição Federal acima destacado, dispor que as atividades são distintas, o próprio texto constitucional em seu artigo 22, inciso XXV, tratando sobre ser competência privativa da União legislar sobre "registros públicos", utiliza-se da expressão de forma ampla, conforme entendimento da jurisprudência do Supremo Tribunal Federal.[21]

Também nesse sentido, o referido artigo 22 e seu inciso XXV são colacionados como fundamentos constitucionais para as Leis ns. 8.935/94, que regulamenta a atividade notarial e registral, e 9.492/97, que dispõe acerca do tabelionato de protesto.

Acrescente-se ainda que as recomendações do GAFI,[22] como acima citado, foram no sentido de incluir os notários como obrigados a auxiliar no combate e na prevenção dos crimes de lavagem de dinheiro.

Por esses fundamentos expostos, é possível concluir que a melhor interpretação é aquela que toma o termo *registros públicos*, inserido no inciso XIII da lei sobre crimes de lavagem de dinheiro, na sua acepção ampla, abarcando a atividade dos tabelionatos de notas e protesto.

---

[20] MIRON, Rafael Brum. **Notários e registradores no combate à lavagem de dinheiro**. Rio de Janeiro: Lumen Juris, 2018, p. 1063.

[21] BRASIL, 2015. Supremo Tribunal Federal, Mandado de Segurança n. 33.046/PR. Relator: Luiz Fux, Primeira Turma, julgado em 10/03/2015, Processo Eletrônico *DJe*-091. Divulgação: 15/5/2015. Publicação: 18/5/2015. Disponível em: http://redir.stf.jus.br/paginadorpub/paginador.jsp?docTP=TP&docID=8480560. Acesso em: 1º maio 2020.

[22] GRUPO DE AÇÃO FINANCEIRA (Gafi). As recomendações do Gafi. Padrões internacionais de combate à lavagem de dinheiro e ao financiamento do terrorismo e da proliferação. 2012. Disponível em: http://www.fazenda.gov.br/orgaos/coaf/arquivos/as-recomendacoes-gafi. Acesso em: 1º maio 2020.

2 O PROVIMENTO 88 DO CONSELHO NACIONAL DE JUSTIÇA E O PAPEL DOS NOTÁRIOS E REGISTRADORES NA PREVENÇÃO E COMBATE À LAVAGEM DE CAPITAIS

A Lei n. 9.613/98, dentre outras coisas, tipificou o crime de lavagem de dinheiro, trouxe disposições processuais especiais acerca do julgamento dos referidos crimes, elencou as pessoas sujeitas ao mecanismo de controle e criou a unidade de inteligência financeira brasileira, que recebeu o título de Conselho de Controle de Atividades Financeiras (Coaf), com a finalidade de disciplinar, aplicar penas administrativas, receber, examinar e identificar as ocorrências suspeitas de atividades ilícitas previstas na referida Lei.

Como disciplinado, ao Coaf compete receber, examinar e identificar as ocorrências suspeitas, que devem ser comunicadas pelos obrigados elencados no artigo 9º, dentre eles, como dispõe o inciso XIII, "os registros públicos".

Os artigos 10 e 11 da Lei em foco trazem, respetivamente, a obrigação dos referidos no artigo 9º de realizarem a identificação dos clientes e a manutenção de registros, bem como a incumbência de efetuarem a comunicação de operações financeiras.

Visando regulamentar essa obrigação dos notários e registradores, o Conselho Nacional de Justiça editou o Provimento n. 88 de 1º de outubro de 2019, que dispôs sobre a política, os procedimentos e os controles a serem adotados pelos notários e registradores, visando à prevenção dos crimes de lavagem de dinheiro, previstos na Lei n. 9.613, de 3 de março de 1998, e do financiamento do terrorismo, previsto na Lei n. 13.260, de 16 de março de 2016, "e dá outras providências".

2.1 Os fundamentos do Provimento 88 do CNJ

Primeiramente, cabe trazer a questão da natureza jurídica da atividade notarial e de registro que tem sua fundamentação constitucional no artigo 236 da Carta Magna, *in verbis:*

> CF – Art. 236. Os serviços notariais e de registro são exercidos em caráter privado, por delegação do Poder Público.
>
> § 1º Lei regulará as atividades, disciplinará a responsabilidade civil e criminal dos notários, dos oficiais de registro e de seus prepostos, e definirá a fiscalização de seus atos pelo Poder Judiciário.
>
> § 2º Lei federal estabelecerá normas gerais para fixação de emolumentos relativos aos atos praticados pelos serviços notariais e de registro.
>
> § 3º O ingresso na atividade notarial e de registro depende de concurso público de provas e títulos, não se permitindo que qualquer serventia fique vaga, sem abertura de concurso de provimento ou de remoção, por mais de seis meses.

Em 2005, o Supremo Tribunal Federal, ao julgar a Ação Direta de Inconstitucionalidade 3515, debruçou-se sobre a temática do regime jurídico dos notários e registradores, julgado do qual nos socorremos para extrair os elementos caracterizadores da referida atividade.

Pela envergadura do julgado, tratando-se de verdadeira aula, colacionamos a sua ementa, lavrada pelo Ministro Carlos Brito:

> EMENTA: AÇÃO DIRETA DE INCONSTITUCIONALIDADE. LEI N. 8.033/2003, DO ESTADO DO MATO GROSSO, QUE INSTITUIU O SELO DE CONTROLE DOS ATOS DOS SERVIÇOS NOTARIAIS E DE REGISTRO, PARA IMPLANTAÇÃO DO SISTEMA DE CONTROLE DAS ATIVIDADES DOS NOTÁRIOS E DOS REGISTRADORES, BEM COMO PARA OBTENÇÃO DE MAIOR SEGURANÇA JURÍDICA QUANTO À AUTENTICIDADE DOS RESPECTIVOS ATOS. I – Iniciativa: embora não privativamente, compete ao Tribunal de Justiça deflagrar o processo de elaboração de leis que disponham sobre a instituição do selo de controle administrativo dos atos dos serviços notariais e de registro (alínea "d" do inciso II do art. 96 c/c § 1º do art. 236 da Carta Federal). II – Regime jurídico dos serviços notariais e de registro: a) trata-se de atividades jurídicas próprias do Estado, e não simplesmente de atividades materiais, cuja prestação é traspassada para os particulares mediante delegação. Traspassada, não por conduto dos mecanismos da concessão ou da permissão, normados pelo *caput* do art. 175 da Constituição como instrumentos contratuais de privatização do exercício dessa

atividade material (não jurídica) em que se constituem os serviços públicos; b) a delegação que lhes timbra a funcionalidade não se traduz, por nenhuma forma, em cláusulas contratuais; c) a sua delegação somente pode recair sobre pessoa natural, e não sobre uma empresa ou pessoa mercantil, visto que de empresa ou pessoa mercantil é que versa a Magna Carta Federal em tema de concessão ou permissão de serviço público; d) para se tornar delegatária do Poder Público, tal pessoa natural há de ganhar habilitação em concurso público de provas e títulos, não por adjudicação em processo licitatório, regrado pela Constituição como antecedente necessário do contrato de concessão ou de permissão para o desempenho de serviço público; e) são atividades estatais cujo exercício privado jaz sob a exclusiva fiscalização do Poder Judiciário, e não sob órgão ou entidade do Poder Executivo, sabido que por órgão ou entidade do Poder Executivo é que se dá a imediata fiscalização das empresas concessionárias ou permissionárias de serviços públicos. Por órgãos do Poder Judiciário é que se marca a presença do Estado para conferir certeza e liquidez jurídica às relações interpartes, com esta conhecida diferença: o modo usual de atuação do Poder Judiciário se dá sob o signo da contenciosidade, enquanto o invariável modo de atuação das serventias extraforenses não adentra essa delicada esfera da litigiosidade entre sujeitos de direito; f) as atividades notariais e de registro não se inscrevem no âmbito das remuneráveis por tarifa ou preço público, mas no círculo das que se pautam por uma tabela de emolumentos, jungidos estes a normas gerais que se editam por lei necessariamente federal. III – Taxa em razão do poder de polícia: a Lei matogrossense n. 8.033/2003 instituiu taxa em razão do exercício do poder de polícia. Poder que assiste aos órgãos diretivos do Judiciário, notadamente no plano da vigilância, orientação e correição da atividade em causa, a teor do § 1º do art. 236 da Carta-cidadã. É constitucional a destinação do produto da arrecadação da taxa de fiscalização da atividade notarial e de registro a órgão público e ao próprio Poder Judiciário. Inexistência de desrespeito ao inciso IV do art. 150; aos incisos I, II e III do art. 155; ao inciso III do art. 156 e ao inciso III do art. 153, todos da Constituição Republicana de 1988. IV – Percepção integral dos emolumentos: a tese de que o art. 28 da Lei Federal n. 8.935/94 (Lei dos Cartórios) confere aos notários e registradores o direito subjetivo de receberem integralmente os emolumentos fixados em lei jaz circunscrita às fronteiras do cotejo entre normas subconstitucionais. Assim, por se constituir em confronto que só é direto no

> plano infraconstitucional mesmo, insuscetível se torna para autorizar o manejo de um tipo de ação de controle de constitucionalidade que não admite intercalação normativa entre o diploma impugnado e a Constituição da República. V – Competência legislativa e registros públicos: o § 1º do art. 2º do diploma legislativo em estudo cria um requisito de validade dos atos de criação, preservação, modificação e extinção de direito e obrigações. Imiscuindo-se, *ipso facto*, na competência legislativa que a Carta Federal outorgou à União (CF, inciso XXV, art. 22). Ação julgada parcialmente procedente, para declarar a inconstitucionalidade, tão somente, do § 1º do art. 2º da Lei n. 8.033/03, do Estado do Mato Grosso.[23]

Da ementa transcrita é possível sintetizar os seguintes argumentos, conforme Miron:[24]

a) as atividades em questão são funções públicas jurídicas, não se confundindo com serviço público em sentido material, muito menos com administração pública em sentido estrito;
b) é delegada obrigatoriamente a pessoas físicas, após aprovação em concurso público;
c) a ela não se aplicam institutos como estágio probatório, aposentadoria compulsória, ou pensão estatutária, direito de sindicalização, greve e irredutibilidade de ganhos;
d) a remuneração provém exclusivamente dos valores pagos pelo usuário, e não do Estado;
e) é fiscalizada pelo Poder Judiciário, o qual faz jus às taxas instituídas para fins de vigilância, orientação e correição, legitimadas como decorrentes do poder de polícia.

Diante disso, conclui-se que a atividade notarial e registral é uma atividade *sui generis*, tendo um regime jurídico misto de público e privado, sendo

[23] BRASIL, 2011. Supremo Tribunal Federal, AÇÃO DIRETA DE INCONSTITUCIONALIDADE nº. 3515/SC. Relator(a): CEZAR PELUSO, Tribunal Pleno, julgado em 01/08/2011, DJe-187 DIVULG 28-09-2011 PUBLIC 29-09-2011 EMENT VOL-02597-01 PP-00056 RTJ VOL-00219-01 PP-00176. Disponível em: http://redir.stf.jus.br/paginadorpub/paginador.jsp?docTP=AC&docID=628104. Acesso em: 01 mai. 2020.

[24] MIRON, Rafael Brum. Notários e registradores no combate à lavagem de dinheiro. Rio de Janeiro: Lumen Juris, 2018, p. 683

exercido em caráter privado em colaboração com o poder público e sob a fiscalização do Poder Judiciário.

Essa fiscalização do Poder Judiciário, além de ocorrer no âmbito estadual, também se dá no âmbito federal, pelo Conselho Nacional de Justiça, a quem cabe por força constitucional "receber e conhecer das reclamações contra (...) serventias e órgãos prestadores de serviços notariais e de registro que atuem por delegação do poder público ou oficializados".[25]

Nesse sentido ainda, destacamos a competência da Corregedoria Nacional de Justiça de expedir provimentos e outros atos normativos destinados ao aperfeiçoamento das atividades dos serviços extrajudiciais, conforme o art. 8º, X, do Regimento Interno do Conselho Nacional de Justiça[26].

Não é diferente a regulamentação da Lei n. 8.395/94, a Lei dos Notários e Registradores, que em seus artigos 37 e 38[27] estabelecem a obrigação dos serviços extrajudiciais de cumprir as normas técnicas estabelecidas pelo Poder Judiciário.

Por todos os fundamentos expostos, são de clareza meridiana a competência e a legitimidade do Conselho Nacional de Justiça para fiscalizar e normatizar a atividade extrajudicial de notários e registradores.

No âmbito da prevenção e combate aos crimes de lavagem de dinheiro, o marco legal, como já discutido, para a edição do provimento 88 foi a Lei n. 9.613 de 3 de março de 1998, com as alterações realizadas pela Lei

---

[25] BRASIL, 1988. Constituição da República Federativa do Brasil de 1988. Brasília, DF: Presidência da República. Disponível em: http://www.planalto.gov.br/ccivil_03/constituicao/ConstituicaoCompilado.htm. Acesso em: 01 mai. 2020.

[26] BRASIL, 2009. Resolução n. 67, de 3 de março de 2009. Aprova o Regimento Interno do Conselho Nacional de Justiça e dá outras providências. Brasília, DF: Conselho Nacional de Justiça. Disponível em: https://atos.cnj.jus.br/files/compilado182017202003205e7509613159c.pdf. Acesso em: 1º maio 2020.

[27] BRASIL, 1994. Lei n. 8.935, de 18 de novembro de 1994. Regulamenta o art. 236 da Constituição Federal, dispondo sobre serviços notariais e de registro. (Lei dos Cartórios). Brasília, DF: Presidência da República. Disponível em: http://www.planalto.gov.br/ccivil_03/leis/L8935.htm. Acesso em: 1º maio 2020.

n. 12.683, de 9 de julho de 2012, que sujeita diversas atividades aos mecanismos de controle, incluindo os registros públicos (art. 9º, XIII) e as pessoas físicas que prestem serviços de assessoria, consultoria, aconselhamento ou assistência em operações de compra e venda de imóveis (art. 9º, XIV, *a*).[28]

Pela redação deste considerando no preâmbulo do provimento, evidencia-se a interpretação, a qual criticamos na seção anterior, da visão reducionista do tabelião de notas, por fundamentar sua inclusão no rol dos obrigados apenas como prestador de serviço de assessoria, consultoria, aconselhamento ou assistência em operações imobiliárias.

Outro ponto basilar a fundamentar a edição do provimento em tela foram as Recomendações ns. 22 e 23 do Grupo de Ação Financeira contra a Lavagem de Dinheiro e o Financiamento do Terrorismo (Gafi), que incluem os 'tabeliães' no rol das atividades e profissões não financeiras designadas (APNFDs).[29]

Ainda no tocante aos fundamentos que levaram à edição do provimento 88, citamos a Ação n. 12/2019 da Estratégia Nacional de Combate à Corrupção e à Lavagem de Dinheiro (Enccla) (rede de articulação para o arranjo e discussões em conjunto com uma diversidade de órgãos dos Poderes Executivo, Legislativo e Judiciário das esferas federal e estadual e, em alguns casos, municipal, bem como do Ministério Público de diferentes esferas, e para a formulação de políticas públicas voltadas ao combate àqueles crimes),[30] cuja

[28] BRASIL, 2019. Provimento n. 88, de 1º de outubro de 2019. Dispõe sobre a política, os procedimentos e os controles a serem adotados pelos notários e registradores visando à prevenção dos crimes de lavagem de dinheiro, previstos na Lei n. 9.613, de 3 de março de 1998, e do financiamento do terrorismo, previsto na Lei n. 13.260, de 16 de março de 2016, e dá outras providências. Brasília, DF: Conselho Nacional de Justiça. Disponível em: https://atos.cnj.jus.br/atos/detalhar/3025. Acesso em: 1º maio 2020.

[29] GRUPO DE AÇÃO FINANCEIRA (Gafi). As recomendações do GAFI. Padrões internacionais de combate à lavagem de dinheiro e ao financiamento do terrorismo e da proliferação. 2012. Disponível em: http://www.fazenda.gov.br/orgaos/coaf/arquivos/as-recomendacoes-gafi. Acesso em: 1º maio 2020.

[30] ENCCLA – Estratégia Nacional de Combate à Corrupção e à Lavagem de Dinheiro, 2003. Quem somos. Brasília, DF. Disponível em: http://enccla.camara.leg.br/quem-somos. Acesso em: 1º maio 2020.

redação enumera como ações a serem desenvolvidas no ano de 2019: "Integrar notários e registradores no combate e prevenção aos crimes de lavagem de dinheiro e corrupção."[31]

E, por fim, destacamos ainda o decidido no Pedido de Providências n. 0006712-74.2016.2.00.0000,[32] em tramitação na Corregedoria Nacional de Justiça, que resultou na referida proposição do provimento em foco.

2.2 Das disposições gerais do Provimento 88 do CNJ

O Provimento 88 do Conselho Nacional de Justiça, conforme enunciado no seu artigo 1º, estabelece normas gerais sobre as obrigações previstas nos artigos 10 e 11 da Lei n. 9.613, de 3 de março de 1998, relativas à prevenção de atividades de lavagem de dinheiro – ou a ela relacionadas – e financiamento do terrorismo.

Suas disposições aplicam-se aos tabeliães de notas; tabeliães e oficiais de registro de contratos marítimos; tabeliães de protesto de títulos; oficiais de registro de imóveis; oficiais de registro de títulos e documentos e civis de pessoas jurídicas, ficando sujeitos ao referido Provimento os titulares, interventores e interinos dos serviços notariais e registrais. Salienta-se que estão excluídos das incumbências do referido provimento os Oficiais de Registro Civil das Pessoas Naturais e os Oficiais de Distribuição.

Necessário salientar, ainda, que, para os fins do Provimento 88, qualquer referência aos notários e registradores considera-se estendida às autoridades

[31] ENCCLA – Estratégia Nacional de Combate à Corrupção e à Lavagem de Dinheiro, 2019. Enccla terá 14 Ações em 2019. Brasília, DF. Disponível em: http://enccla.camara.leg.br/noticias/enccla-tera-14-acoes-em-2019. Acesso em: 1º maio 2020.

[32] BRASIL, 2016. Conselho Nacional de Justiça. Pedido de Providências n. 0006712-74.2016.2.00.0000. Brasília, DF: Conselho Nacional de Justiça. Disponível em: https://www.notariado.org.br/wp-content/uploads/2019/10/provimento882018_cnj.pdf#page=2&zoom=100,48,44. Acesso em: 1º maio 2020.

consulares com atribuição notarial e registral, pois o artigo 18 do Decreto-lei n. 4.657, de 4 de setembro de 1942, as enumera como as competentes para lhes celebrar o casamento e os mais atos de Registro Civil e de tabelionato[33].

Em suas disposições gerais, o provimento em tela atribui ainda aos notários e registradores o dever de observar as suas disposições na prestação de serviços ao cliente, inclusive quando envolver operações por interpostas pessoas, compreendendo todos os negócios e operações que lhes sejam submetidos, isto é, negócios em que haja a atuação de pessoas representadas por terceiros.

O artigo 4º, de maneira didática, traz as definições objetivas de alguns termos utilizados pelo provimento, e assim os elenca:

> I – cliente do serviço notarial: todo o usuário que comparecer perante um notário como parte direta ou indiretamente interessada em um ato notarial, ainda que por meio de representantes, independentemente de ter sido o notário escolhido pela parte outorgante, outorgada ou por um terceiro;
>
> II – cliente do registro imobiliário: o titular de direitos sujeitos a registro;
>
> III – cliente do registro de títulos e documentos e do registro civil da pessoa jurídica: todos que forem qualificados nos instrumentos sujeitos a registro;
>
> IV – cliente do serviço de protesto de títulos: toda pessoa natural ou jurídica que for identificada no título apresentado, bem como seu apresentante;
>
> V – beneficiário final: a pessoa natural em nome da qual uma transação é conduzida ou que, em última instância, de forma direta ou indireta, possui, controla ou influencia significativamente uma pessoa jurídica, conforme definição da Receita Federal do Brasil (RFB).[34]

---

[33] BRASIL, 1942. Decreto-lei n. 4.657, de 4 de setembro de 1942 – Lei de Introdução às normas do Direito Brasileiro. Brasília, DF: Presidência da República. Disponível em: http://www.planalto.gov.br/ccivil_03/decreto-Lei n./del4657compilado.htm. Acesso em: 1º maio. 2020.

[34] BRASIL, 2019. Provimento n. 88, de 1º de outubro de 2019. Dispõe sobre a política, os procedimentos e os controles a serem adotados pelos notários e registradores visando à prevenção dos crimes de lavagem de dinheiro, previstos na Lei n. 9.613, de 3 de março

Um ponto bastante interessante da atuação dos notários e registradores, que traz o Provimento n. 88, é o juízo de valor que eles devem fazer, analisando a possível existência de suspeição nas operações ou propostas de operações de seus clientes, dispensando especial atenção àquelas incomuns ou que, por suas características, no que se referem a partes envolvidas, valores, forma de realização, finalidade, complexidade, instrumentos utilizados ou pela falta de fundamento econômico ou legal, possam configurar indícios dos crimes de lavagem de dinheiro ou de financiamento do terrorismo, ou com eles relacionar-se.

No mesmo sentido, o artigo 11, inciso I, da Lei n. 9.613, que inclusive adota a mesma expressão, determinando que se dispense "especial atenção".

Diante disso, cabe a notários e registradores comunicar a UIF, por meio do Sistema de Controle de Atividades Financeiras (Siscoaf), quaisquer operações que, por seus elementos objetivos e subjetivos, possam ser consideradas suspeitas de lavagem de dinheiro ou financiamento do terrorismo. Isso denota a importância do papel desses profissionais no âmbito do combate e prevenção de tais crimes, pois terão de informar não somente os casos objetivamente elencados, mas também aqueles que, a seu juízo de valor, possam se relacionar aos referidos delitos.

2.3 Da política de prevenção

Nas palavras do juiz auxiliar da Corregedoria Nacional de Justiça, Jorsenildo Dourado do Nascimento, o Provimento n. 88 implanta um "protocolo de prevenção institucionalizado no âmbito das serventias de todo o país".[35]

de 1998, e do financiamento do terrorismo, previsto na Lei n. 13.260, de 16 de março de 2016, e dá outras providências. Brasília, DF: Conselho Nacional de Justiça. Disponível em: https://atos.cnj.jus.br/atos/detalhar/3025. Acesso em: 1º maio 2020.

[35] CONSELHO NACIONAL DE JUSTIÇA, 2019. Cartórios serão integrados ao combate à corrupção e lavagem de dinheiro. Brasília, DF: Conselho Nacional de Justiça. Disponível em: https://www.cnj.jus.br/cartorios-serao-integrados-ao-combate-a-corrupcao-e-lavagem-de-dinheiro/. Acesso em: 01 mai. 2020.

E é no seu capítulo II, com fundamento nos incisos III e IV do artigo 10, da Lei n. 9.613, que ele dispõe acerca dessa política de prevenção e combate à lavagem de dinheiro e ao financiamento do terrorismo a ser implementada por notários e registradores, sob a supervisão da Corregedoria Nacional de Justiça e das Corregedorias dos Tribunais de Justiça dos Estados e do Distrito Federal, prescrevendo que tal seja compatível com seu volume de operações e com seu porte, devendo abranger, no mínimo, procedimentos e controles destinados à:

> I – realização de diligência razoável para a qualificação dos clientes, beneficiários finais e demais envolvidos nas operações que realizarem;
>
> II – obtenção de informações sobre o propósito e a natureza da relação de negócios;
>
> III – identificação de operações ou propostas de operações suspeitas ou de comunicação obrigatória;
>
> IV – mitigação dos riscos de que novos produtos, serviços e tecnologias possam ser utilizados para a lavagem de dinheiro e para o financiamento do terrorismo; e
>
> V – verificação periódica da eficácia da política e dos procedimentos e controles internos adotados.[36]

Traz ainda, o referido capítulo, que tal política deve ser formalizada expressamente por notários e registradores, abrangendo, também, procedimentos para:

> I – treinamento dos notários, dos registradores, oficiais de cumprimento e empregados contratados;
>
> II – disseminação do seu conteúdo ao quadro de pessoal por processos institucionalizados de caráter contínuo;

[36] BRASIL, 2019. Provimento nº 88, de 1º de outubro de 2019. Dispõe sobre a política, os procedimentos e os controles a serem adotados pelos notários e registradores visando à prevenção dos crimes de lavagem de dinheiro, previstos na Lei n. n. 9.613, de 3 de março de 1998, e do financiamento do terrorismo, previsto na Lei n. n. 13.260, de 16 de março de 2016, e dá outras providências. Brasília, DF: Conselho Nacional de Justiça. Disponível em: https://atos.cnj.jus.br/atos/detalhar/3025. Acesso em: 01 mai. 2020.

III – monitoramento das atividades desenvolvidas pelos empregados; e

IV – prevenção de conflitos entre os interesses comerciais/empresariais e os mecanismos de prevenção à lavagem de dinheiro e ao financiamento do terrorismo.

Quanto aos Tabeliães de Protesto, o capítulo em tela traz disposições especiais em seu § 2º do artigo 7º, estabelecendo que tais agentes

> cumprirão a obrigação de realização de diligência razoável para a qualificação dos clientes, beneficiários finais e demais envolvidos nas operações que realizarem e obtenção de informações sobre o propósito e a natureza da relação de negócios, por meio dos dados e informações constantes do título ou documento de dívida apresentado, ou de sua indicação, bem como dos dados fornecidos pelo apresentante, não podendo obstar a realização do ato ou exigir elementos não previstos nas leis que regulam a emissão e circulação dos títulos ou documentos em questão.[37]

Finalizando o capítulo enfocado, o artigo 8º traz as incumbências, atribuições e a responsabilização solidária dos titulares, interinos e interventores. Nesse sentido, os notários e registradores são os responsáveis pela implantação das políticas, procedimentos e controles internos de prevenção à lavagem de dinheiro e ao financiamento do terrorismo no âmbito da serventia, podendo indicar, entre seus prepostos, oficiais de cumprimento.

Por oficiais de cumprimento entende-se, conforme interpretação do provimento, aqueles responsáveis por prestar as informações à UIF, podendo ser indicados entre os prepostos do Registrador ou Tabelião, ou, em caso de não ocorrer indicação, serão oficiais de cumprimento os próprios delegados do serviço notarial ou registral, conforme dicção do artigo 8º e seu § 1º.

[37] BRASIL, 2019. Provimento n. 88, de 1º de outubro de 2019. Dispõe sobre a política, os procedimentos e os controles a serem adotados pelos notários e registradores visando à prevenção dos crimes de lavagem de dinheiro, previstos na Lei n. 9.613, de 3 de março de 1998, e do financiamento do terrorismo, previsto na Lei n. 13.260, de 16 de março de 2016, e dá outras providências. Brasília, DF: Conselho Nacional de Justiça. Disponível em: https://atos.cnj.jus.br/atos/detalhar/3025. Acesso em: 1º maio 2020.

São atribuições do oficial de cumprimento, do notário ou registrador, entre outras previstas em instruções complementares:

I – informar à Unidade de Inteligência Financeira – UIF qualquer operação ou tentativa de operação que, pelos seus aspectos objetivos e subjetivos, possam estar relacionadas às operações de lavagem de dinheiro ou financiamento do terrorismo;

II – prestar, gratuitamente, no prazo estabelecido, as informações e documentos requisitados pelos órgãos de segurança pública, órgãos do Ministério Público e órgãos do Poder Judiciário para o adequado exercício das suas funções institucionais, vedada a recusa na sua prestação sob a alegação de justificativa insuficiente ou inadequada;

III – promover treinamentos para os colaboradores da serventia;

IV – elaborar manuais e rotinas internas sobre regras de condutas e sinais de alertas.[38]

Outro aspecto de relevo na questão dos oficiais de cumprimento é a ocorrência de responsabilidade solidária na execução dos seus deveres entre estes e os notários e registradores, inclusive interinos e interventores, conforme § 3º do artigo 8º do provimento.

Tal previsão é deveras polêmica, tendo em vista que a respeito da responsabilidade civil dos agentes delegados, fundamentada no texto do artigo 22 da Lei n. 8.935 e do entendimento recentemente firmado pelo STF (RE 842.846), tem-se que

> o Estado responde, objetivamente, pelos atos dos tabeliães e registradores oficiais que, no exercício de suas funções, causem dano a terceiros,

[38] BRASIL, 2019. Provimento n. 88, de 1º de outubro de 2019. Dispõe sobre a política, os procedimentos e os controles a serem adotados pelos notários e registradores visando à prevenção dos crimes de lavagem de dinheiro, previstos na Lei n. 9.613, de 3 de março de 1998, e do financiamento do terrorismo, previsto na Lei n. 13.260, de 16 de março de 2016, e dá outras providências. Brasília, DF: Conselho Nacional de Justiça. Disponível em: https://atos.cnj.jus.br/atos/detalhar/3025. Acesso em: 1º maio 2020.

assentado o dever de regresso contra o responsável, nos casos de dolo ou culpa, sob pena de improbidade administrativa.[39]

De tal modo, os titulares de serventia possuem responsabilidade subjetiva, pessoal e indireta, tendo direito de regresso quando o ato danoso for praticado por prepostos. Assim, há que se notar que existe um encadeamento de responsabilidade com três partes e dupla ação do regresso: a) diante do lesado, responde objetivamente o Estado; b) perante o Estado, responde subjetivamente o delegado; e c) perante o agente delegado, responde subjetivamente o preposto.

Porém, no tocante ao oficial de cumprimento vislumbra-se uma característica distintiva quanto à responsabilidade, pois, mesmo sendo um preposto, responde solidariamente ao agente delegado, na forma do art. 8º, § 3º do Provimento 88, *in verbis*: "Os notários e registradores, inclusive interinos e interventores, são solidariamente responsáveis com os Oficiais de Cumprimento na execução dos seus deveres."[40]

Outro ponto que nos salta aos olhos nesta seara é que a natureza da responsabilidade não é especificada, dando margem para ser considerada no âmbito administrativo e civil. Ocorre que é cediça a ausência de responsabilidade administrativa dos prepostos, uma vez que não se vinculam ao Estado, mas ao delegatário por meio do regime da legislação do trabalho, nos termos do artigo 20 da lei 8.935.[41] Porém, no âmbito da aplicação do Provimento 88,

[39] BRASIL, 2019. Supremo Tribunal Federal, Recurso Extraordinário n. 842846/SC. Relator: Luiz Fux, Tribunal Pleno, julgado em 27/2/2019, Processo Eletrônico Repercussão Geral – Mérito – *DJe* 175 – divulgação: 12/8/2019 – publicação: 13/8/2019. Disponível em: http://redir.stf.jus.br/paginadorpub/paginador.jsp?docTP=TP&docID=750504507. Acesso em: 1º maio 2020.

[40] BRASIL, 2019. Provimento n. 88, de 1º de outubro de 2019. Dispõe sobre a política, os procedimentos e os controles a serem adotados pelos notários e registradores visando à prevenção dos crimes de lavagem de dinheiro, previstos na Lei n. 9.613, de 3 de março de 1998, e do financiamento do terrorismo, previsto na Lei n. 13.260, de 16 de março de 2016, e dá outras providências. Brasília, DF: Conselho Nacional de Justiça. Disponível em: https://atos.cnj.jus.br/atos/detalhar/3025. Acesso em: 1º maio 2020.

[41] BRASIL, 1994. Lei n. 8.935, de 18 de novembro de 1994. Regulamenta o art. 236 da Constituição Federal, dispondo sobre serviços notariais e de registro. (Lei dos Cartórios).

sendo descumprido de dever de informação ou do dever de sigilo do oficial de cumprimento, não ensejaria a responsabilização administrativa?

Essa é a questão que levantamos, e ficamos na expectativa de saber qual a interpretação que será dada à norma em tela.

Ato contínuo, os notários e registradores deverão indicar o Oficial de Cumprimento à Corregedoria Nacional de Justiça, no Cadastro Nacional de Serventias, disponibilizando a informação à Unidade de Inteligência Financeira (UIF), para fins de habilitação no Siscoaf.

2.4 Do cadastro de clientes e demais envolvidos

Como instrumento da política de prevenção e com fundamento no artigo 10 da Lei n. 9.613/98, que dispõe que "as pessoas referidas no art. 9º: I – identificarão seus clientes e manterão cadastro atualizado, nos termos de instruções emanadas das autoridades competentes; (...)[42]; o Capítulo III do Provimento 88 vem tratar do cadastro de clientes e demais envolvidos nos atos notariais protocolares e de registro com conteúdo econômico".

Segundo o ilustre magistrado paulista, Vitor Frederico Kümpel, atos notariais protocolares "são os atos notariais juridicamente mais importantes, que formalizam um ato ou negócio jurídico e, portanto, são lançados nos livros notariais".[43] Ou seja, são as escrituras e procurações públicas, os testamentos

Brasília, DF: Presidência da República. Disponível em: http://www.planalto.gov.br/ccivil_03/Lei n.s/L8935.htm. Acesso em: 1º maio 2020.

[42] BRASIL, 1998. Lei n. 9.613, de 3 de março de 1998. Dispõe sobre os crimes de "lavagem" ou ocultação de bens, direitos e valores; a prevenção da utilização do sistema financeiro para os ilícitos previstos nesta Lei; cria o Conselho de Controle de Atividades Financeiras – COAF, e dá outras providências. Brasília, DF: Presidência da República. Disponível em: http://www.planalto.gov.br/ccivil_03/Leis/L9613compilado.htm. Acesso em: 1º maio 2020.

[43] KÜMPEL, Vitor Frederico; FERRARI, Carla Modina. **Tratado notarial e registral**. São Paulo: YK Editora, 2017, p. 273. v. 1.

públicos e a aprovação dos testamentos cerrados e as atas notariais, elencados nos incisos I, II e III do artigo 7º da Lei n. 8.935/94:[44]

> Lei 8.935/94, Art. 7º Aos tabeliães de notas compete com exclusividade:
>
> I – lavrar escrituras e procurações, públicas;
>
> II – lavrar testamentos públicos e aprovar os cerrados;
>
> III – lavrar atas notariais;

Sendo assim, o Provimento 88, em seu artigo 9º, determina que notários e registradores mantenham cadastro dos envolvidos, inclusive representantes e procuradores, nos atos notariais protocolares e de registro com conteúdo econômico. O § 1º elenca os dados constantes no cadastro das pessoas físicas e o § 2º os dados das pessoas jurídicas. Constarão ainda do referido a data do cadastro e a de suas atualizações, podendo, ainda, as imagens dos documentos e cartões de autógrafos ser mantidos exclusivamente em sistema informatizado, observando-se os padrões mínimos da tecnologia da informação para a segurança, a integridade e a disponibilidade de dados previstos no Provimento n. 74/2018 da Corregedoria Nacional de Justiça.

Os Tabeliães de Protesto, nos termos do § 5º do artigo em comento, poderão cumprir o disposto realizando a manutenção de cadastro com base no nome da pessoa física ou na razão social ou nome fantasia da pessoa jurídica que seja informada pelo credor ou apresentante, acompanhados do respectivo CPF ou CNPJ informado e do endereço fornecido pelo apresentante, salvo quando, pelas circunstâncias da apresentação do título ou documento de dívida apresentado, não houver as referidas informações ou ainda quando for do desconhecimento do apresentante.

Dispõe o § 6º do comentado artigo 9º, que o notário e o registrador, para os fins de enquadramento do cliente como pessoa exposta politicamente,

[44] BRASIL, 1994. Lei n. 8.935, de 18 de novembro de 1994. Regulamenta o art. 236 da Constituição Federal, dispondo sobre serviços notariais e de registro (Lei dos Cartórios). Brasília, DF: Presidência da República. Disponível em: http://www.planalto.gov.br/ccivil_03/leis/L8935.htm. Acesso em: 1º maio 2020.

deverão consultar o cadastro eletrônico de Pessoas Expostas Politicamente, por intermédio do Siscoaf, ou colher a declaração das próprias partes sobre essa condição, ressalvados os casos em que seja expressamente prevista uma dessas formas de identificação como obrigatória.

A conceituação de pessoa exposta politicamente é delineada na Resolução n. 29, de 7 de dezembro de 2017, do Coaf, que dispõe sobre os procedimentos a serem observados pelas pessoas reguladas pelo COAF, na forma do § 1º do artigo 14 da Lei n. 9.613, de 3 de março de 1998, relativamente a pessoas expostas politicamente.

Os parágrafos do artigo 1º dizem:

> § 1º Para fins do disposto nesta Resolução, consideram-se pessoas expostas politicamente:
> I – os detentores de mandatos eletivos dos Poderes Executivo e Legislativo da União;
>
> II – os ocupantes de cargo, no Poder Executivo da União, de:
>
> a) Ministro de Estado ou equiparado;
>
> b) Natureza Especial ou equivalente;
>
> c) presidente, vice-presidente e diretor, ou equivalentes, de entidades da administração pública indireta; e
>
> d) Grupo Direção e Assessoramento Superior – DAS, nível 6, ou equivalente;
>
> III – os membros do Supremo Tribunal Federal, dos Tribunais Superiores e dos Tribunais Regionais Federais, do Trabalho e Eleitorais;
>
> IV – o Procurador-Geral da República, o Procurador-Geral do Trabalho, o Procurador-Geral da Justiça Militar e os Procuradores-Gerais de Justiça dos Estados e do Distrito Federal;
>
> V – os membros do Tribunal de Contas da União e o Procurador-Geral do Ministério Público junto ao Tribunal de Contas da União;
>
> VI – os presidentes e tesoureiros nacionais, ou equivalentes, de partidos políticos;
>
> VII – os governadores e secretários de Estado e do Distrito Federal, os Deputados Estaduais e Distritais, os presidentes, ou equivalentes, de entidades da administração pública indireta estadual e distrital e os

> presidentes de Tribunais de Justiça, Militares, de Contas ou equivalente de Estado e do Distrito Federal;
>
> VIII – os Prefeitos, Vereadores, Presidentes de Tribunais de Contas ou equivalente dos Municípios.
>
> § 2º Para fins do disposto nesta Resolução, também são consideradas pessoas expostas politicamente aquelas que, no exterior, sejam:
>
> I – chefes de estado ou de governo;
>
> II – políticos de escalões superiores;
>
> III – ocupantes de cargos governamentais de escalões superiores;
>
> IV – oficiais generais e membros de escalões superiores do poder judiciário;
>
> V – executivos de escalões superiores de empresas públicas; ou
>
> VI – dirigentes de partidos políticos.
>
> § 3º Para fins do disposto nesta Resolução, também são consideradas pessoas expostas politicamente os dirigentes de escalões superiores de entidades de direito internacional público ou privado.[45]

No tocante ao conceito de beneficiários finais, para os fins do Provimento 88, aplicam-se os critérios definidos pela Instrução Normativa n. 1.863, de 27 de dezembro de 2018, da Secretaria da Receita Federal do Brasil, que dispõe sobre o Cadastro Nacional da Pessoa Jurídica (CNPJ). E, segundo os parágrafos primeiro e segundo do artigo 8º da citada Instrução Normativa, considera-se beneficiário final:

> I – A pessoa natural que, em última instância, de forma direta ou indireta, possui, controla ou influencia significativamente a entidade; ou
> II – A pessoa natural em nome da qual uma transação é conduzida.[46]

[45] BRASIL, 2017. Resolução nº 29, de 7 de dezembro de 2017. Dispõe sobre os procedimentos a serem observados pelas pessoas reguladas pelo COAF, na forma do § 1° do artigo 14 da Lei n. n° 9.613, de 3 de março de 1998, relativamente a pessoas expostas politicamente. Brasília, DF: Conselho de Controle de Atividades Financeiras – COAF. Disponível em: http://www.fazenda.gov.br/orgaos/coaf/legislacao-e-normas/normas-coaf/resolucao-no-29-de-7-de-dezembro-de-2017-1. Acesso em: 01 mai. 2020.

[46] BRASIL, 2018. Instrução Normativa RFB n. 1863, de 27 de dezembro de 2018. Dispõe sobre o Cadastro Nacional da Pessoa Jurídica (CNPJ). Brasília, DF: Secretaria da Receita

Ato seguinte, o parágrafo oitavo dispõe que, para os fins de identificação do beneficiário final da operação, o titular da serventia deverá consultar a base de dados do Cadastro Único de Beneficiários Finais, complementando as informações por meio de consulta aos cadastros mencionados e com outras informações que puder extrair dos documentos disponíveis. Quando não for possível identificar o beneficiário final, os notários e registradores devem dispensar especial atenção à operação e colher dos interessados a declaração sobre quem o é, não sendo vedada a prática do ato sem a indicação do beneficiário final.

Quanto aos Tabeliães de Protesto, para cumprimento do disposto nos §§ 6º, 8º e 9º do artigo em foco, realizarão consulta aos cadastros mencionados, e ainda o farão por meio de informações constantes do título ou do documento de dívida apresentado, ou de sua indicação, bem como mediante os dados fornecidos pelo apresentante, não podendo obstar a realização do ato ou exigir elementos não previstos em lei que regulam a emissão e circulação do título ou do documento em questão.

Ainda no tocante à definição da política de prevenção à lavagem de dinheiro e ao financiamento do terrorismo, a Corregedoria Nacional de Justiça poderá ampliar, por ato próprio, os requisitos dos registros das operações para fins de aplicação da identificação baseada em risco e incluir requisitos mais estritos nos casos de operações que destoam em relação à média.

Por fim, o notário e o registrador imobiliário em relação ao registro de instrumento particular deverão manter cópia do documento de identificação apresentado, bem como dos contratos sociais, estatutos, atas de assembleia ou reunião, procurações e quaisquer outros instrumentos de representação ou alvarás que tenham sido utilizados para a prática do ato notarial ou do instrumento particular.

Federal do Brasil. Disponível em: http://normas.receita.fazenda.gov.br/sijut2consulta/link.action?visao=anotado&idAto=97729. Acesso em: 1º maio 2020.

2.5 Do cadastro único de beneficiários finais

Dispõe o artigo 11 do Provimento 88 do CNJ que notários e registradores poderão utilizar o Cadastro Único de Beneficiários Finais (CBF), criado e mantido por suas entidades associativas representativas, que, necessariamente, deverá conter os dados previstos no art. 9º, sujeito à fiscalização da Corregedoria Nacional de Justiça.

Tal cadastro deverá conter o índice único das pessoas naturais que, em última instância, de forma direta ou indireta, possuem controle ou influência significativa nas entidades que pratiquem ou possam praticar atos ou negócios jurídicos nos quais intervenham os notários e registradores.

Tais dados, necessários à formação e atualização do CBF, podem ser obtidos a partir de:

> I – outros cadastros da mesma natureza;
> II – informações prestadas por outras instituições;
> III – declaração das próprias partes;
> IV – exame da documentação apresentada;
> V – outras fontes julgadas confiáveis pelo notário ou registrador.[47]

Com o objetivo de manter atualizado o CBF, poderão as entidades representativas dos notários e registradores firmar convênio com a RFB, as Juntas Comerciais dos estados, o Departamento de Registro Empresarial e Integração (DREI), a Comissão de Valores Mobiliários (CVM) e quaisquer outros órgãos, organismos internacionais ou instituições que detenham dados sobre atos constitutivos, modificativos, extintivos ou que informem participações societárias em pessoas jurídicas.

[47] BRASIL, 2019. Provimento n. 88, de 1º de outubro de 2019. Dispõe sobre a política, os procedimentos e os controles a serem adotados pelos notários e registradores visando à prevenção dos crimes de lavagem de dinheiro, previstos na Lei n. 9.613, de 3 de março de 1998, e do financiamento do terrorismo, previsto na Lei n. 13.260, de 16 de março de 2016, e dá outras providências. Brasília, DF: Conselho Nacional de Justiça. Disponível em: https://atos.cnj.jus.br/atos/detalhar/3025. Acesso em: 1º maio 2020.

2.6 Do registro das operações

Os notários e registradores, nos termos do artigo 13 do provimento em foco, devem manter o registro eletrônico de todos os atos notariais protocolares e registrais de conteúdo econômico que lavrarem, constando os seguintes dados, sempre que cabível, em razão da especialidade da serventia e do ato praticado:

> I – a identificação do cliente;
> II – a descrição pormenorizada da operação realizada;
> II – o valor da operação;
> IV – o valor da avaliação para fins de incidência tributária;
> V – a data da operação;
> VI – a forma de pagamento;
> VII – o meio de pagamento;
> VIII – o registro das comunicações de quaisquer operações que, por seus elementos objetivos e subjetivos, possam ser consideradas suspeitas de lavagem de dinheiro ou financiamento do terrorismo.[48]
> IX – outros dados nos termos de regulamentos especiais e instruções complementares.

Os Tabeliães de Protesto cumprirão o disposto nos incisos II a VII do § 1º do artigo 13, por meio dos dados e informações constantes do título ou documento de dívida apresentado, ou de sua indicação, bem como dos dados fornecidos pelo apresentante.

O artigo 14 do provimento em comento dispõe que os notários deverão, antes da lavratura de ato notarial, verificar a atualidade dos poderes de uma procuração, abstendo-se da sua prática caso saibam que tenham eles sido revogados ou modificados. Disposição desnecessária, uma vez que tal procedimento já faz parte da práxis notarial.

---

[48] BRASIL, 2019. Provimento n. 88, de 1º de outubro de 2019. Dispõe sobre a política, os procedimentos e os controles a serem adotados pelos notários e registradores visando à prevenção dos crimes de lavagem de dinheiro, previstos na Lei n. 9.613, de 3 de março de 1998, e do financiamento do terrorismo, previsto na Lei n. 13.260, de 16 de março de 2016, e dá outras providências. Brasília, DF: Conselho Nacional de Justiça. Disponível em: https://atos.cnj.jus.br/atos/detalhar/3025. Acesso em: 1º maio 2020.

2.7 Das comunicações à Unidade de Inteligência Financeira (UIF)

Um dos pontos nevrálgicos do Provimento n. 88 é a regulamentação das situações suspeitas que devem ser comunicadas à UIF. A regra geral é posta no artigo 15 e os critérios para a identificação desses indícios são trazidos mormente pelo artigo 20 do Provimento, que arrola diversas situações que podem sinalizar a ocorrência de crimes de lavagem de dinheiro ou financiamento do terrorismo.

Nesse sentido, dispõe o artigo 15 do Provimento 88 do CNJ, com redação alterada pelo Provimento n. 90/2020 do CNJ, que, havendo indícios da prática de crime de lavagem de dinheiro ou de financiamento do terrorismo, ou de atividades a eles relacionadas, conforme critérios estabelecidos neste capítulo, será efetuada comunicação à Unidade de Inteligência Financeira (UIF) no dia útil seguinte ao término do exame da operação ou proposta de alteração.

Os §§ 1º e 2º, incluídos pelo Provimento 90, determinam os prazos de 45 e 60 dias para o exame das operações ou propostas de operações serem concluídos, respectivamente, nos casos que independem e nos que dependem de análise.

A comunicação será efetuada em meio eletrônico no *site* da Unidade de Inteligência Financeira (UIF), garantido o sigilo das informações fornecidas.

Determina o artigo 16 do Provimento em tela que, se a condição de pessoa politicamente exposta puder ser verificada (seja por meio de consulta ao cadastro eletrônico de pessoas expostas politicamente, do Siscoaf, através das informações constantes do título ou do documento de dívida apresentado, ou de sua indicação, bem como dos dados fornecidos pelo apresentante), será dedicada especial atenção à operação ou propostas de operação envolvendo tal pessoa, seus familiares, estreitos colaboradores ou pessoas jurídicas de que participem.

Caso inexista operação ou proposta suspeita passível de comunicação à Unidade de Inteligência Financeira (UIF), o notário ou registrador, ou seu oficial de cumprimento, informará à Corregedoria-Geral de Justiça estadual ou do Distrito Federal, até o dia 10 dos meses de janeiro e julho, tal situação, nos seis meses anteriores. A omissão da referida informação ensejará a instauração, por parte da Corregedoria-Geral de Justiça Estadual, de procedimento administrativo para apurar a responsabilidade de notário ou registrador omisso.

Segundo o artigo 18, notários, registradores e oficiais de cumprimento devem manter sigilo acerca das comunicações feitas à Unidade de Inteligência Financeira (UIF), sendo vedado o compartilhamento de informação com as partes envolvidas ou terceiros, com exceção do Conselho Nacional de Justiça (CNJ). O objetivo presente no sigilo é garantir a efetividade da investigação e o resguardo da efetiva persecução penal.

No tocante às comunicações obrigatórias, poderá ainda a Corregedoria Nacional de Justiça dispor sobre outras hipóteses.

Encerrando o capítulo do provimento, o artigo 20 traz um rol não exauriente de situações que, sem prejuízo dos indicativos específicos de cada uma das atividades previstas, podem configurar indícios da ocorrência de crimes de lavagem de dinheiro ou de financiamento do terrorismo, ou com ele relacionar-se, quais sejam:

I – a operação que aparente não resultar de atividades ou negócios usuais do cliente ou do seu ramo de negócio;

II – a operação cuja origem ou fundamentação econômica ou legal não sejam claramente aferíveis;

III – a operação incompatível com o patrimônio ou com a capacidade econômico-financeira do cliente;

IV – a operação cujo beneficiário final não seja possível identificar;

V – as operações envolvendo pessoas jurídicas domiciliadas em jurisdições consideradas pelo Grupo de Ação contra a Lavagem de Dinheiro e o Financiamento do Terrorismo (Gafi) de alto risco ou com deficiências estratégicas de prevenção e combate à lavagem de dinheiro e ao financiamento do terrorismo;

VI – as operações envolvendo países ou dependências considerados pela RFB de tributação favorecida e/ou regime fiscal privilegiado, conforme lista pública;

VII – a operação envolvendo pessoa jurídica cujo beneficiário final, sócios, acionistas, procuradores ou representantes legais mantenham domicílio em jurisdições consideradas pelo Gafi de alto risco ou com deficiências estratégicas de prevenção e combate à lavagem de dinheiro e ao financiamento do terrorismo;

VIII – a resistência, por parte do cliente e/ou dos demais envolvidos, no fornecimento de informações solicitadas para o registro da operação, bem como para o preenchimento dos cadastros;

IX – a prestação, por parte do cliente e/ou dos demais envolvidos, de informação falsa ou de difícil ou onerosa verificação para o registro da operação, bem como para o preenchimento dos cadastros;

X – a operação injustificadamente complexa ou com custos mais elevados, que visem dificultar o rastreamento dos recursos ou a identificação do seu real objetivo;

XI – a operação fictícia ou com indícios de valores incompatíveis com os de mercado;

XII – a operação com cláusulas que estabeleçam condições incompatíveis com as praticadas no mercado;

XIII – qualquer tentativa de burlar os controles e registros exigidos pela legislação de prevenção à lavagem de dinheiro e ao financiamento do terrorismo, através de fracionamento, pagamento em espécie ou por meio de título emitido ao portador;

XIV – o registro de documentos de procedência estrangeira, nos termos do art. 129, 6º, c/c o art. 48 da Lei n. 6.015, de 31 de dezembro de 1973;

XV – a operação que indique substancial ganho de capital em um curto período de tempo;

XVI – a operação que envolva a expedição ou utilização de instrumento de procuração que outorgue poderes de administração, de gerência dos negócios, ou de movimentação de conta corrente vinculada de empresário individual, sociedade empresária ou cooperativa;

XVII – As operações de aumento de capital social quando pelas partes envolvidas no ato, ou as características do empreendimento, verificar-se indícios de que o referido aumento não possui correspondência com o valor ou o patrimônio da empresa;

XVIII – quaisquer outras operações que, considerando as partes e demais envolvidos, os valores, modo de realização e meio e forma de pagamento, ou a falta de fundamento econômico ou legal, possam configurar sérios indícios da ocorrência dos crimes de lavagem de dinheiro ou de financiamento do terrorismo, ou com eles relacionar-se; e

XIX – outras situações designadas em instruções complementares a este provimento.[49]

Como se percebe pela redação, as ocorrências do artigo comentado são direcionadas a todas as especialidades notariais e registrais, são regras comuns. Dessa forma, ocorrendo quaisquer das hipóteses acima, o notário ou registrador, ou oficial de cumprimento, considerando a atividade suspeita, comunicará a operação à Unidade de Inteligência Financeira (UIF) no prazo previsto no artigo 15.

Afirmamos acima que o rol do artigo 20 é exemplificativo, que não tem o condão de encerrar todas as hipóteses a serem informadas, e concluímos isso a partir de três premissas principais. Primeiramente porque, além dessas ocorrências, são também arrolados, como já destacamos anteriormente, indicativos específicos de cada uma das atividades notariais e registrais abraçadas pelo Provimento.

A segunda premissa decorre do inciso XIX do próprio artigo 20, que ilustra que outras situações poderão ser designadas em instruções complementares.

Finalmente, a terceira premissa é a redação do artigo 19 do Provimento 88, ao prever que a Corregedoria Nacional de Justiça poderá dispor sobre outras hipóteses de comunicação obrigatória e indicativas de operações suspeitas.

[49] BRASIL, 2019. Provimento n. 88, de 1º de outubro de 2019. Dispõe sobre a política, os procedimentos e os controles a serem adotados pelos notários e registradores visando à prevenção dos crimes de lavagem de dinheiro, previstos na Lei n. 9.613, de 3 de março de 1998, e do financiamento do terrorismo, previsto na Lei n. 13.260, de 16 de março de 2016 Brasília, DF: Conselho Nacional de Justiça. Disponível em: https://atos.cnj.jus.br/atos/detalhar/3025. Acesso em: 1º maio 2020.

2.8 Das normas aplicáveis aos Tabeliães e Oficiais de Registro de Contratos Marítimos

Os artigos 21 e 22 do Provimento 88 determinam aplicarem-se ao Registro de Contrato Marítimo as disposições referentes ao Registro de Títulos e Documentos e ao Tabelionato de Contrato Marítimo as disposições referentes aos Tabeliães de Notas, respectivamente.

Percebe-se que, a partir desse ponto, o Provimento 88 traz critérios objetivos a cada especialidade notarial e registral, que caracterizam situações obrigatórias de informações e situações em que pode se caracterizar o crime de lavagem de dinheiro, cabendo o juízo de valor do delegatário, devendo comunicar à UIF apenas se considerar a operação suspeita.

2.9 Das normas aplicáveis aos Tabeliães de Protesto

Nos termos do artigo 23, o tabelião de protesto de títulos e outros documentos de dívida, ou seu oficial de cumprimento, comunicará obrigatoriamente à Unidade de Inteligência Financeira (UIF), independentemente de análise ou de qualquer outra consideração, a ocorrência das seguintes situações:

> I – Qualquer operação que envolva o pagamento ou recebimento de valor em espécie, igual ou superior a R$ 30.000,00 (trinta mil reais) ou equivalente em outra moeda, desde que perante o tabelião;
>
> II – Qualquer operação que envolva o pagamento ou recebimento de valor, por meio de título de crédito emitido ao portador, igual ou superior a R$ 30.000,00 (trinta mil reais), desde que perante o tabelião.[50]

[50] BRASIL, 2019. Provimento n. 88, de 1º de outubro de 2019. Dispõe sobre a política, os procedimentos e os controles a serem adotados pelos notários e registradores visando à prevenção dos crimes de lavagem de dinheiro, previstos na Lei n. 9.613, de 3 de março de 1998, e do financiamento do terrorismo, previsto na Lei n. 13.260, de 16 de março de

Podem configurar indícios da ocorrência dos crimes de lavagem de dinheiro ou de financiamento ao terrorismo, ou com eles relacionar-se, pagamentos ou cancelamentos de títulos protestados em valor igual ou superior a R$ 1.000.000,00 (um milhão de reais), não relacionados ao mercado financeiro, mercado de capitais ou entes públicos. Ocorrendo qualquer das hipóteses previstas no *caput* deste artigo, o tabelião de protesto, ou oficial de cumprimento, comunicará a operação à Unidade de Inteligência Financeira (UIF), caso a considere suspeita, no prazo previsto no art. 15.

2.10 Das normas aplicáveis aos Registradores de Imóveis

Segundo disposição do artigo 25, o oficial de registro de imóveis, ou seu oficial de cumprimento, comunicará obrigatoriamente à Unidade de Inteligência Financeira (UIF), independentemente de análise ou de qualquer outra consideração, a ocorrência das seguintes situações:

I – registro de transmissões sucessivas do mesmo bem, em período não superior a 6 (seis) meses, se a diferença entre os valores declarados for superior a 50%;

II – registro de título no qual constem diferenças entre o valor da avaliação fiscal do bem e o valor declarado, ou entre o valor patrimonial e o valor declarado (superior ou inferior), superiores a 100%;

III – registro de documento ou título em que conste declaração das partes de que foi realizado pagamento em espécie ou título de crédito ao portador de valores igual ou superior a R$ 30.000,00 (trinta mil reais)[51].

2016, e dá outras providências. Brasília, DF: Conselho Nacional de Justiça. Disponível em: https://atos.cnj.jus.br/atos/detalhar/3025. Acesso em: 1º maio 2020.

[51] BRASIL, 2019. Provimento n. 88, de 1º de outubro de 2019. Dispõe sobre a política, os procedimentos e os controles a serem adotados pelos notários e registradores visando à prevenção dos crimes de lavagem de dinheiro, previstos na Lei n. 9.613, de 3 de março de 1998, e do financiamento do terrorismo, previsto na Lei n. 13.260, de 16 de março de

No artigo 26 encontramos as situações que podem configurar indícios da ocorrência dos crimes de lavagem de dinheiro ou de financiamento do terrorismo, ou com eles relacionar-se; são as situações nas quais o registrador julgará caso a caso, além das hipóteses previstas no artigo 20:

> I – doações de bens imóveis ou direitos reais sobre bens imóveis para terceiros sem vínculo familiar aparente com o doador, referente a bem imóvel que tenha valor venal atribuído pelo município igual ou superior a R$ 100.000,00 (cem mil reais);
>
> II – concessão de empréstimos hipotecários ou com alienação fiduciária entre particulares;
>
> III – registro de negócios celebrados por sociedades que tenham sido dissolvidas e tenham regressado à atividade;
>
> IV – registro de aquisição de imóveis por fundações e associações, quando as características do negócio não se coadunem com as finalidades prosseguidas por aquelas pessoas jurídicas.[52]

Caso considere a operação suspeita, e ocorrendo qualquer das hipóteses previstas neste artigo, o registrador de imóveis, ou oficial de cumprimento, comunicará a operação à Unidade de Inteligência Financeira (UIF) no prazo estampado no artigo 15 do Provimento 88.

2016, e dá outras providências. Brasília, DF: Conselho Nacional de Justiça. Disponível em: https://atos.cnj.jus.br/atos/detalhar/3025. Acesso em: 1º maio 2020.

[52] BRASIL, 2019. Provimento n. 88, de 1º de outubro de 2019. Dispõe sobre a política, os procedimentos e os controles a serem adotados pelos notários e registradores visando à prevenção dos crimes de lavagem de dinheiro, previstos na Lei n. 9.613, de 3 de março de 1998, e do financiamento do terrorismo, previsto na Lei n. 13.260, de 16 de março de 2016, e dá outras providências. Brasília, DF: Conselho Nacional de Justiça. Disponível em: https://atos.cnj.jus.br/atos/detalhar/3025. Acesso em: 1º maio 2020.

2.11 Das normas aplicáveis aos Oficiais de Registro de Títulos e Documentos e Civis das Pessoas Jurídicas

O oficial de registro de títulos e documentos e civis das pessoas jurídicas, ou seu oficial de cumprimento, comunicará obrigatoriamente à Unidade de Inteligência Financeira (UIF), independentemente de análise ou de qualquer outra consideração, as operações que envolvam o pagamento ou recebimento de valor igual ou superior a R$ 50.000,00 (cinquenta mil reais) ou equivalente em outra moeda, inclusive quando se relacionar a compra ou venda de bens móveis e imóveis.

As ocorrências específicas da especialidade em tela e que demandam análise subjetiva do registrador estão elencadas no artigo 28, quais sejam:

> I – registro de quaisquer documentos que se refiram a transferências de bens imóveis de qualquer valor, de transferências de cotas ou participações societárias, de transferências de bens móveis de valor superior a R$ 30.000,00;
>
> II – registro de quaisquer documentos que se refiram a mútuos concedidos ou contraídos ou doações concedidas ou recebidas, de valor superior ao equivalente a R$ 30.000,00;
>
> III – registro de quaisquer documentos que se refiram, ainda que indiretamente, a participações, investimentos ou representações de pessoas naturais ou jurídicas brasileiras em entidades estrangeiras, especialmente "trusts" ou fundações;
>
> IV – registro de instrumentos que prevejam a cessão de direito de títulos de créditos ou de títulos públicos de valor igual ou superior a R$ 500.000,00 (quinhentos mil reais).[53]

[53] BRASIL, 2019. Provimento n. 88, de 1º de outubro de 2019. Dispõe sobre a política, os procedimentos e os controles a serem adotados pelos notários e registradores visando à prevenção dos crimes de lavagem de dinheiro, previstos na Lei n. 9.613, de 3 de março de 1998, e do financiamento do terrorismo, previsto na Lei n. 13.260, de 16 de março de 2016, e dá outras providências. Brasília, DF: Conselho Nacional de Justiça. Disponível em: https://atos.cnj.jus.br/atos/detalhar/3025. Acesso em: 1º maio 2020.

2.12 Das normas aplicáveis aos Notários

Talvez das incumbências dos notários e registradores as mais extensas sejam aquelas dirigidas aos Tabeliães de Notas. O capítulo XI do Provimento 88 trata de tais e se inicia com a disposição do artigo 29 no sentido de que, nas matérias tratadas pelo referido capítulo, o Conselho Nacional de Justiça e as Corregedorias locais contarão, como órgão de supervisão auxiliar, na organização e orientação dos notários, com o Colégio Notarial do Brasil – Conselho Federal (CNB), que divulgará instruções técnicas complementares para o devido cumprimento dessa normativa.

O Colégio Notarial Brasileiro[54] é a entidade representativa dos notários do país, uma sociedade civil de direito privado sem fins lucrativos, com a finalidade de colaborar com o Poder Público no aperfeiçoamento dos serviços notariais.

Nos termos do Provimento 88, em seu artigo 30, o Conselho Federal do CNB criará e manterá o Cadastro Único de Clientes do Notariado (CCN), que reunirá as informações previstas no art. 9°, além de outros dados que entender necessários, de todas as pessoas cadastradas e qualificadas pelos notários, sejam ou não partes em ato notarial. Os dados para a formação e atualização da base nacional do CCN serão fornecidos pelos próprios notários de forma sincronizada ou com periodicidade, no máximo, quinzenal, e contarão:

> I – com dados relativos aos atos notariais protocolares praticados; e
>
> II – com dados relacionados aos integrantes do seu cadastro de firmas abertas, contendo, no mínimo, todos os elementos do art. 9º, § 1º, inclusive imagens das documentações, dos cartões de autógrafo e dados biométricos.[55]

[54] COLÉGIO NOTARIAL DO BRASIL – CONSELHO FEDERAL, 2020. Sobre o CNB. Brasília, DF. Disponível em: https://www.notariado.org.br/notariado/cnb/. Acesso em: 1º maio 2020.

[55] BRASIL, 2019. Provimento n. 88, de 1º de outubro de 2019. Dispõe sobre a política, os procedimentos e os controles a serem adotados pelos notários e registradores visando à prevenção dos crimes de lavagem de dinheiro, previstos na Lei n. 9.613, de 3 de março

Nos atos notariais que praticar, o notário deverá qualificar a parte comparecente nos exatos termos do CCN ou, havendo insuficiência ou divergência nos dados, segundo o verificado nos documentos que lhe forem apresentados, encarregar-se-á de providenciar a atualização da base nacional.

Com o objetivo de criação, manutenção ou validação dos dados do CCN, e visando à correta individualização de que trata o artigo 9º, os notários e o Conselho Federal do CNB poderão, mediante convênio, servir-se também dos dados do Sistema Nacional de Informações de Segurança Pública (SINESP, INFOSEG), dos dados das secretarias estaduais e do Distrito Federal de segurança pública, de outras bases de dados confiáveis e de bases biométricas públicas, inclusive as constituídas nos termos da Lei n. 13.444, de 11 de maio de 2017, que dispõe sobre a Identificação Civil Nacional (ICN), além de criar e manter uma base de dados biométricos própria.

O acesso aos bancos de dados referidos restringir-se-á à conferência dos documentos de identificação apresentados. O CCN disponibilizará eletronicamente uma listagem de fraudes efetivas e tentativas de fraude de identificação que tenham sido comunicadas pelos notários.

Incumbirá ainda ao Conselho Federal do CNB, criar e manter o Cadastro Único de Beneficiários Finais (CBF), que deverá conter o índice único das pessoas naturais que, em última instância, de forma direta ou indireta, possuem controle ou influência significativa nas entidades que pratiquem ou possam praticar atos ou negócios jurídicos em que intervenham os notários.

Os dados para a formação e atualização do CBF podem ser obtidos a partir de:

I – outros cadastros da mesma natureza;

II – informações prestadas por outras instituições;

III – declaração das próprias partes;

---

de 1998, e do financiamento do terrorismo, previsto na Lei n. 13.260, de 16 de março de 2016, e dá outras providências. Brasília, DF: Conselho Nacional de Justiça. Disponível em: https://atos.cnj.jus.br/atos/detalhar/3025. Acesso em: 1º maio 2020.

IV. exame da documentação apresentada; e

V. outras fontes confiáveis[56].

Para os fins de identificação do beneficiário final da operação, o notário deverá consultar a base de dados do Cadastro Único de Beneficiários Finais, complementando as informações com outras que puder extrair dos documentos disponíveis. Quando não for possível identificar o beneficiário final, os notários devem dispensar especial atenção à operação e colher dos interessados a declaração sobre quem o é.

O Conselho Federal do CNB poderá firmar convênio com a Receita Federal do Brasil, as Juntas Comerciais dos estados, o Departamento de Registro Empresarial e Integração (DREI), a Comissão de Valores Mobiliários (CVM), instituições representativas dos registradores civis de pessoas jurídicas e quaisquer outros órgãos, organismos internacionais ou instituições que detenham dados sobre atos constitutivos, modificativos, extintivos ou que informem participações societárias em pessoas jurídicas, com o objetivo de manter atualizado o cadastro de que trata esta seção.

Além do definido em regulamentos especiais, os notários devem manter o registro eletrônico de todos os atos notariais protocolares que lavrarem, independentemente da sua natureza ou objeto, e remeter seus dados essenciais ao Conselho Federal do CNB por meio eletrônico, de forma sincronizada ou com periodicidade, no máximo, quinzenal.

São dados essenciais:

I – a identificação do cliente;

II – a descrição pormenorizada da operação realizada;

III – o valor da operação realizada;

[56] BRASIL, 2019. Provimento n. 88, de 1º de outubro de 2019. Dispõe sobre a política, os procedimentos e os controles a serem adotados pelos notários e registradores visando à prevenção dos crimes de lavagem de dinheiro, previstos na Lei n. 9.613, de 3 de março de 1998, e do financiamento do terrorismo, previsto na Lei n. 13.260, de 16 de março de 2016, e dá outras providências. Brasília, DF: Conselho Nacional de Justiça. Disponível em: https://atos.cnj.jus.br/atos/detalhar/3025. Acesso em: 1º maio 2020.

IV – o valor de avaliação para fins de incidência tributária;
V – a data da operação;
VI – a forma de pagamento;
VII – o meio de pagamento; e
VIII – outros dados, nos termos de regulamentos especiais e das instruções complementares.[57]

O Conselho Federal do CNB criará e manterá um Índice Único de Atos Notariais, que será composto:

I – pela importação dos dados integrantes da Central Notarial de Serviços Eletrônicos Compartilhados – CENSEC e, por meio de permanente sincronização, dos dados que a ela forem sendo remetidos pelos notários;
II – pela importação dos dados integrantes das centrais estaduais ou regionais de atos notariais e, por meio de permanente sincronização, dos dados que a elas forem sendo remetidos pelos notários;
III – pelos dados remetidos pelos notários na forma deste Provimento;
IV – por outros dados relevantes.[58]

Os notários ficam obrigados a remeter ao Conselho Federal do CNB as informações que compõem o Índice Único simultaneamente à prática do ato ou em periodicidade não superior a quinze dias, nos termos das instruções complementares.

[57] BRASIL, 2019. Provimento n. 88, de 1º de outubro de 2019. Dispõe sobre a política, os procedimentos e os controles a serem adotados pelos notários e registradores visando à prevenção dos crimes de lavagem de dinheiro, previstos na Lei n. 9.613, de 3 de março de 1998, e do financiamento do terrorismo, previsto na Lei n. 13.260, de 16 de março de 2016, e dá outras providências. Brasília, DF: Conselho Nacional de Justiça. Disponível em: https://atos.cnj.jus.br/atos/detalhar/3025. Acesso em: 1º maio 2020.

[58] BRASIL, 2019. Provimento nº 88, de 1º de outubro de 2019. Dispõe sobre a política, os procedimentos e os controles a serem adotados pelos notários e registradores visando à prevenção dos crimes de lavagem de dinheiro, previstos na Lei n. n. 9.613, de 3 de março de 1998, e do financiamento do terrorismo, previsto na Lei n. n. 13.260, de 16 de março de 2016, e dá outras providências. Brasília, DF: Conselho Nacional de Justiça. Disponível em: https://atos.cnj.jus.br/atos/detalhar/3025. Acesso em: 01 mai. 2020.

Por fim, o artigo 35 do Provimento 88 traz a hipótese de operação suspeita que deve ser apreciada pelo tabelião e, se considerada como tal, deve ser comunicada à UIF, sem prejuízo das hipóteses elencadas no disposto no artigo 20. Tal hipótese é a lavratura de procuração que outorgue plenos poderes de gestão empresarial, conferida em caráter irrevogável ou irretratável ou quando isenta de prestação de contas, independentemente de ser em causa própria, ou, ainda, de ser ou não por prazo indeterminado.

As operações e propostas de operações nas situações objetivas listadas no artigo 36 devem ser comunicadas pelos notários à Unidade de Inteligência Financeira (UIF), independentemente de análise ou de qualquer outra consideração:

> I – qualquer operação que envolva o pagamento ou recebimento de valor em espécie igual ou superior a R$ 30.000,00 (trinta mil reais) ou equivalente em outra moeda, em espécie, inclusive a compra ou venda de bens móveis ou imóveis;
>
> II – qualquer operação que envolva o pagamento ou recebimento de valor igual ou superior a R$ 30.000,00 (trinta mil reais), por meio de título de crédito emitido ao portador, inclusive a compra ou venda de bens móveis ou imóveis;
>
> III – qualquer das hipóteses previstas em resolução da Unidade de Inteligência Financeira – UIF que disponha sobre procedimentos a serem observados pelas pessoas físicas e jurídicas por ela reguladas relativamente a operações ou propostas de operações ligadas ao terrorismo ou seu financiamento;
>
> IV – qualquer operação ou conjunto de operações relativas a bens móveis de luxo ou alto valor, assim considerados os de valor igual ou superior a R$ 300.000,00 (trezentos mil reais), ou equivalente em outra moeda;
>
> V – todas as situações listadas no art. 25 do presente Provimento, quando realizadas por escritura pública; e
>
> VI – outras situações designadas em instruções complementares a este Provimento.[59]

[59] BRASIL, 2019. Provimento n. 88, de 1º de outubro de 2019. Dispõe sobre a política, os procedimentos e os controles a serem adotados pelos notários e registradores visando à prevenção dos crimes de lavagem de dinheiro, previstos na Lei n. 9.613, de 3 de março

2.13 Da guarda e conservação de registros e documentos

O capítulo XII do Provimento em seu artigo 37 traz a disposição acerca do dever de guarda e conservação dos notários e registradores e dispõe que os tais conservarão os cadastros e registros referentes ao Provimento 88, pelo prazo mínimo de cinco anos, contado da prática do ato, sem prejuízo do dever de conservação dos documentos, definido em legislação específica, podendo ser arquivados em meio eletrônico, respeitadas as regras de conservação.

2.14 Das disposições finais do Provimento 88 CNJ

Finalizando o estudo específico do Provimento 88, chegamos às suas disposições finais, que em seu artigo 38 prevê a utilização de informações existentes em bancos de dados de entidades públicas ou privadas de forma subsidiária e complementar, pois não substitui nem supre as exigências previstas nos artigos 9º, 11, 30 e 31 deste Provimento, admitindo seu uso para confirmar dados e informações previamente coletados.

Ato contínuo, o artigo 39 e seguintes vêm trazer disposições acerca da responsabilização inerente aos atos do provimento. Diz o referido artigo que as comunicações de boa-fé, feitas na forma prevista no artigo 11 da Lei n. 9.613, de 3 de março de 1998, não acarretarão responsabilidade civil, administrativa ou penal. Ou seja, o juízo de valor feito pelo notário ou registrador e as consequentes comunicações, desde que sejam de boa fé, não ensejarão sua responsabilização.

Conforme o artigo 40, o notário ou registrador, interventor e interino que deixarem de cumprir as obrigações deste Provimento sujeitar-se-ão às

---

de 1998, e do financiamento do terrorismo, previsto na Lei n. 13.260, de 16 de março de 2016, e dá outras providências. Brasília, DF: Conselho Nacional de Justiça. Disponível em: https://atos.cnj.jus.br/atos/detalhar/3025. Acesso em: 1º maio 2020.

sanções previstas no artigo 12 da Lei n. 9.613, de 3 de março de 1998. Quais sejam:

> I - advertência;
>
> II - multa pecuniária variável não superior:
>
> a. ao dobro do valor da operação;
>
> b. ao dobro do lucro real obtido ou que presumivelmente seria obtido pela realização da operação; ou
>
> c. ao valor de R$ 20.000.000,00 (vinte milhões de reais);
>
> III - inabilitação temporária, pelo prazo de até dez anos, para o exercício do cargo de administrador das pessoas jurídicas referidas no art. 9º;
>
> IV - cassação ou suspensão da autorização para o exercício de atividade, operação ou funcionamento.[60]

A pena de advertência será aplicada por irregularidade no cumprimento das disposições referentes à identificação dos clientes, manutenção do cadastro atualizado e manutenção dos registros das transações.

A pena de multa será aplicada sempre que, por culpa ou dolo, deixar-se de sanar as irregularidades objeto de advertência, no prazo assinalado pela autoridade competente, não se cumprir o disposto nos incisos I a IV do artigo 10, deixar-se de atender às requisições formuladas pela UIF na periodicidade, forma e condições por ele estabelecidas, e descumprir a vedação ou deixar de fazer a comunicação a que se refere o artigo 11.

A inabilitação temporária será aplicada quando forem verificadas infrações graves quanto ao cumprimento das obrigações constantes na Lei n. 9.613 ou quando ocorrer reincidência específica, devidamente caracterizada em transgressões anteriormente punidas com multa. Na regulamentação das atividades notarial e registral, a pena correspondente seria a de suspensão por

---

[60] BRASIL, 1998. Lei n. 9.613, de 3 de março de 1998. Dispõe sobre os crimes de "lavagem" ou ocultação de bens, direitos e valores; a prevenção da utilização do sistema financeiro para os ilícitos previstos nesta Lei; cria o Conselho de Controle de Atividades Financeiras - COAF, e dá outras providências. Brasília, DF: Presidência da República. Disponível em: http://www.planalto.gov.br/ccivil_03/Leis/L9613compilado.htm. Acesso em: 1º maio 2020.

90 dias, prorrogável por mais trinta, nos termos do inciso III do artigo 32 da Lei n. 8935, a Lei dos Notários e Registradores.

Por fim, a cassação da autorização será aplicada nos casos de reincidência específica de infrações anteriormente punidas com a pena de inabilitação temporária. No caso de notários e registradores, a pena análoga seria a perda da delegação, em consonância com o inciso IV do artigo 32 da Lei n. 8.935.

No âmbito de atuação dos notários e registradores, são competentes para aplicação das penalidades referidas acima a Corregedoria Nacional de Justiça ou as Corregedorias-Gerais da Justiça dos Estados e do Distrito Federal e Territórios, cabendo recurso para o Conselho de Recursos do Sistema Financeiro Nacional (CRSFN), na forma do Decreto n. 9.889, de 27 de junho de 2019. Quanto ao procedimento administrativo, enquanto não houver regulamentação específica da Corregedoria Nacional de Justiça, será aplicável o previsto no Regulamento da Unidade de Inteligência Financeira (UIF).

Em consonância com o inciso V do artigo 10 da Lei n. 9.613, o artigo 41 do Provimento 88 posta que os notários ou registradores e/ou Oficiais de Cumprimento deverão atender às requisições formuladas pela Unidade de Inteligência Financeira (UIF) e pelo Conselho Nacional de Justiça na periodicidade, forma e condições por eles estabelecidas, cabendo-lhes o dever de sigilo das informações prestadas.

Diz o artigo 42, com redação alterada pelo Provimento 90, que não se negará a realização de um ato registral ou protesto por falta de elementos novos ou dados novos, estipulados no presente Provimento, sendo comunicados, se for o caso, aqueles disponíveis ao notário ou registrador.

Caberá, ainda, às entidades representativas dos notários e registradores, visando dar cumprimento das obrigações previstas no Provimento em tela, ter acesso aos bancos de dados estatais de identificação da Receita Federal e do Tribunal Superior Eleitoral e de outras bases confiáveis, limitando-se à consulta aos dados necessários à confirmação da autenticidade dos documentos de identificação apresentados. Tal acesso se dará por meio de convênios ou termos de cooperação.

No tocante aos valores referidos no corpo do provimento, dispõe o artigo 44 que poderão ser atualizados periodicamente pela Corregedoria Nacional de Justiça.

E, por fim, o artigo 45 veio dispor acerca da entrada em vigor do Provimento, determinando de forma expressa a data de 3 de fevereiro de 2020.

3 CONCLUSÃO

Diante dos argumentos apresentados, ficam claras a importância e a capacidade de colaboração que os notários e registradores têm na prevenção e no combate aos crimes de lavagem de dinheiro, apoiando-se na capilaridade do serviço, na alta capacidade técnica de seus membros e no fato de estarem presentes no dia a dia da população. Por fim, ficou demonstrada a abrangência da regulamentação trazida pelo Provimento n. 88 do CNJ, o que com toda certeza fará com que os notários e registradores sejam um dos mais importantes atores na prevenção e combate aos crimes de lavagem de dinheiro.

REFERÊNCIAS

BARROS, Marco Antônio de. Lavagem de capitais e obrigações civis correlatas: com comentários, artigo por artigo, à Lei n. 9.613/98. 3. ed. São Paulo: Revista dos Tribunais, 2012.

BRASIL, 1942. Decreto-Lei n. 4.657, de 4 de setembro de 1942 -- Lei de Introdução às Normas do Direito Brasileiro. Brasília, DF: Presidência da República. Disponível em: http://www.planalto.gov.br/ccivil_03/decreto-lei/del4657compilado.htm. Acesso em: 1º maio 2020.

BRASIL, 1988. Constituição da República Federativa do Brasil de 1988. Brasília, DF: Presidência da República. Disponível em: http://www.planalto.gov.br/ccivil_03/constituicao/ConstituicaoCompilado.htm.

BRASIL, 1991. Decreto n. 154 de 26 de junho de 1991. Promulga a Convenção Contra o Tráfico Ilícito de Entorpecentes e Substâncias Psicotrópicas.

Brasília, DF: Presidência da República. Disponível em: http://www.planalto.gov.br/ccivil_03/decreto/1990-1994/D0154.htm. Acesso em: 1º maio 2020.

BRASIL, 1994. Lei n. 8.935, de 18 de novembro de 1994. Regulamenta o art. 236 da Constituição Federal, dispondo sobre serviços notariais e de registro (Lei dos Cartórios). Brasília, DF: Presidência da República. Disponível em: http://www.planalto.gov.br/ccivil_03/leis/L8935.htm. Acesso em: 1º maio 2020.

BRASIL, 1996. Exposição de motivos da Lei n. 9.613/1998 – Brasília, DF: Presidência da República. Disponível em: http://www.fazenda.gov.br/orgaos/coaf/legislacao-e-normas/legislacao/exposicao-de-motivos-lei-9613.pdf/view. Acesso em: 1º maio 2020.

BRASIL, 1998. Lei n. 9.613, de 3 de março de 1998. Dispõe sobre os crimes de "lavagem" ou ocultação de bens, direitos e valores; a prevenção da utilização do sistema financeiro para os ilícitos previstos nesta Lei; cria o Conselho de Controle de Atividades Financeiras – COAF, e dá outras providências. Brasília, DF: Presidência da República. Disponível em: http://www.planalto.gov.br/ccivil_03/Leis/L9613compilado.htm. Acesso em: 1º maio 2020.

BRASIL, 2004. Decreto n. 5.015, de 12 de março de 2004. Promulga a Convenção das Nações Unidas contra o Crime Organizado Transnacional. Brasília, DF: Presidência da República. Disponível em: http://www.planalto.gov.br/ccivil_03/_ato2004-2006/2004/decreto/d5015.htm. Acesso em: 1º maio 2020.

BRASIL, 2006. Decreto n. 5.687, de 31 de janeiro de 2006. Promulga a Convenção das Nações Unidas contra a Corrupção, adotada pela Assembleia-Geral das Nações Unidas em 31 de outubro de 2003 e assinada pelo Brasil em 9 de dezembro de 2003. Brasília, DF: Presidência da República. Disponível em: http://www.planalto.gov.br/ccivil_03/_ato2004-2006/2006/decreto/d5687.htm. Acesso em: 1º maio 2020.

BRASIL, 2009. Resolução n. 67, de 3 de março de 2009. Aprova o Regimento Interno do Conselho Nacional de Justiça e dá outras providências. Brasília, DF: Conselho Nacional de Justiça. Disponível em: https://atos.cnj.jus.br/files/compilado18201720200320Se7509613159c.pdf. Acesso em: 1º maio 2020.

BRASIL, 2011. Supremo Tribunal Federal, AÇÃO DIRETA DE INCONSTITUCIONALIDADE n. 3515/SC. Relator(a): CEZAR PELUSO, Tribunal Pleno, julgado em 1º/8/2011, *DJe*-187 DIVULG 28-09-2011 PUBLIC 29-09-2011 EMENT VOL-02597-01 PP-00056 RTJ VOL-00219-01 PP-00176. Disponível em: http://redir.stf.jus.br/paginadorpub/paginador.jsp?docTP=AC&docID=628104. Acesso em: 1º maio 2020.

BRASIL, 2015. Supremo Tribunal Federal, Mandado de Segurança n. 33046/PR. Relator: Luiz Fux, Primeira Turma, julgado em 10/3/2015, Processo Eletrônico *DJe*-091. Divulgação: 15-5-2015. Publicação: 18-5-2015. Disponível em: http://redir.stf.jus.br/paginadorpub/paginador.jsp?docTP=TP&docID=8480560. Acesso em: 1º maio 2020.

BRASIL, 2016. Conselho Nacional de Justiça. Pedido de Providências n. 0006712-74.2016.2.00.0000. Brasília, DF: Conselho Nacional de Justiça. Disponível em: https://www.notariado.org.br/wp-content/uploads/2019/10/provimento882018_cnj.pdf#page=2&zoom=100,48,44. Acesso em: 1º maio 2020.

BRASIL, 2017. Lei n. 13.444, de 11/5/2017. Dispõe sobre a Identificação Civil Nacional (ICN). Brasília, DF: Presidência da República. Disponível em: http://www.planalto.gov.br/ccivil_03/_Ato2015-2018/2017/Lei/L13444.htm. Acesso em: 1º maio 2020.

BRASIL, 2017. Resolução n. 29, de 7 de dezembro de 2017. Dispõe sobre os procedimentos a serem observados pelas pessoas reguladas pelo COAF, na forma do § 1º do artigo 14 da Lei n. 9.613, de 3 de março de 1998, relativamente a pessoas expostas politicamente. Brasília, DF: Conselho de Controle de Atividades Financeiras – COAF. Disponível em: http://www.fazenda.gov.br/orgaos/coaf/legislacao-e-normas/normas-coaf/resolucao-no-29-de-7-de-dezembro-de-2017-1. Acesso em: 1º maio 2020.

BRASIL, 2018. Instrução Normativa RFB n. 1863, de 27 de dezembro de 2018. Dispõe sobre o Cadastro Nacional da Pessoa Jurídica (CNPJ). Brasília, DF: Secretaria da Receita Federal do Brasil. Disponível em: http://normas.receita.fazenda.gov.br/sijut2consulta/link.action?visao=anotado&idAto=97729. Acesso em: 1º maio 2020.

BRASIL, 2019. Provimento n. 88, de 1º de outubro de 2019. Dispõe sobre a política, os procedimentos e os controles a serem adotados pelos notários e registradores visando à prevenção dos crimes de lavagem de dinheiro, previstos na Lei n. 9.613, de 3 de março de 1998, e do financiamento do terrorismo, previsto na Lei n. 13.260, de 16 de março de 2016, e dá outras providências. Brasília, DF: Conselho Nacional de Justiça. Disponível em: https://atos.cnj.jus.br/atos/detalhar/3025. Acesso em: 1º maio 2020.

BRASIL, 2019. Supremo Tribunal Federal, Recurso Extraordinário n. 842846/SC. Relator: Luiz Fux, Tribunal Pleno, julgado em 27/2/2019, Processo Eletrônico Repercussão Geral – Mérito – *DJe*-175 – divulgação: 12/8/2019 – publicação: 13/8/2019. Disponível em: http://redir.stf.jus.br/paginadorpub/paginador.jsp?docTP=TP&docID=750504507. Acesso em: 1º maio 2020.

BRASIL, 2020. Grupo de Ação Financeira contra a Lavagem de Dinheiro e o Financiamento do Terrorismo (Gafi/FATF). Brasília, DF: Ministério da Economia. Disponível em: http://www.fazenda.gov.br/assuntos/atuacao-internacional/prevencao-e-combate-a-lavagem-de-dinheiro-e-ao-financiamento-do-terrorismo/gafi. Acesso em: 1º maio 2020.

BRASIL, 2020. Provimento n. 90, de 12 de fevereiro de 2020. Altera o Provimento n. 88, de 1º de outubro de 2019, da Corregedoria Nacional de Justiça, que dispõe sobre a política, os procedimentos e os controles a serem adotados pelos notários e registradores, visando à prevenção dos crimes de lavagem de dinheiro, previstos na Lei n. 9.613, de 3 de março de 1998, e do financiamento do terrorismo, previsto na Lei n. 13.260, de 16 de março de 2016, e dá outras providências. Brasília, DF: Conselho Nacional de Justiça. Disponível em: https://atos.cnj.jus.br/files/original124934202002135e4545de2d0c7.pdf. Acesso em: 1º maio 2020.

COLÉGIO NOTARIAL DO BRASIL – Conselho Federal, 2020. Sobre o CNB. Brasília, DF. Disponível em: https://www.notariado.org.br/notariado/cnb/. Acesso em: 1º maio 2020.

CONSELHO NACIONAL DE JUSTIÇA, 2019. Cartórios serão integrados ao combate à corrupção e lavagem de dinheiro. Brasília, DF: Conselho Nacional de Justiça. Disponível em: https://www.cnj.jus.br/cartorios-serao-integrados-ao-combate-a-corrupcao-e-lavagem-de-dinheiro/. Acesso em: 1º maio 2020.

DE CARLI, Carla Veríssimo. Lavagem de dinheiro: ideologia da criminalização e análise do discurso. Porto Alegre, 2006.

ENCCLA. Estratégia Nacional de Combate à Corrupção e à Lavagem de Dinheiro, 2003. Quem somos. Brasília, DF. Disponível em: http://enccla.camara.leg.br/quem-somos. Acesso em: 1º maio 2020.

ENCCLA. Estratégia Nacional de Combate à Corrupção e à Lavagem de Dinheiro, 2019. Enccla terá 14 Ações em 2019. Brasília, DF. Disponível em: http://enccla.camara.leg.br/noticias/enccla-tera-14-acoes-em-2019. Acesso em: 1º maio 2020.

GRUPO DE AÇÃO FINANCEIRA. GAFI. As recomendações do GAFI. Padrões internacionais de combate à lavagem de dinheiro e ao financiamento do terrorismo e da proliferação. 2012. Disponível em: http://www.fazenda.gov.br/orgaos/coaf/arquivos/as-recomendacoes-gafi. Acesso em: 1º maio 2020.

KÜMPEL, Vitor Frederico; FERRARI, Carla Modina. Tratado notarial e registral. São Paulo: YK Editora, 2017.

LIMA, Renato Brasileiro de. Legislação criminal especial comentada: 4. ed. revista, atualizada e ampliada. Salvador: JusPODIVM, 2016.

MAIA, Rodolfo Tigre. Lavagem de dinheiro: lavagem de ativos provenientes de crime – Anotações às disposições criminais da Lei 9.613/98. São Paulo: Malheiros, 2004.

MIRON, Rafael Brum. Notários e registradores no combate à lavagem de dinheiro. Rio de Janeiro: Lumen Juris, 2018.

AÇÃO POPULAR
o cidadão como protagonista do combate à corrupção

Carolina Menck de Oliveira Cegarra[1]
João Lucas Martins[2]

Resumo: O debate acerca do manuseio do remédio constitucional denominado Ação Popular faz-se necessário não somente em âmbito acadêmico, como também na prática cotidiana de toda a população, haja vista o mecanismo apresentar espírito social, principalmente no combate à corrupção. Por meio da pesquisa bibliográfica e de legislação, o presente artigo discutirá a Ação Popular, seu cabimento e legitimidade, analisando o exercício da cidadania mediante a fiscalização do Poder Público.

Palavras-chave: Ação Popular; Cidadania; Constituição Federal; Corrupção.

Abstract: The debate about the hand lingof the constitutional remedy called Ação Popular isnecessarynotonly in the academic sphere, but also in the daily practice of the entire population, given

[1] Mestre em Direito Constitucional pela ITE-Bauru. Professora de Direito Constitucional, Introdução ao Estudo do Direito e Direito Processual Civil da Faculdade Eduvale de Avaré. Advogada graduada pela Pontifícia Universidade Católica de Campinas/SP.

[2] Especialista em Direito Tributário pela Faculdade Anhanguera. Pós-graduando em Direito Empresarial pela Faculdade Legale. Advogado graduado pela Faculdade Eduvale de Avaré/SP.

that the mechanism has a social spirit, especially in the fight against corruption.Throughbibliographicresearchand legislation, this article will discuss the Popular Action, its appropriateness and legitimacy, analyzing the exercise of citizenship through the inspection of the Public Power.

Keywords: Popular Action; Citizenship; Federal Constitution; Corruption.

1 INTRODUÇÃO

A escolha de um Estado pelo regime democrático abrange uma série de consequências, nas quais o fato de o cidadão ser considerado soberano dentro de certo território caracteriza-se como um dos principais resultados.

Assim, partindo do princípio de que o Estado foi estabelecido para organizar as relações entre os sujeitos e que estes indicariam seus governantes, caberia a eles gerir a coisa pública da melhor maneira, atentos ao anseio social. Contudo, conforme será explanado, inexiste, em alguns casos, correspondência entre o ato dos administradores e a vontade dos administrados. Assim, pessoas naturais investidas de funções públicas agem com finalidades diversas àquelas que lhes foram atribuídas, obtendo vantagens ilícitas.

O ordenamento jurídico apresenta a Ação Popular como um remédio constitucional que pode ser manejado somente pelo cidadão com a finalidade de combater o ato lesivo praticado. Dessa forma, o questionamento que embasou o presente estudo foi o seguinte: pode existir ampliação do objeto da Ação Popular para permitir que, além das sanções já previstas, seja possível a condenação do agente corrupto às sanções de natureza civil, já que o número de atos de corrução tem se mostrado cada vez mais elevado?

Utilizando a metodologia de pesquisa bibliográfica e de legislação, de modo a interpretar as normas jurídicas não de modo isolado, mas conjuntamente, no primeiro tópico será abordada a Ação Popular de maneira ampla, apresentando seu conceito, seus legitimados e o procedimento processual. O segundo item apresentará o cenário atual da corrupção no Brasil, além de dispor acerca de um conceito para a expressão.

O terceiro tópico debaterá a viabilidade da referida ação para controle dos atos administrativos lesivos aos valores protegidos na Constituição Federal, e o último item, finalmente, discorrerá sobre a possibilidade de ampliação da consequência jurídica para o agente público que comete o ato corruptivo.

Diante da amplitude do tema tratado, a intenção se baseia em provocar uma reflexão e projetar considerações importantes, como o auxílio no debate acerca do manejo do remédio constitucional em questão, bem como a importância da fiscalização pelos cidadãos.

2 AÇÃO POPULAR: MECANISMO DE DEFESA DO CIDADÃO

Essencial ao regime democrático, a Ação Popular possui origens no Direito Romano. Já no ordenamento jurídico pátrio, fez-se presente de modo pioneiro mediante a Constituição de 1934, onde preceituava o artigo 38 que "qualquer cidadão será parte legítima para pleitear a declaração de nulidade ou anulação dos atos lesivos do patrimônio da União, dos Estados ou dos Municípios".

Eliminada pela Carta Polaca de 1937 e resgatada pela próxima Constituição Democrática datada de 1946, o comando normativo da Ação Popular albergava nesse documento a administração pública indireta. Sob a égide da mesma Constituição, no ano de 1965, editou-se a Lei n. 4.717, que regula especificamente a matéria.

Finalmente, com a promulgação da Constituição Federal em 1988, a citada ação localiza-se no artigo 5º, LXXIII, que possui o seguinte teor:

> Qualquer cidadão é parte legítima para propor ação popular que vise a anular ato lesivo ao patrimônio público ou de entidade de que o Estado participe, à moralidade administrativa, ao meio ambiente e ao patrimônio histórico e cultural, ficando o autor, salvo comprovada má-fé, isento de custas judiciais e do ônus da sucumbência.

Logo, o procedimento constitucional em análise traduz-se em expressão do regime democrático, visto que se trata de um instrumento de participação popular. Para Lima (2019, p. 51), "a Ação Popular, assim como plebiscitos, referendos e a iniciativa popular de lei [...] constitui uma forma de exercício da soberania [...], na qual se permite ao povo exercer a função de fiscalizador do Poder Público".

Desse modo, efetiva-se a soberania popular estampada no parágrafo único do artigo primeiro da atual Constituição Federal, onde "todo poder emana do povo".

Enfatiza-se que a Ação Popular é caracterizada como um direito fundamental. Por essa característica, pode-se afirmar o respeito a um conteúdo básico de direitos, conteúdo aquém do qual não se pode tolerar nenhum tipo de restrição. Na mesma toada, convém frisar que a ação em comento é definida como remédio constitucional, por se tratar, segundo Martins (2018, p. 1041), "de uma garantia que tem o formato de ação judicial [...] de conteúdo assecuratório, visando assegurar os direitos fundamentais". No caso em estudo, tutela a Ação Popular os direitos fundamentais de terceira dimensão, marcados pelo ideal da fraternidade.[3]

Nos dizeres de Bonavides (2014, p. 569), "dotados de altíssimo teor de humanismo e universalidade, [...] tendem a cristalizar-se no fim do século XX enquanto direitos que não se destinam especificamente à proteção de interesses de um indivíduo, de um grupo".

Como todo procedimento judicial, possui a ação coletiva em estudo hipóteses específicas de cabimento, bem como legitimado ativo e passivo delineados pelo ordenamento jurídico. No que concerne ao cabimento, que pode se dar de modo preventivo ou repressivo, o já citado artigo 5º, LXXIII, da Constituição ressalta que o remédio constitucional visa evitar ou anular atos lesivos ao patrimônio público ou de entidade de que o Estado participe, à moralidade administrativa, ao meio ambiente e ao patrimônio histórico e cultural. Defende-se, pois, a probidade administrativa.

[3] A doutrina aponta que as dimensões de direitos fundamentais se fragmentam em três. Seguindo os ideais da Revolução Francesa (1789-1799), liberdade, igualdade e fraternidade fundem-se à primeira, segunda e terceira dimensão de direitos fundamentais, respectivamente.

Acerca da moralidade administrativa, já defendeu o Egrégio Tribunal de Justiça do Estado do Rio de Janeiro, por meio do julgamento de relatoria do Desembargador Jorge Luiz Habib (Ap. 289-06.2002.8.19.0018), que atenta contra a moralidade administrativa o ato de contratação irregular de servidores, o que enseja o ajuizamento de Ação Popular.

No mesmo sentir, de modo a ilustrar o manejo do remédio constitucional assegurando defesa do meio ambiente, o Superior Tribunal de Justiça, quando do julgamento do Recurso Especial 889.766/SP, de relatoria do Ministro Castro Meira, delineou que

> a Ação Popular é o instrumento jurídico que qualquer cidadão pode utilizar para impugnar os atos omissivos ou comissivos que possam causar dano ao meio ambiente. Assim, pode ser proposta para que o Estado promova condições para melhoria da coleta de esgoto [...] com a finalidade de que cesse o despejo de poluentes.

Devida atenção deve ser direcionada ao legitimado ativo apto a ajuizar a Ação Popular, haja vista que, nesse ponto, o cidadão é o único protagonista, conforme os ditames constitucionais e infraconstitucionais (artigo 1º, *caput*, Lei n. 4.717/65). Na mesma toada, deve-se possuir a conceituação básica de que o vocábulo *cidadão* deve compreender aquele que estiver em gozo de seus direitos políticos, possuindo capacidade eleitoral ativa, o que permite concluir que somente pessoas naturais podem propor tal Ação.[4] Interessante a constatação de que a prova da cidadania para ingresso em juízo será realizada por meio do título eleitoral ou com documento que a ele corresponda, segundo comando normativo constante no artigo 1º, § 3º da aludida legislação.

Acerca da suspensão surpeveniente dos direitos políticos, pondera Martins (2018, p. 1059) que "o processo deve ser extinto sem julgamento do mérito, pois houve a perda de uma condição da ação". De outra banda, não pode propor Ação Popular aquele que, logo de início, esteja com os direitos políticos suspensos ou perdidos.

[4] Súmula 365, STF: "Pessoa jurídica não tem legitimidade para propor Ação Popular".

Interessante questão envolvendo a legitimidade ativa diz respeito aos estrangeiros. Sobre estes, tem-se que somente os portugueses equiparados, nos exercícios dos direitos políticos, poderão propor a Ação Popular desde que demonstrem certificado de equiparação e título de eleitor, conforme a Convenção sobre Igualdade de Direitos Civis e Políticos entre Brasil e Portugal, promulgada pelo Decreto n. 3.927/01. Sobre o assunto, critica Rothenburg (2016, p. 242), ao pontuar que a interpretação de cidadão deveria ser alargada, pois "não se justifica a discriminação nacionalista, sobretudo dos direitos envolvidos de projeção difusa".

Embora obviamente não seja legitimado ativo, pontua o artigo 9º da Lei n. 4.717/65 que cabe ao Ministério Público, bem como a qualquer cidadão, prosseguir no remédio constitucional caso haja a desistência da parte autora ou dê causa a uma decisão terminativa por abandono de causa ou negligência.

Nota-se a isenção de custas e ônus da sucumbência na Ação Popular, salvo comprovada má-fé do legitimado ativo, conforme aduz o próprio artigo 5º, LXXIII da Constituição Federal. Por derradeiro, a competência para processamento e julgamento cabe ao primeiro grau de jurisdição.

No que se refere à legitimidade passiva, a Lei n. 4.717/65, em seu artigo 6º, preleciona:

> A ação será proposta contra as pessoas públicas ou privadas e as entidades referidas no art. 1º, contra as autoridades, funcionários ou administradores que houverem autorizado, aprovado, ratificado ou praticado o ato impugnado, ou que, por omissas, tiverem dado oportunidade à lesão, e contra os beneficiários diretos do mesmo.
> § 1º Se não houver benefício direto do ato lesivo, ou se for ele indeterminado ou desconhecido, a ação será proposta somente contra as outras pessoas indicadas neste artigo.

Conforme explanado, a Ação Popular se presta a resguardar a moralidade administrativa, princípio que rege a administração pública e que encontra respaldo no artigo 37, *caput*, da Constituição Federal. Assim, tanto a conduta do Poder Público quanto de seus agentes deve se pautar em preceitos éticos, bem como em honestidade e boa-fé.

Sobre o assunto, leciona Bandeira de Mello (2010):

> A administração e seus agentes têm de atuar na conformidade de princípios éticos. Violá-los implicará violação ao próprio Direito, configurando ilicitude que assujeita a conduta viciada à invalidação, porquanto tal princípio assumiu foros de pauta jurídica, na conformidade do art. 37 da Constituição.

Logo, o princípio constitucional da moralidade administrativa pode ser observado como parâmetro de controle de atos, tendo em vista cada caso concreto. Frisa-se que o tema da moralidade será abordado no próximo item.

Finalmente, ressalta-se que toda a administração pública, seja ela direta ou indireta, pode figurar passivamente. União, Estados, Distrito Federal, Municípios e seus respectivos órgãos públicos figuram no primeiro grupo. Já a administração indireta é formada, segundo o artigo 4º, II, do Decreto Lei n. 200/67, por autarquias, fundações, sociedades de economia mista e fundações públicas. Para Nimer (2016, p. 164), "o polo passivo [...] admite quase sempre o cúmulo subjetivo, visto que é imperativo trazer para a ação todos os responsáveis que, direta ou indiretamente, tenham contribuído para o ato ou omissão que se impugna".

No próximo tópico, o ato corruptivo será o conteúdo central para, após, abordar a hipótese de a Ação Popular funcionar como mecanismo de combate à corrupção e à imoralidade do Poder Público.

3 PANORAMA DA CORRUPÇÃO NO BRASIL

Corrupção e *moralidade administrativa* são termos antitéticos. Todavia, para que se chegue a tal conclusão, insta discutir aspectos que delineiam o fato corruptivo.

Desde os ensinamentos de Aristóteles (1992, p. 40), em que somos enaltecidos ou desmerecidos por nossa excelência ou por nossa deficiência moral, Montesquieu, citado por Leal (2013, p. 19), pondera que a corrupção dos governantes possui como marco inicial o desrespeito aos princípios e entende que somente as leis podem corrigir os interesses velados por meio da coerção.

Avançando no tempo, a importantíssima Declaração dos Direitos do Homem e do Cidadão já dispunha no ano de 1789, em seu artigo 15, que "a sociedade tem o direito de pedir contas a todo agente público pela administração", o que leva a concluir acerca da necessidade da normativa devido à presença da corrupção já existente à época em nível global.

Ainda num contexto histórico, focado, contudo, em solos nacionais, desde as elites oligárquicas o poder estatal concentrou-se em mãos de dominadores políticos, que prezavam primordialmente pelo bem-estar próprio, estranhos ao contingente populacional.

Para Filgueiras (2009),

> O patrimonialismo, nosso vício de origem, é fruto de um Estado que intervém na sociedade e coordena e comanda, pelo alto, a exploração do mundo produtivo e mercantil. Tal vício de origem é nossa herança do mundo ibérico. [...] O patrimonialismo no Brasil é o resultado de uma relação entre Estado e sociedade em que o primeiro oprime a segunda.

Todavia, embora o cenário histórico avance, o conceito de corrupção pouco apresentou mudanças. Assevera Bobbio (1998, p. 291) que a concepção pode ser bem definida como no momento em que "um funcionário público é levado a agir de modo diverso dos padrões normativos do sistema, favorecendo interesses particulares em troco de recompensa". Prossegue o autor, pontuando que "a corrupção é uma forma particular de exercer influência: influência ilícita, ilegal e ilegítima".

Assim, o ato de corromper está intimamente conectado ao modo de se proceder na tomada de decisões políticas, agindo o gestor por meio de um ato que se desvia da moralidade e que é eivado de vícios, ferindo, dessarte, o íntimo do próprio sistema. Nesse cenário, seja na aplicação da lei, seja no trâmite do próprio processo legislativo, o ato corruptivo significa uma comutação entre o sujeito que desvirtua e o que se deixa desvirtuar.

Insta ressaltar que, no Brasil, é cada vez mais frequente que a população se depare com notícias acerca desse fato mediante os meios de comunicação em massa. Como exemplo recente, pode ser citado o esquema da construtora Odebrecht, descoberto pela Operação Lava Jato, onde se tomou conhecimento que a pessoa jurídica procedia a atos de corrupção com diretores da Petrobrás, além de ocupantes do Poder Legislativo.[5] No que tange ao tema, segundo o endereço eletrônico que versa sobre transparência internacional,[6] o Brasil figura como o pior país de todos os abordados no patamar do denominado "Índice de Percepção da Corrpução". Como uma escala numérica que se limita ao número cem, o país possui a incrível escala de número trinta e cinco, aparecendo, pelo segundo ano consecutivo, como primeiro Estado ocupante da lista.

Porém, o problema do ordenamento jurídico e social não parece residir na ausência de normatividade específica.

Em 2013, foi editada a Lei n. 12.846, denominada "Lei Anticorrupção", que trata principalmente da responsabilização administrativa e civil de pessoas jurídicas pela prática de atos contra a administração pública, nacional ou estrangeira. Assim, como um dos países signatários da Organização das Nações Unidas no combate à corrupção e aos crimes econômicos, o Brasil pretende seguir, ao menos no plano normativo, o recomendável em nível mundial.

Sobre a legislação em comento, importante delinear que a responsabilização das empresas é apresentada de forma objetiva, independentemente da comprovação de culpa e onde, segundo o artigo 2º, serão responsabilizadas pelos atos lesivos praticados em seus interesses ou benefício, exclusivos ou não. O artigo 3º assevera que os dirigentes das empresas não estão isentos da-responsabilização, na medida de suas responsabilidades.

[5] Disponível em: <https://exame.com/negocios/corrupcao-na-odebrecht-foi-a-mais--organizada-da-historia-do-capitalismo/>. Acesso em: 6 jun. 2020.

[6] Disponível em: https://transparenciainternacional.org.br/ipc/?utm_source=Ad-s&utm_medium=Google&utm_campaign=%C3%8Dndice%20de%20Percep%-C3%A7%C3%A3o%20da%20Corrup%C3%A7%C3%A3o&utm_term=Ranking%20da%20Corrup%C3%A7%C3%A3o&gclid=Cj0KCQjw_ez2BRCyARIsAJfg-kvw5ur-4x3avgDDKPWClFU7m5LOY2BKyp5BP5-TwxSbeNPONcNI5kHkaAhM4EALw_wcB. Acesso em: 6 jun. 2020.

Segundo o diploma, são atos lesivos ao Poder Público prometer, oferecer ou dar direta ou indiretamente vantagem indevida a agente público ou a terceira pessoa a ele relacionada, utilizar-se de interposta pessoa física ou jurídica para ocultar ou dissimular seus reais interesses ou a identidade dos beneficiários dos atos praticados, além de prever hipóteses específicas de lesão aos contratos e licitações.

Ainda, a normativa em comento dispõe de sanções administrativas e civis caso reste demonstrado o ato corruptivo. Nesse sentir, a aplicação de multa, na quantia que varia de um décimo por cento a vinte por cento do faturamento bruto do último exercício anterior ao da instauração do processo administrativo, excluídos os tributos, além da sanção de publicação extraordinária da decisão condenatória, são exemplos de sanções administrativas. Já perda de bens e valores acrescidos à pessoa jurídica pelo ato de corrupção, bem como a suspensão parcial das atividades da empresa, a dissolução compulsória da mesma e proibição, de um a cinco anos, de recebimento de incentivos e subsídios exemplificam as consequência jurídicas cíveis, conforme demonstram os artigos 6º e 19, respectivamente.

Ponto relevante acerca da Lei Anticorrupção repousa no artigo 16, que trata do comentado acordo de leniência. Assim, a entidade pública poderá celebrar acordo de leniência com as pessoas jurídicas responsáveis pela prática dos atos previstos na legislação que colaborem efetivamente com as investigações e o processo administrativo, bem como se compromete o sujeito a não praticar nenhum outro tipo de ato lesivo. Em virtude desse acordo, pode-se deixar de aplicar as sanções de publicação extraordinária da decisão condenatória e de proibição de recebimento de incentivos. Finalmente, em caso de descumprimento do acordo de leniência, a pessoa jurídica ficará impedida de celebrar novo acordo pelo prazo de três anos contados do conhecimento pela administração pública do referido descumprimento, além de redução do valor da multa aplicável.

Muito embora Bobbio (1999, p. 292) assevere que "o fenômeno da corrupção acentua-se, portanto, com a existência de um sistema representativo imperfeito e com o acesso discriminatório ao poder de decisão", a citada Lei

Anticorrupção demonstra que, em território brasileiro, problema não reside exatamente no sistema representativo e nem na falta de normatividade sobre o tema[7], mas sim na falta de impunidade.

Logo, possui o Brasil uma série de mecanismos para conter o ato delituoso em análise que assola seu território desde os primórdios. A seguir, irá se observar como a Ação Popular pode figurar como importante ferramenta do cidadão na tutela coletiva dos interesses, de modo a efetivar a cidadania.

4 A APLICABILIDADE DA AÇÃO POPULAR NO COMBATE À CORRUPÇÃO

A corrupção possui fundamento na prática de um ato pelo qual o agente visa atender a determinado interesse pessoal ou de terceiros em detrimento do interesse público. Para tanto, há uma verdadeira manipulação do ordenamento jurídico. A respeito do tema, explica Ghizzo Neto (apud RIBAS JUNIOR, 2014, p. 82):

> A corrupção pode ser identificada com a disposição voluntária em certos grupos sociais e indivíduos de desrespeitar ou manipular o ordenamento legal vigente, estando associada inegavelmente, em regra, ao poder político e às atividades públicas.

Conforme explanado anteriormente, a Ação Popular no universo constitucional vigente representa uma garantia ao cidadão para tutela do patrimônio público ou de entidades de que o Estado participe, à moralidade administrativa, ao meio ambiente e ao patrimônio histórico e cultural.

Desta feita, o cabimento do remédio constitucional como ferramenta de combate à corrupção possui íntima relação com o enquadramento do ato lesivo eivado de corrupção, acarretando violação dos objetos que a ferramenta processual visa tutelar.

---

[7] Ainda, no combate à corrupção, destacam-se o próprio Código Penal (Decreto-lei n. 2.848/40), a Lei de Crimes Econômicos (n. 8.137/90), Lei de Improbidade Administrativa (Lei n. 8.429/92) e Lei de Lavagem de Dinheiro (Lei n. 9.613/98).

Nessa esteira, é possível verificar a viabilidade do manejo da referida ação para controle dos atos administrativos lesivos aos valores protegidos no artigo 5º, inciso LXXIII, da Constituição Federal, quer seja um ato administrativo vinculado, quer seja um ato administrativo discricionário.

Ressalta-se que nos atos administrativos vinculados é possível de se perceber maior facilidade de averiguar se a sua prática é motivada pela corrupção, haja vista que todos os elementos do ato administrativo encontram-se delimitados na lei.

Já no que diz respeito aos atos discricionários, também se demonstra viável o seu controle pela Ação Popular, o que, no entanto, passa por contornos de maior técnica, sendo necessário investigar a existência da corrupção por meio da aplicação do princípio da proporcionalidade, de modo a se concluir que no caso concreto houve o extrapolar dos limites da discricionariedade delimitados pela lei.

Partindo dessas premissas e também do conceito de corrupção apresentado alhures, observa-se, em primeira análise, que a corrupção apresenta-se centralmente como um desvio de finalidade na prática de um ato administrativo, tendo como consequência prejuízo ao patrimônio público.

Nesse sentir, sempre que se verificar que o ato praticado pelo administrador não tem o objetivo de atender ao interesse público primário – interesse da coletividade – e também não atender ao interesse público secundário – interesse da própria administração, que pode coincidir ou não com os anseios coletivos –, fatal é a conclusão de que o agente atua para atender a interesse próprio ou de terceiros, e, portanto, por corrupção.

Passa-se à análise individualizada de cada hipótese de cabimento da Ação Popular.

4.1 Corrupção como forma de lesão ao patrimônio público

A primeira ponderação pertinente neste tópico é o esclarecimento da definição de patrimônio público, que não se confunde com erário público.

Enquanto o primeiro é um conceito amplo, envolvendo todos os bens materiais e imateriais, o segundo é um conceito restrito, que abrange unicamente os recursos financeiros do Estado.

Com base nessas definições, verifica-se que a hipótese de cabimento do remédio constitucional aqui discutido, por si só, acaba por envolver os atos lesivos ao patrimônio histórico e cultural, expressamente descriminados no inciso LXXIII do artigo 5º da Constituição.

Desta feita, interessante constatar que o poder constituinte originário não restringiu o cabimento da Ação Popular apenas à tutela do erário público, o que torna o remédio constitucional um mecanismo de ampla abrangência. Nessa hipótese, pacífica a orientação da jurisprudência do Colendo Superior Tribunal de Justiça acerca da necessidade de efetiva lesão ao patrimônio público, o que a doutrina denomina de binômio ilegalidade-lesividade.

Assim, pode-se visualizar o ajuizamento da Ação Popular com fundamento nessa hipótese para se anular uma contratação baseada em anterior dispensa de licitação indevida, na qual se encontre um sobrepreço no objeto contratado, resultando em dano ao erário público. Igualmente, haveria cabimento em uma situação em que se dispensa o procedimento licitatório, contratando-se um profissional não qualificado para determinado serviço, sendo que em decorrência de tal inépcia profissional há uma falha na execução desse serviço, causando-se um dano ao patrimônio público.

Desta feita, considerando a necessidade de demonstração efetiva de lesão ao patrimônio público, quando inexistir prejuízo, em tese não seria cabível Ação Popular para anular o ato praticado em decorrência de corrupção do agente. Tal impossibilidade tem arrimo na ideia de vedação ao enriquecimento ilícito.

Em tais situações, interessante comentar que restaria a possibilidade ao cidadão de representar ao Ministério Público para eventual ajuizamento de ação de improbidade administrativa, com objetivo de aplicar as sanções de natureza civil previstas na respectiva lei.

4.2 Corrupção como forma de lesão à moralidade administrativa

A violação do princípio da moralidade possui correlação direta com a corrupção. Tudo porque todo ato de corrupção amolda-se à ideia de imoralidade, mas nem toda imoralidade será um ato de corrupção.

Explica-se.

No momento em que o constituinte ampliou o objeto da Ação Popular, fê-lo com o propósito de garantir maior abrangência ao controle dos atos públicos pelo cidadão.

Por muito tempo, grande foi a discussão na doutrina e jurisprudência quanto à necessidade de demonstração da lesão material do ato violador da moralidade administrativa como pressuposto de admissão do remédio constitucional.

Tal celeuma é de fundamental importância para temática da corrupção, tendo em vista que o fato de o entendimento pela necessidade do ato violador da moralidade administrativa causar prejuízo material para a administração pública acarreta limitação à garantia fundamental do cidadão de utilizar a via da Ação Popular como mecanismo para anular um ato imoral decorrente de corrupção.

Nessa toada, o Supremo Tribunal Federal, no tema 836,[8] fixou a seguinte tese:

> Não é condição para o cabimento da ação popular a demonstração de prejuízo material aos cofres públicos, dado que o art. 5º, inciso LXXIII, da Constituição Federal estabelece que qualquer cidadão é parte legítima para propor ação popular e impugnar, ainda que separadamente, ato lesivo ao patrimônio material, moral, cultural ou histórico do Estado ou de entidade de que ele participe.

[8] Disponível em: http://www.stf.jus.br/portal/jurisprudencia/listarJurisprudencia.asp?s1=%28ARE%24%2ESCLA%2E+E+824781%2ENUME%2E%29+OU+%28ARE%2EPRCR%2E+ADJ2+824781%2EPRCR%2E%29&base=baseRepercussao&url=http://tinyurl.com/ksuosua. Acesso em: 15 jun. 2020.

Desta feita, a melhor interpretação para analisar o cabimento da Ação Popular em tal hipótese é no sentido da ocorrência de lesão à própria moralidade administrativa, partindo-se da compreensão da moralidade como um patrimônio imaterial da administração. Nesse sentido, ensina Daniel Neves (2013, p. 123):

> No caso da moralidade administrativa, a lesividade não diz respeito ao patrimônio público material, daí ser irrazoável exigir algum tipo de dano ao erário, para se admitir a ação popular. Ao prever o ato lesivo à moralidade administrativa, como bem imaterial pertencente ao patrimônio público, o legislador constituinte entendeu que a proteção exclusivamente da moralidade administrativa, que exige da Administração Pública a adoção de padrões éticos e fundados em boa-fé, já é o suficiente para se obter a tutela por meio de ação popular.

Nesta ordem de ideias, pode-se concluir que ocorrerá lesão à moralidade administrativa sempre que houver violação ao princípio. Essa violação pode ou não decorrer de um ato de corrupção, cabendo, de qualquer modo, o remédio constitucional em estudo.

4.3 Corrupção como forma de lesão ao meio ambiente

O meio ambiente é um direito fundamental do ser humano, dotado de caráter instrumental à sadia qualidade de vida. Assim, dentro dessa temática, cabível o manejo do remédio constitucional em debate para combater eventuais atos de corrupção que possam causar danos ao meio ambiente.

Possível imaginar diversas situações para delinear o caso em tela, como, por exemplo, a situação em que um funcionário público exige determinada vantagem pessoal para conceder determinada licença ambiental a um empreendedor cuja atividade cause poluição.

Ponto que guarda maior peculiaridade frente às hipóteses de cabimento explanadas anteriormente diz respeito ao prazo prescricional do remédio constitucional. Consoante dispõe o artigo 21 da Lei n. 4.717/65, o prazo prescricional para pretensões envolvendo a Ação Popular é de cinco anos. Todavia, a jurisprudência há tempos vem afastando a incidência dessa regra para ações coletivas envolvendo especificamente o meio ambiente.

O fundamento para tal raciocínio pode ser extraído da própria natureza imprescritível do meio ambiente como direito fundamental. Ademais, o meio ambiente é considerado um direito pré-humano, essencial à vida sadia e digna, caracterizando-se, assim, como inalienável, irrenunciável e imprescritível.

Sobre o tema, conveniente trazer à baila o pensamento de Fiorillo (2009, p. 472):

> Não se pode olvidar que o meio ambiente é bem de natureza difusa, objeto de direito fundamental de toda a coletividade, de forma que, sendo essencial à vida com qualidade, é imprescritível, irrenunciável e inalienável. Trata-se de bem essencial, como denuncia o art. 225, *caput*, da Constituição Federal, de modo a ser inconcebível a existência digna de um indivíduo (art. 1º, III, da CF) se ele não tiver ao seu alcance um meio ambiente sadio e ecologicamente equilibrado. Dessarte, dada a natureza jurídica do meio ambiente, bem como o seu caráter de essencialidade, as ações coletivas destinadas à sua tutela são imprescritíveis.

Desta feita, revela-se a Ação Popular como mecanismo fundamental para defesa do meio ambiente contra atos de corrupção que lhe sejam lesivos.

4.4 Corrupção como forma de lesão ao patrimônio histórico e cultural

Em uma primeira análise, é possível constatar que a defesa do patrimônio cultural e histórico já estaria contemplada na primeira hipótese de cabimento – defesa do patrimônio público –, justamente por ser espécie do gênero.

Todavia, a inserção dessa hipótese de cabimento tem fundamento em maior preocupação do constituinte em garantir uma efetiva proteção ao patrimônio histórico e cultural. Tudo porque o Brasil é um país dotado de elementos históricos e culturais ímpares no mundo, reclamando uma tutela concreta desses valores.

Da mesma maneira que os demais atos passíveis de controle via Ação Popular, é necessária a ocorrência de uma lesão ao patrimônio histórico e cultural violado. Partindo dessa perspectiva, caso um agente público (ou mesmo um particular que lhe faça as vezes) pratique determinada conduta motivado por corrupção vindo a causar lesão a esses valores, será possível o ajuizamento da Ação Popular para controle do ato e, consequentemente, a reparação do prejuízo.

Partindo para um plano mais concreto, em situação na qual por corrupção seja concedida licença para construir que impeça ou reduza a visibilidade de um bem tombado, burlando a exigência para tanto de autorização do Serviço do Patrimônio Histórico e Artístico Nacional (artigo 18 do Decreto-lei n. 25/1937[9]), demonstra-se plenamente viável o manejo da Ação Popular para anular o ato lesivo ao patrimônio histórico, podendo ser cogitada, inclusive, eventual demolição da construção caso efetuada.

É de bom alvitre ponderar que o patrimônio histórico e cultural compõe o meio ambiente, de modo que aplicável o mesmo raciocínio quanto à imprescritibilidade explanado no que concerne às lesões ao meio ambiente.

5 UMA NOVA PERSPECTIVA PARA AÇÃO POPULAR E SEU EMPREGO EFETIVO NO COMBATE À CORRUPÇÃO

A ordem constitucional pode ser entendida como um produto cultural de seu povo, que ao mesmo tempo a condiciona e a ela é condicionado.

[9] Art. 18. Sem prévia autorização do Serviço do Patrimônio Histórico e Artístico Nacional, não se poderá, na vizinhança da coisa tombada, fazer construção que lhe impeça ou reduza a visibilidade, nem nela colocar anúncios ou cartazes, sob pena de ser mandada destruir a obra ou retirar o objeto, impondo-se neste caso a multa de cinquenta por cento do valor do mesmo objeto.

Reprisa-se que os atuais casos de corrupção ganharam notoriedade na sociedade brasileira, impulsionando a população em geral a uma intolerância com o desrespeito à "coisa pública".

Tal preocupação decorre da ideia de uma sociedade aberta de intérpretes da Constituição, na qual o papel de verificar o sentido e alcance dos valores constitucionais não se revela restrito ao operador do direito.

Acerca do assunto, pondera Haberle (2002, p. 13):

> Interpretação Constitucional tem sido até agora, conscientemente, coisa de uma sociedade fechada. Dela tomam parte apenas os interpretes jurídicos "vinculados às corporações" e aqueles participantes formais do processo constitucional. A interpretação constitucional é, em realidade, mais um elemento da sociedade aberta. Todas as potências públicas, participantes materiais do processo social, estão nela envolvidas, sendo ela, a um só tempo, elemento resultante da sociedade aberta e um elemento formador ou constituinte dessa sociedade. Os critérios de interpretação constitucional hão de ser tanto mais abertos quanto mais pluralista for a sociedade.

Diante desse panorama, para todo cidadão há um poder de significar as regras e princípios que regem a atuação do agente público, como legalidade, moralidade, dentre outros.

Essa maior inquietação do cidadão com o ato corruptivo demostra a necessidade de se atribuir certa ampliação ao objeto da Ação Popular para permitir que, além da anulação do ato lesivo e do ressarcimento do dano, seja possível via Ação Popular a condenação do agente corrupto às sanções de natureza civil, tal como suspensão dos direitos políticos, multa, perda do cargo, dentre outras, à semelhança do que se tem previsão na Lei n. 8.429/92.

Tal ideia tem fundamento na existência de um hiato constitucional entre a norma estampada no artigo 5º, LXXIII, e o desejo pulsante na sociedade não só de ver as instituições combatendo de forma efetiva a corrupção, mas também de a ele – cidadão – possibilitar-se o combate de maneira direta e precisa.

Frisa-se que a implementação prática dessa ampliação do objeto da Ação Popular pode ser feita de duas formas. A primeira seria com o emprego da hermenêutica, tendo como premissas a ideia de sociedade aberta dos intérpretes, o método sistemático e o princípio da força normativa da Constituição.

O cidadão, como membro da sociedade, poderia ajuizar o remédio constitucional e, valendo-se de uma interpretação sistemática ao artigo 37, § 4º da Constituição, requerer a aplicação das sanções ali previstas, como suspensão dos direitos políticos e perda da função pública.

Digno pontuar que o ato de corrupção, por significar a postura do agente público que beneficia-se a si próprio ou terceiro em detrimento do que é público é, ao mesmo tempo, um ato de improbidade, haja vista que sempre violará ao menos um dos princípios da administração, notadamente a moralidade, e também estará presente o elemento doloso, considerando que não se mostra razoável falar em corrupção culposa.

Ademais, com a existência do microssistema de tutela coletiva corroborado pela ideia de diálogo das fontes, mostra-se viável para concretizar a aplicação de sanções civis por meio da Ação Popular a utilização dos parâmetros estabelecidos na Lei de Improbidade Administrativa.

Por fim, a viabilidade do raciocínio explanado decorre também do princípio da força normativa da Constituição, segundo o qual na aplicação das normas constitucionais deve-se buscar a sua maior aplicabilidade. Desta feita, a ampliação do objeto da Ação Popular acaba por trazer maior efetividade às normas pertinentes à administração pública previstas na Constituição.

A segunda via que se revela possível decorre do processo constitucional solene de alteração das normas constitucionais, criando-se uma ampliação do objeto do remédio constitucional ou até mesmo originando uma nova modalidade de Ação Popular de caráter sancionatório.

Outra solução possível seria realizar a ampliação ventilada como uma forma de consequência da condenação. Assim, poder-se-iam atribuir sanções de caráter civil, como suspensão dos direitos políticos e perda do cargo ou função pública, pela forma de efeito não automático da condenação. Tal efeito seria não automático, pois teria lugar apenas quando demonstrada efetivamente a prática do ato em decorrência de corrupção do agente.

Tal ampliação via infraconstitucional tem o mesmo fundamento da disciplina do artigo 11 da Lei n. 4.717/65, o qual prevê que a procedência da ação acarretará a condenação dos responsáveis pela prática do ato, bem como seus beneficiários em perdas e danos.

Tanto pela via hermenêutica quanto pela via do processo legislativo, a ambiência contemporânea demonstra que a ampliação apresentada busca dar maior efetividade ao controle dos atos públicos pelo cidadão, haja vista que restaria estabelecido um poder sancionador destinado a penalizar o agente público corrupto.

6 CONCLUSÃO

Embora a corrupção seja fato existente há muito tempo na humanidade, no cenário brasileiro a consciência individual do cidadão quanto à importância de combatê-la revela-se recente, notadamente pelas casuísticas que foram alvo de destaque no ambiente nacional nos últimos anos.

Diante desse panorama, a garantia fundamental da Ação Popular apresenta-se como uma ferramenta imprescindível e irrenunciável do cidadão para repelir os atos de corrupção praticados pelos agentes públicos.

Contudo, o sentimento de repúdio e intolerância com a corrupção faz nascer a necessidade de uma nova perspectiva para o remédio constitucional, atribuindo maior força ao poder que dela decorre.

Nessa esteira, tal ampliação de poder se manifestaria por intermédio de um alargamento do objeto da Ação Popular, permitindo, além de sua função clássica – declarar a nulidade do ato lesivo e condenar os responsáveis à reparação dos danos –, a aplicação de sanções de natureza civil à semelhança do que o ordenamento prevê para ação civil de improbidade administrativa.

Assim, tal atribuição sancionatória atenderia ao espírito social consistente em se estabelecer uma via sancionatória alternativa na qual o cidadão é o protagonista.

Desta feita, ao se conferir tal poder ao cidadão, estar-se-ia aumentando a efetividade do combate à corrupção, e, consequentemente, garantindo maior proteção ao patrimônio público, seja este material ou imaterial.

REFERÊNCIAS

ARISTÓTELES. **Ética a Nicômaco**. Tradução de Mário da Gama Kury. 3. ed. Brasília: Universidade de Brasília, 1992.

BOBBIO, Norberto. **Dicionário de política**. Brasília: Universidade de Brasília, 1999.

BONAVIDES, Paulo. **Curso de direito constitucional**. 15. ed. São Paulo: Malheiros, 2004.

FILGUEIRAS, Fernando. **A tolerância à corrupção no Brasil**: uma antinomia entre normas morais e prática social. 2009. Disponível em: https://www.scielo.br/scielo.php?script=sci_arttext&pid=S0104-62762009000200005. Acesso em: 6 jun. 2020.

HÄBERLE, Peter. **Hermenêutica constitucional**: a sociedade aberta dos interpretes da Constituição: Contribuição para a interpretação pluralista e "procedimental" da Constituição. Porto Alegre: Sergio Antonio Fabris, 2002.

LEAL, Rogério Gesta. **Patologias corruptivas nas relações entre estado, administração pública e sociedade**: causas, consequências e tratamentos. Santa Cruz do Sul: Edunisc, 2013.

LIMA, Ana Clara Viana Soares. **Ação popular como instrumento de cidadania**. 2019. 87 fls. Dissertação (Mestrado) – Programa de Pós-Graduação, Pontifícia Universidade Católica de São Paulo, São Paulo, 2019.

MELLO, Celso Antônio Bandeira de. **Curso de direito administrativo**. 27. ed. São Paulo: Malheiros, 2010.

NEVES, Daniel Amorim Assumpção. **Ações constitucionais**. 2. ed. São Paulo: Método, 2013.

NIMER, Beatriz Lameira. **Ação popular como instrumento de defesa da moralidade administrativa.** 2016. 206 fls. Dissertação (Mestrado) – Programa de Pós-Graduação, Universidade de São Paulo, São Paulo, 2016.

NUNES JÚNIOR, Flávio Martins Alves. **Curso de direito constitucional.** 2. ed. São Paulo: Revista dos Tribunais, 2018.

PACHECO FIORILLO, Celso Antonio: **Curso de direito ambiental brasileiro**. 10. ed. São Paulo: Saraiva, 2009.

RIBAS JUNIOR, Salomão. **Corrupção pública e privada**. Belo Horizonte: Fórum, 2014.

ROTHENBURG, Walter Claudius. **Direitos fundamentais**. São Paulo: Método, 2014.